向儿童学习的语文

基于习得的小学语文教学实践

许彦达 / 著

东北师范大学出版社

长 春

图书在版编目（CIP）数据

向儿童学习的语文：基于习得的小学语文教学实践 /
许彦达著. — 长春：东北师范大学出版社，2020.11
ISBN 978-7-5681-7196-0

Ⅰ.①向… Ⅱ.①许… Ⅲ.①小学语文课—教学实践
Ⅳ.①G623.202

中国版本图书馆CIP数据核字（2020）第219586号

□责任编辑：王立娜　　　　　　□封面设计：言之凿

□责任校对：刘彦妮　张小娅　　□责任印制：许　冰

东北师范大学出版社出版发行

长春净月经济开发区金宝街 118 号（邮政编码：130117）

电话：0431-84568115

网址：http：// www.nenup.com

北京言之凿文化发展有限公司设计部制版

北京政采印刷服务有限公司印装

北京市中关村科技园区通州园金桥科技产业基地环科中路 17 号（邮编：101102）

2022年6月第1版　2022年6月第1次印刷

幅面尺寸：170mm×240mm　印张：15.5　字数：241千

定价：45.00元

序 言

语文教学的明天会更好

（代 序）

自1904年语文设科以来，语文这门学科已经有一百多年的历史了。一百多年来，语文学科备受质疑。理论上，学科本体之争、性质之争、文道之争……反反复复，争论不休，一直没有共识和定论；实践上，教师教得最累，学生学得最苦，而且收效不大，学生对语文学习的兴趣一直不高。

语文到底出了什么问题？

翻开许老师给我送来的书稿《向儿童学习的语文——基于习得的小学语文教学实践》，我似乎找到了答案。

许老师，名彦达，2002年以江苏省小学语文特级教师的身份被招进深圳市福田区做小学语文教师。在特区，他又从老师、班主任、学科教研组长、主任做到副校长。近二十年来，他在母语习得理论的指导下，从改变一个班级的语文学习状态做起，到改变一所学校的语文教学生态，在基于习得的小学语文教学研究上，默默无闻，勤思苦行，取得了丰硕的成果。这本书稿就是他这些年思考和实践的结晶。

虽然许老师这本书说的是小学语文教学实践，但是，这不妨碍我们洞悉他对语文教学的思考。他在这本书里指出，我们的语文教学之所以陷入无休止的争论和屡受责难，原因固然是多方面的，但是直接的原因是效率不高、效果不好、效益很差。试想，一门让学生越学越没有兴趣的学科，一门让师生辛苦异常而又收获甚微的学科，怎么会有理想的效益？

寻找造成这种尴尬局面的真正原因，不能仅仅把目光死盯在语文教学的一招一式上，而是要跳出"战术"泥淖，从根本上找问题。这个问题就是长期以来我们的语文教学"战略"出了问题。从语文学科诞生起，我们就以科学主义作为语文学科建设的指导思想，用许老师的话说就是，我们一直用"1+1=2"的思维模式来架构语文的教与学这两大系统。这既违背了语文学科的特性，又违背了语文能力形成的规律。语文学科以培养学生的语文能力为主要任务。语文不像数学、物理等学科，学科能力的形成路径是知识加运用，语文能力的形成不是这种模式，儿童学前并没有掌握多少语文知识，但是母语口语能力一样发展得很好。反过来，掌握了知识，语文能力也不一定就很好。研究演讲的人不一定演讲得好，写作学教授的文笔不一定比作家好；知道了阅读的知识，不进行大量的阅读实践，难以形成阅读能力；懂得很多修辞学知识，不进行反复的写作实践，也形不成写作能力。这是其一。其二，语文学科是母语学科，母语学习和外语学习相比，最大的优势是母语学习有基点和基础。学生进入学校之前，已经无师自通掌握了母语口语，而且他们的母语口语能力已经达到了相当高的水平。这是我们语文教学的基点，也是起点，更是优势和基础。母语学习的优势还包括得天独厚的语言环境。许老师认为，这么多年来，我们对语文教学的基点认识不清，对其基础认识不够，对其优势利用不足。

语文学科建设的指导思想出了问题，语文教学从哪里出发我们没有真正弄清楚，语文教学往哪里走我们一直以来左右摇摆……这些"战略性"问题正是导致我们语文教学各种问题难以解决的根源所在。

为此，许老师给出的解决方案是四个字：基于习得。

基于习得，是儿童立场的应然要求。

什么是立场？商务印书馆第七版《现代汉语词典》的解释是："认识和处理问题时所处的地位和所抱的态度。"小学语文学科是为谁而设的？小学语文教学是从哪里出发的？又怎么开展？这些问题的答案近乎常识，却经常被我们忽略。众所周知，小学语文学习的主体是6～12岁的儿童，所以，我们的小学语文教学要站在儿童的立场上去建构合理体系，去开展教学活动。

儿童立场，就要求我们研究儿童。成尚荣先生说，研究儿童是教育的母课题，儿童研究就是认识和发现儿童。进行小学语文教学研究，就要研究儿童的语言学习。许老师将研究的视角深入到儿童学前，不仅找到了小学语文教学的出发点，而且发现了儿童学前母语学习的密码。

儿童立场，就要求小学语文教学尊重儿童。请看书中的下面一段话：

小学语文课程设计要改变目前将语言从有意义的、功能性的真实使用情境中抽离出来，将语言变得支离破碎的做法，让语言学习发生在真实的生活环境中，让学生语文学习中的听说读写与真实的生活息息相关，像他们在学前习得母语一样，为了有效沟通而学习，为了心理满足而学习，为了自身成长而学习；要突出语言的功能，在突出功能的基础上，适当关注形式；要提倡以生活中的真实问题为导向的阅读；提倡表达学生真实想法和观察、思考成果的写作；提倡用语文学科学到的听说读写的本领去帮助其他学科的学习，给其他学科学习带来便利和成功。

在课程实施上，他大胆地提出了兴趣第一、能力第二的原则要求。他指出"小语姓小"，我们不要把初中该学的东西放到小学来，并以此来伤害学生的语文学习兴趣。他细陈课程实施中无视儿童的种种做法：

长期以来，我们总是抓住小学生言语实践中的细枝末节，进行所谓的帮助，粗暴地干涉他们在语言世界里自由闯荡的权利，告诉他们应该如何才合规范，对他们言语实践中"美丽的错误"缺少发现的眼力、欣赏的目光和宽容的态度，总想一步到位，顽固地要求儿童做到完美。比如我们总是让儿童去改我们自己编写出来的病句，比如我们对儿童的作文进行所谓的一个细小的错误都不放过的精批细改，比如我们要求一年级的儿童写字造句做到全对……在我们当下的语文教学中，所有这些行为都在告诉儿童：语文学习动辄得咎、了无生趣。用我们的努力把儿童关在言语实践的各种规则的囚车里，听不见儿童心灵世界里对言语实践自由的呼唤，看不见儿童言语实践"美丽的错误"背后创造的冲动。

儿童立场，就要求我们善待儿童语言学习中的错误。他引用斯蒂芬·平克的话说：

孩子的确会犯下一些语法错误，但这些错误很少是无厘头的错误，这些错误往往都是依据他们的语法逻辑推导而来的，这种推导看上去十分合理，因此，让我们感到奇怪的不是孩子们为什么会犯这些错误，而是成人为什么会把它们当作错误。另外一种情况，我们通常能容忍婴幼儿所犯的很多错误，给予他们自由完善的时间，而对年龄稍大的小学生所犯的错误容忍度降低了，总是希望他们不犯任何错误。这是非常可怕的事情。

基于习得，是母语学习的当然选择。

尽管全世界任何一个有语言的地方的儿童都能在学前无师自通习得母语口语能力，但是，许老师发现，汉语书面语能力的获得也以习得为主。书中，许老师对习得和学得进行了清晰的区分，架构了自然习得和非自然习得、自然的语言环境和人为的语言环境等概念，引入了学习理论来支撑他的观点。最值得注意的是，他从分析汉语特点出发，指出：习得更适合获得汉语书面语能力。对此，他在书中有一段精彩的论述：

英国哲学家波兰尼把人类的知识分为两种：一种是可以言说的知识，叫显性知识，如语文学习中的语文基础知识、语法知识、修辞知识、文体知识等；一种是只可意会不可言传的知识，叫默会知识（又称缄默知识），如我们常说的语感。显性知识可以通过有计划的训练，即显性学习获得，也就是主要靠学得。那么，与显性学习相对，默会知识的学习只有靠内隐学习。内隐学习是指人们在不自觉的情况下掌握了某些规则性的知识或比较复杂的知识的一种学习方式。汉语具有意合性的特点，语言组合很灵活，很多东西说不清道不明，如果从人类知识分类来讲，汉语里存在着许多默会知识。学前儿童习得母语口语，很多时候不是靠理性，而是靠一种语言直觉即语感来判断、修正，进而能说出一口正确的口语的。学前儿童的这种学习方式就是内隐学习。口语是这样，面对灵活多变的汉语书面语，内隐学习也同样存在并大有用武之地。比如我们古代文论里常说的"言外之意""象外之旨""气""神韵""势"等，都是需要通过内隐学习才能体悟到的。因此，内隐学习是习得的学习机理。研究表明，默会知识只能靠学习主体不断亲身参与大量的活动去体验。小学生进入学校后，对诸如书面语语感等默会知识，也只能通过自己参与反复的大量的语言活动（实践）才能习得。

基于习得，是生态改变的必然结果。

毋庸讳言，老师怕教，学生厌学依然是小学语文教与学的常态。教学效率不高的问题依然没有解决，"我讲你听、一讲到底"的课堂依然大行其道，各种烦琐的、零碎的、枯燥的、毫无意义的练习依然占据着学生大部分时间……

如何改变小学语文教学这种不良生态？许老师在这本书中开出了良方。他说：基于习得的小学语文教学是指尊重儿童学前母语习得基础、遵循儿童母语习得原理的小学语文教学新认识和新实践。它基于习得、追求习得、成于习得，进而实现学生语文素养的全面、快速提升。它尊重儿童，强调母语学习的连续性，强调母语经典语汇的积累，强调在综合性学习活动中学习富有意义的有生命的母语，强调母语学习环境的创设与利用，让学生在大量的语言实践和良好的语言学习环境中，母语能力得到自然生长。他提出了基于习得的小学语文教学实施的四大策略：赋予意义、走向自主、强化整合和做好评价。赋予意义，让学生感到语文学习变得如此贴近自己的内心需要。走向自主，以"五学"模式为语文课堂注入无限活力和无限光明的前景，引导学生走上"不需要教"的理想境界。强化整合，拓宽小学语文教学的视野，让语文流淌在校园的每一个角落，让听、说、读、写在每一个学生身上自然发生，让教学效率得到极大的提高。做好评价，让每一个学生的每一点努力都得到及时鼓励，让语言学习不再是一件苦差事，进而成为他们自觉主动的行为和展示自我、收获巨大成就感的赏心乐事。

……

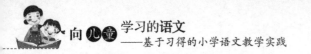
　　总之，读完许老师的书稿，我感到眼前一亮。这既是一本具有独特理论视野的小学语文教学研究专著，又是一本广大小学语文教师在实践中可以照着做的操作手册。我相信，沿着这样的思路继续研究和实践下去，基于习得的小学语文教学一定大有作为，小学语文教学的明天一定更加美好！

裴海安

　　裴海安，语文报社副社长、编审，《语文教学通讯》C刊主编，兼任中华文化促进会儿童文化委员会副主任、中国语文报刊协会副秘书长、中国写作学会中小学写作教学专业委员会学术委员会副主任；多次应首都师范大学、西南大学、天津师范大学等高校邀请，为小学语文国培班学员授课；编著《写作教学的秘妙》，主编《名师这样教作文》《名师同步教学设计》等优秀图书；荣获中国语文报刊协会组织评选的"突出贡献奖""杰出成就奖"等荣誉。

"教得好"的良方

（自 序）

作为一名小学语文（母语）教师，在我多年苦苦寻求"教得好"的良方的过程中，关注儿童学前无师自通习得母语便成了必然，因为，这一过程无疑是迄今为止语言学习最成功的范例。

全世界的儿童，无论种族和地域，在大致相同的年龄，都表现出相似的情况：他们在4～6个月的时候牙牙学语，在12～13个月时，说出第一个有意义的单词，在2岁末的时候开始组合单词，在4～5岁时，知道几千个单词的意义，并构造出一系列合乎语法的句子。更令人惊叹的是，他们学会说母语的过程是无师自通的，无论是日本孩子学会说日语，还是法国孩子学会说法语……都是如此。语言是很复杂的系统，5岁之前，孩子没有上过一节语法课，但是只要是正常的孩子，他们都能够知晓并能熟练运用大部分母语语法结构。

同时，我也关注到，一段时间，网络上流传的一篇小学生作文，题目叫"二十年后的我"。全文照抄如下："今天天气不错，我和老婆带着我们一对可爱的儿女环游世界。突然，路边冲出一个浑身恶臭、满脸污秽、无家可归的老太太。天啊！她竟然是我二十年前的语文老师！"算上标点符号，73个字。署名：四年级（3）班蒋小强。

从中我们不难看出蒋小强对语文老师的态度，也可以推想语文学习曾经对这个蒋小强是一种怎样的折磨。毫无疑问，这种态度是这个叫蒋小强的学生在语文学习过程中累积而成的。看了这篇作文，作为小学语文教师，我们吃惊、委屈、痛苦而辛酸。曾经有人说，天下最累的职业就是语文教师，而最最累的语文教师就是小学语文教师。我们辛辛苦苦付出了那么多，竟教出了个"蒋小强"！到底我们的班级里还坐着多少个这样的"蒋小强"？如果说"蒋小强"的出现是个别学生的恶搞，那么，从吕叔湘先生几十年前的感叹"大多数不过关""咄咄怪事"，到20世纪末的责难"误尽苍生是语文"，再到2009年的疾呼"语文不除，教育已死"，又说明了什么呢？再看苏州市某区曾做过的一个调查，结果显示：小学一年级学生对语文学科的兴趣比例是37%，而到了六年级，仅剩4.9%。这就是说，六年下来，我们辛苦劳作，非但没有让更多的学生爱上语文，反而让95.1%的学生远离了语文。

两相对比，令人警醒！

那么，我们的小学语文教学到底出了什么问题？本书为您揭示答案。

本书的第一、二章为您揭示学前儿童无师自通成功习得母语口语的密码，第三、四章从儿童母语习得的视角告诉您当前小学语文教学问题的症结，第五章为您整体勾画基于习得的小学语文教学，第六至十二章在识字、写字、积累、阅读、习作、综合性学习及语言学习环境建设方面为您提供有效的实践范式，结语、后记及附录部分告诉您作者作为一名小学语文教师从改变一个班级到改变一所薄弱学校语文教学生态的历程及教学成果。

理论上，本书比较系统地梳理了学前儿童母语习得的特点，阐明了儿童母语习得对小学语文教学的启示，指明了基于习得的小学语文教学课程优化的方向并给出了课程实施的策略，初步揭示了识字、写字、积累、阅读、习作、综合性学习及语言学习环境建设与习得的关系，对习得与学得、自然习得与非自然习得、自然的语言环境与人为的语言环境等重要概念做了科学的界定和细致的区分。实践上，本书详细描述了诸如郁金香识字模型、滚动诵读经典积累、整合阅读、习作教学的六大策略及语文综合性学习和人为的语言环境创设等许多创新做法。

值得注意的是，本书的很多观点和做法都是我反复思考和亲身实践的结晶，有着较为坚实的理论支撑和实践基础。书中，母语习得的原理、整合阅读、习作教学的六大策略以及所有教学课例，还有我对当下小学语文练习的批评，都曾在《语文教学通讯》《小学语文教学》《小学教学》《中国教师报》等报刊上公开发表过。课前滚雪球式的经典诵读，不用课外给学生增加负担的行之有效的积累教学方法，对学生习作不做精批细改的做法，虽然曾经与学校的教学常规要求产生过冲突，但因为学生喜欢又有效，是我一直顶着压力坚持的。

在教育上，我是一个自然主义者。我主张教育顺应孩子的天性，强调要站在儿童的立场上去建构儿童喜爱的小学语文教学，我的兴趣第一、能力第二等提法都基于这样的认识。因此，我在书中努力使自己的观点一以贯之。

在架构基于习得的小学语文教学不成熟的体系的过程中，我没有去纠结诸如语文本体考辨、语言与言语的区分等，而是以点到为止、看得明白为要；也没有去触碰一些颇有争议的观点，如语文学科的性质、文以载道的问题等。我一度想把这本书分为上、下两册来写，上册专门从理论上系统论述基于习得的小学语文教学，下册从实践上详细描述我这些年来在教学上的具体做法，这样就可以把很多观点和做法讲得充分一点，但因工程浩大和能力有限，只能暂时放弃。

我深知，以我早前所受的中师、大专教育，以及后来的自学考试本科水平，要想写好一本书是很难的，但是，本书的写作加深了我对基于习得的小学语文教学的认识，坚定了我继续实践的信心。我感受到了我的研究是有意义的，也意识到了要把这件事情做好还有很多工作要做。书中的问题一定很多，在此恳请广大同人不吝赐教。

目 录

目 录

第一章　母语习得理论概述

　　心理学家和语言学家把儿童无师自通获得母语能力的过程叫作acquisition，或者叫language acquisition，译作习得或语言习得。

　　那么，学前儿童是怎么习得母语的呢？为了破译儿童学前无师自通轻松习得母语的密码，找到语言学习的捷径，心理学家、语言学家、教育学家甚至哲学家进行了长期而深入的观察和研究。

一、母语口语习得理论

　　自从人们惊讶地发现儿童竟然能无师自通并以惊人的速度学会母语如此复杂的符号系统后，探索其中的奥秘，便让很多人欲罢不能，各种观点层出不穷。这些观点归纳起来大致有学习论、先天论、相互作用论、辨认整体特征论四种[①]。

1. 学习论

　　学习论者的早期代表人物是华生。他认为，儿童学话无非就是对环境或是对成人说话做出合适的反应，主要经过"模仿—强化—重复—成形"四个步骤。学习母语首先开始于儿童对成人语言的模仿，如果模仿正确，就会因成人的赞同或奖励而得以强化，强化引起重复，最后逐渐成形，养成与成年人的说话方式相吻合的习惯[②]。1957年，行为主义心理学家斯金纳出版了一本书，书

① 谢弗.发展心理学：儿童与青少年［M］.邹泓，译.北京：中国轻工业出版社，2013：352-360.
② 王尚文.语感论［M］.上海：上海教育出版社，2000：126-127.

名叫"言语行为"。他在书中提出，儿童是通过模仿听到的语言学会了正确地使用母语。他认为，成人最初是选择性地强化幼儿牙牙学语时正确的发音，被强化后，幼儿提高了这些发音的使用率，最后发展成单词。成人不断地强化，甚至用微笑、赞许等来鼓励，这样持续强化，直到幼儿能说出比较复杂的合乎语法的句子来。还有人补充这一观点说，幼儿不仅在模仿成人，也通过聆听模仿比他们年龄稍大的同伴来获得语言。总之，根据这一派的观点，儿童是通过身边的成人或同伴不断地示范和强化合乎语法的言语学会语言的。

学习论的观点的问题在于，它解释不了儿童对语法的习得。词汇可以通过别人的示范和强化习得，但是语法很复杂，学习论者拿不出足够的证据证明儿童是通过模仿成人言语而习得语法规则的。因为儿童早期说出的许多句子都表现出很大的创造性，而这些句子都不可能出现在成人的言语中，这是其一；其二，儿童刚学会说话，由于说很多字词会很吃力，他们会自然地省略一些字词，如成人说"小狗跑了"，儿童会说成"狗跑"，这显然不是模仿和强化理论能解释得了的。

2. 先天论

学习论者无法解释的现象，先天论者给出了答案。先天论者的代表人物是美国语言学家乔姆斯基，他认为，即使我们看起来最简单的语言结构，对于学前儿童来说也是极其复杂的，不可能通过父母教授学会，更不可能通过模仿试错学会。乔姆斯基提出，人类具有先天的语言习得机制，即一个与生俱来的语言处理器。这个处理器可被言语输入激活。这个语言处理器包含一种对所有语言都通用的规则，即其所谓的普遍语法，所以，不管儿童听到哪一种语言，只要他学会了一定量的单词，就可以通过这个语言习得机制将单词组合成新的、符合规则的言语，并能帮助他们理解所听到的话。无独有偶，与乔姆斯基有相似观点的较早的有蒙台梭利，她认为，儿童有一个内部老师在教他们学会说话；斯洛宾认为，儿童有先天的语言制造能力——一组高度专门化的语言学习认知和知觉能力，这些天生的机制使儿童有能力处理语言输入，并推断语音规律、语义关系和句法规则等语言知识，这些知识描绘了语言的普遍特征，使儿童不管听到哪一种语言都能处理。当然，这种处理由于儿童最初的语言数据库有限，在处理的过程中，会出现错误，但是随着语言的继续输入，他们的语言能力就会越来越接近成人。

虽然先天论得到了儿童习得母语的普遍性和生理学的部分支持，但是它的不足也是明显的。首先，它仍然是一种假设，至今没有任何可靠的证据证明其正确；其次，先天论者没有进一步给出那些机制是如何运作的；再次，它只是对儿童习得母语的情况的描述，而不是一种解释，而且照他的理论推演下去，后天的语言学习就是没有必要的；最后，虽然乔姆斯基没有完全否定环境对语言习得的作用，但是他严重低估了语言环境在儿童习得母语的过程中的重要作用。

3. 相互作用论

学习论和先天论都存在明显的不足，各执一词，于是，产生了第三种观点——相互作用论。这种观点支持学习论和先天论中合理的部分，认为：语言发展得益于生理成熟、认知发展和不断变化的语言环境的相互作用。其中，语言环境受儿童与同伴之间沟通的很大影响。这一观点不认为儿童有与生俱来的特殊的语言知识或处理技能，而是大脑慢慢成熟使儿童产生表达的内在需要，再在环境的作用下，儿童才学会了母语。儿童说出的第一批单词大都集中在他们曾经操作的物体和参与过的活动上，这说明儿童习得母语与认知发展关系密切。心理语言学家的研究也表明，父母和年龄较大的儿童会用一种独特的方式与婴儿交流，这种独特的交流方式实质是使用了能促进母语习得的有效策略。他们给出了儿童在环境中习得母语的几种方式：一是从共同活动中习得，如母亲在临睡前与幼儿共同阅读，并不断地发问或回答，幼儿从中学会了很多单词。二是从儿童指向型言语中习得。这种言语有的书上又叫作"妈妈语"或"保姆语"，它的特点是讲得慢、音调清晰适中、句子短而简单、经常重复，总是确认儿童是否听懂了，强调关键词并大量列举对应的实物。三是从错误的提示中习得，对于儿童言语中的错误，父母通常会先表示认同正确的单词，然后通过扩充、纠正等方式提示说法的正确部分，以引起儿童的关注，使儿童学会语法规则。四是从亲子或与他人的交谈中习得。亲密的交谈对儿童语言的发展非常重要，实验研究表明，一群父母是听障、自己听力正常的孩子，只要每天有5～10个小时与听说正常的成人交谈，他们的语言发展基本不会受影响，反之，则影响很大。

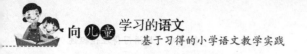

4. 辨认整体特征论

与相互作用论相似的观点是台湾大学教授黄武雄的观点，我把它叫作辨认整体特征论。他在《童年与解放》一书中给出了自己关于儿童母语习得的观点[①]。他分析了大量的生活事实（如幼儿几个月就能从众多的女性中认出自己的母亲）和人类早期的绘画及幼儿涂鸦，发现"人与生俱来一种源于自然的原始创造特质。是这种特质中的辨认特征与无比好奇使人生下来到三四岁便能说出一口精准的母语"。这里所说的辨认特征准确的表述应该是辨认整体特征。他把这种与生俱来的辨认整体特征能力称为"自然能力"。据此，他既不同意皮亚杰的"拓扑学"，也不同意乔姆斯基的"普遍语法"。他明确指出，儿童母语学习的内在机制是：

（1）儿童自大人或大孩子口中归纳出同一语词或同型语句所使用的情境，找出各情境之间的共同特征，逐渐掌握其正确使用的情境及含义。儿童可辨认复杂事物（基本上是无穷多个变数）的特征，所以语言的复杂句型及语句的深层含义，其使用的情境之异同，亦在儿童辨认能力之内。

（2）儿童对母语的学习是整句成套认识，而以逐字取代句中的词汇来表达意思，并非分析词类及学习语法，再予以拼凑组合。这种整体观是儿童认识世界的特点，也是人原创力的基础。

（3）儿童掌握句型之后，通过尝试错误，还诸实际，随时修正[②]。这一观点，把学前儿童成功习得母语归功于儿童与生俱来的辨认整体特征的能力（自然能力）与后天语境的共同作用。那么，人的这种能力在后来的语言学习（特别是第二语言学习）中为什么不发挥作用了呢？那是因为这种能力后来被逐渐发展起来的文明能力（指理性）消解了。黄武雄进一步指出，皮亚杰所给出的儿童语言习得机制的解释混淆了文明能力与自然能力，皮亚杰的理论的缺陷在于忽视了自然能力，如辨认整体特征的禀赋。我个人认为，黄武雄的观点更接近儿童母语习得的真实情况。

① 黄武雄.童年与解放［M］.北京：首都师范大学出版社，2009：22.

② 黄武雄.童年与解放［M］.北京：首都师范大学出版社，2009：40.

二、母语书面语习得理论

众所周知，儿童无师自通习得母语是指他们学会说母语，即获得母语口语能力。那么，母语书面语习得研究方面又有哪些成果呢？

1. 书面语概念

这里的"书面语"是指以文字的形式记录在纸等介质上的语言。口语与书面语相比，具有即时性，并且含有丰富的副语言（帮助准确表达意义的动作、神态、声调、语气、语境等）。书面语是用文字记录下的语言，它不仅仅是口语的书面记录。于晖在英国语言学家韩礼德教授的《口语与书面语》一书的导读中指出，口语与书面语的主要区别在于三个方面：传播介质、语言所起的作用和语言的形式特点。书面语和口语都是人类经验的表征，前者如油画，呈现的是静态的语言产物；后者如电影，表现为动态的交流过程。他进一步明确地指出：随着科技的发展，语言传播媒介逐渐多样化，替代了部分传统媒介，口语与书面语之间的区别也逐渐淡化①。

2. 书面语可以习得

书面语可以习得吗？母语书面语习得的直接研究成果虽然很少，但是答案是肯定的。目前，有的心理语言学家，如语言学家斯蒂芬·克拉申就已经明确指出："人们使用语言的能力（包括使用外语的能力）主要不是通过学习（learning）获得的，而是习得（acquisition）的。"那么，我们有理由认为，人们获得母语书面语的能力也主要是习得的，而不是学得的，虽然学得有很重要的辅助作用，不仅有很多研究第二语言书面语习得的成果可以作为佐证，还有如下理由：

（1）因为母语口语习得和书面语习得本质上都是为了获得语言能力。书面语来源于口语。从口语发展到书面语，书面语逐渐脱离了人类的直接经验，与原汁原味的口语相比，书面语含有更多的隐喻。研究表明，儿童习得语言的过程需要经历从个体到普遍、从具体到抽象、从直白到隐喻三个过程。儿童对隐

---

① 韩礼德.口语与书面语［M］.北京：世界图书出版公司，2012：17.

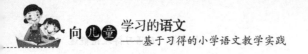

喻的理解与掌握通常出现在习得语言的最后阶段，也就是八九岁。

（2）母语书面语习得有着与口语习得一样的语言环境。儿童生活在母语世界里，处处都能接触到母语。无论是耳朵听到的，还是眼睛看到的，母语都如影随形。现代生活，影视、报刊、网络、大街上的各种招牌、商品名称及使用说明书等，共同组成了母语书面语得天独厚的习得环境。

（3）与其他语言相比，文字相对少、单字的构词能力强是汉语书面语习得的一大优势。张志公先生从四个方面来梳理汉语书面语的特点[①]：①语素，以单音节为主；②汉语是声调语言，声调有区别语素意义的作用；③汉语是一种非形态语言，不靠词的形态变化表示语法关系，而是靠语序和辅助词；④汉字和汉语相适应，每一个汉字都有一个固定的形体，读成一个带调的音节，表示一个最小的语义单位。汉语无须用字来表示形态，用字来表示辅助词即可。张志公先生进一步分析了古人的四点做法与汉语特点的关系，其中的第一点，我认为是有助于汉语书面语习得的。他说，因为语素以单音节为主，词无形态变化，所以非常容易形成一连串整齐的结构，也非常容易押韵；又因为汉字与这样的语言相适应，所以从古代到清末民初所有的识字教材几乎无一例外是整齐押韵的，容易诵读和记忆。目前《汉语大字典》里收录汉字60000多个，除了异体字和生僻字，最常用的汉字只有3500个左右，而儿童只要识2000字就可以进行自主阅读了。

（4）汉语意合性的特点需要习得[②]。汉语的语法形式与印欧语不同，汉语是在意的统摄下安排结构的，即以意合为主。所谓意合，是指汉语的语法关系不是靠形态变化来表现的，而是以意义为支点，依赖语义搭配及语用因素来表达句子意义的。汉语的组合以达意为主，偏重心理，略于形式。王力先生也认为，西方语言是法治的，汉语是人治的。法治的呆板，形式一律；人治的则灵活，达意就行。这样的汉语，靠学得是不能完全得其要领的，更需要多读多写，更需要习得，才能形成语感，心领神会。

---

① 曹明海，潘庆玉.语文教育思想论［M］.青岛：青岛海洋大学出版社，2002：6.

② 申小龙.汉语与中国文化［M］.上海：复旦大学出版社，2003：271.

3. 母语二次习得

儿童是怎么习得书面语的呢？鲁东大学于卫光把习得书面语叫第二次习得①。他认为：儿童母语的口语习得完成之后，随着初步的阅读能力的获得，还有一次类似口语习得的书面语习得，可以把它看作母语的第二次习得。它包含以下三层含义：

（1）它是指从儿童认识足够的汉字，获得初步的阅读能力开始，到完全获得正常的语文读写能力的一段过程，这一过程可与语言学习者的思维能力、认知能力发展同步。

（2）它是一种不同于语言学习或一般语言训练的获得语文能力的过程。它以获取语言材料的内容为中心（或为手段），通过语言学习者自己在大量的、真实的语言活动中培养语感，从而自然地获得语言运用能力。

（3）它和语言学习或语言训练虽不相同，但并不对立。一方面语言学习或语言训练中也包含母语第二次习得的因素，另一方面语言学习或语言训练也可以帮助提高母语第二次习得的效率。

书面语习得是通过大量的书面输入和书面输出进行的。儿童一入学，首先要学习文字。以汉语为例，儿童初入学时，要通过教师教，学得而非习得一定数量的汉字。等他们能够进行阅读和写话后，书面语习得便开始了。当儿童通过阅读去获得信息或通过习作去表达自己所见、所感、所想的时候，他们学得的字便通过各种组合流动起来。这一方面强化了他们已经学得的字，另一方面这些学过的字在不断变化的组合中形成不同的词语、句子、篇章，表达各种意义，再潜移默化地影响阅读或习作主体，使他们在不知不觉中掌握了很多新词和新的表达样式。

三、母语习得水平的提升

克拉申在研究第二语言习得时提出了"可理解性输入"这一假说②。所谓

---

① 于卫光.第二次习得：寻求语文教学的突破［J］.教育教学论坛，2010（14）.

② 柯顿.语言与儿童［M］.唐睿,译.北京：外语教学与研究出版社，2011：3-5.

"可理解性输入"，是指首先给学习者提供可以充分理解的语言量和语言水平，然后在此基础上再进行增加和提高，用公式表示为$i+1$。根据这一假说，决定一个语言学习者能否"习得"该语言的最重要的因素是该学习者所接触的"可理解性输入量"，而且这些输入语言的水平要略高于学习者的理解程度。输入的量越多，"习得"的效果越好。

梅里尔·斯温在克拉申的基础上，进一步提出了"可理解性输出"的假说。斯温认为，语言输出有很多好处。输出量足够多，可以帮助学习者检验输出的词语是否正确，还可以帮助学习者检视语法。研究表明，对语言学习者输出中的错误进行直接纠错，对信息的正确性影响很小甚至没有。而针对输出信息意思上的修正则可以对输出者学习语言产生更大的影响。

这些研究成果和儿童无师自通习得母语口语的情形是一致的，容易使我们想到：他们的假说虽然说的是第二语言习得，但也适用于母语书面语习得水平的提升。或者说，这些假设来自对儿童母语习得过程的研究或受其启发，所以，这些假说也是提高母语书面语习得水平的依据。

第二章 儿童母语习得原理

儿童学前成功习得母语被誉为语言学习最成功的范例。学前儿童无师自通，几年时间，让自己的母语口语达到相当高的水平，而我们花了那么多时间，不但大多数学生语文水平"不过关"（吕叔湘语），而且让那么多学生失去了语文学习的兴趣。这不能不令人警醒和深思。

我们认为，应该从儿童学前成功习得母语口语中寻求提高语文教学效益的佳径。

一、影响儿童母语习得的要素

从母语习得的理论中我们不难发现，语言习得和四类变量有关：先天禀赋、环境因素、认知发展和生理基础。研究表明，儿童语言的获得与发展是儿童主体与客观环境相互作用的结果。儿童的禀赋能力、生理基础、认知发展和后天环境在儿童的语言发展中起着十分重要的作用。儿童能够在较短的时间里无师自通地掌握母语口语，一方面是他具备学习语言所必要的生理条件，包括脑发育；另一方面是禀赋能力作用于后天环境使然。二者缺一不可。

环境因素和认知因素都好理解，前文也讲了很多。这里重点讲一下先天禀赋和生理基础。

学前儿童有语言学习的先天禀赋吗？心理学家曾做过实验，让肯尼亚基库尤族和西班牙的婴儿区分英语中的"ba"和"pa"音，两个地方的婴儿都能轻松地区分，而他们父母却不行，因为这两个地方的语言里没有这两个音。同样，英国婴儿可以区分捷克语、印地语中的特有音素，而英国的成年人经过500

次的训练也不行①。研究表明，几个月大的婴儿可以分辨800多个音素，这800多个音素可以组成世界上任何一种语言的全部发音。遗憾的是，婴儿长到10个月以后，这种听觉天赋就消失了，变得和成人一样。由此可见，婴儿的禀赋能力是确实存在的。谈到禀赋能力，我们不得不再次提到台湾大学教授黄武雄。他认为，人类的原始特质是习得母语能力的基础。他所说的原始特质就是指禀赋能力。他说，这种特质中的辨认整体特征与无比好奇使人从生下来到三四岁就能说出一口精准的母语②。辨认整体特征和强烈的好奇心是如何帮助儿童习得母语的在第一章里我们已经介绍过，我们要说的是黄武雄在这里又指出了帮助儿童习得母语的两个先天能力，即辨认整体特征和强烈的好奇心。儿童在胚胎时就置身在言语世界里，接受了大量的言语刺激，这些言语刺激会给他的生理和心理发展带来不同程度的影响。他出生后，除了早已与之对话的言语世界外，又多了个对话对象，那就是自然世界。从此，他游走在自然世界和言语世界之间，就像刚学走路一样，起初很艰难，但是他在自然世界的好奇心的驱使下，从不放弃努力，在成人及同伴的帮助、鼓励下，在丰富的语言环境的作用下，逐渐学会了用母语与身边的人交流，与自然世界进行对话，表达自己的各种想法。

儿童之所以能获得语言，至少有一部分原因是人具有一些先天的生物学特点。例如，人有优于动物的专门的发音器官。关于这一点，恩格斯曾经指出③：劳动引起了手脚的分化，使得人类的祖先直立起来，直到解放了肺部和喉头；由于音调的抑扬顿挫不断增多，喉头缓慢地得到改造，而口部的器官也逐渐学会了发出一个个清晰的声音。虽然其他动物也以某种有规则的方式沟通信息，如鸟鸣、兽叫、蚂蚁的舞蹈等，但是这种沟通活动是有限的，并且局限于与生俱来的固定的方式。有人试图教会与人类最接近的大猩猩说话，付出了很大的努力但收效甚微。在所有的动物中，唯独人具有得天独厚的高度发展的交际系统，唯有人能够真正地说话。儿童的语言发展还与儿童脑的发育及脑功

① 平克.语言本能［M］.欧阳明亮,译.杭州：浙江人民出版社，2015：276.

② 黄武雄.童年与解放［M］.北京：首都师范大学出版社，2009：23.

③ 夏国华.母语习得角度的语文教学研究［D］.南昌：江西师范大学，2011.

能的完善有关。先天性脑发育不全的婴儿往往显示出低下的语言能力。出生时和出生后的脑损伤也会给儿童的语言发展带来破坏性的影响。大量的研究表明，脑的发展和语言发展之间存在着很强的相关性。此外，视听器官和发声器官的正常与否，也会给儿童的语言发展带来影响。

二、儿童母语习得的特点

根据影响儿童母语习得的四个要素，我们可以找到这样一个问题的答案，即为什么不同地区的儿童都能在差不多相同的年龄习得自己的母语。首先，儿童靠着能分辨800多个音素的先天禀赋，加上人类独有的发音器官，从后天的环境中习得了母语的发音，因为这800多个音素可以任意构成目前世界上任何一种语言的全部发音。用进废退，这也就可以解释为什么10个月以后，儿童分辨音素的能力变得和同样说母语的成人一样了。接着，儿童再在环境的作用下，通过辨认整体特征的自然禀赋，习得母语的词汇和复杂的语法。这一过程既是语言习得的过程，又是儿童生理发育和认知发展的过程；既是他们心理满足和精神成长的过程，又是语言习得、生理发育、认知发展、心理满足和精神成长相互促进的过程。

从外在表现来看，儿童总是从呱呱坠地，到牙牙学语，到能说出双音节词、"电报语"，到能说简单的句子，再到说复杂的句子，深入分析他们习得母语的过程，我们可以发现儿童母语习得的如下特点。

1. 亲密性

儿童通常是在自然的母语环境中习得母语的。中文的"母语"一词非常奇妙，母语起初的意义应该是母亲的语言，即妈妈语。婴幼儿在母亲十月怀胎的时候，就听惯了妈妈语，妈妈的音色、音调、语气……他们早已熟悉，而且给他们一种安全感、亲近感。出生以后，婴幼儿接触最多的人还是母亲，然后，通过观察母亲的态度，他们认识了身边的其他亲人、小伙伴，并且因为母亲的影响与他们也亲近起来。我们认为：这种亲近感是儿童能够轻松习得母语最重要的前提和基础。心理学研究表明①：亲近感来源于与其交往的人对儿童的长时间的信任。婴幼儿从他人的言辞、语气、表情、肢体语言甚至气味中获得他人的信息，从而判断出他人是否信任自己。他们能够敏锐地感觉到他人的情绪。在他人的信任中，父母的信任是最重要的。如果父母怀疑他们，他们就会产生挫败感和疏远感，变得郁郁寡欢，从而影响其与他人的交往，甚至使他们拒绝与他人交往。这样一来，就阻碍了他们正常习得母语。这些儿童就会表现出语言发展迟缓等特征。

2. 意义性

意义性即儿童所习得的每一个语词或句子正是他当下迫切想知道或想表达的，对儿童都是有意义的这种有意义使他获得成功感，使他有了与别人或自然世界继续交流的动力和自信；这种意义既是儿童初期成长的生存性需要，又是儿童的发展性需要，更是他们的存在性需要。比如，当儿童口渴了，他需要水，但是他不知道他想要的东西叫水，照顾他的人知道了他的需求，把一杯水递到他眼前，并发出水的音，儿童就习得了水这个词。儿童下次再口渴的时候，就可能说出水这个词了。儿童学会其他词也一样，都是出于他内心的真实需要，这就是我们这里讲的"意义"。当盲童海伦·凯勒第一次将自然界中的水与语词"水"对应起来的时候，她的内心是喜悦的，这一方面是因为这是她久困于心的问题；另一方面这种对应让她发现了另一个世界的存在，即语词世界的存在。对海伦·凯勒来讲，这种意义是超乎常人想象的。她在《假如给我三天光明》一书中是这样描述她学会"水"的心理的：

"……水！刹那间，她脸上闪耀出顿悟的光辉。'水'，她在安妮手中拼写着。她混沌初开，过去模糊不清的一切意境，在手指的挥动中逐渐清晰，现出轮廓，豁然领悟。'水'，此时此刻，在手上涓涓滴滴的流体，所谓万物本具，只是被无知蒙蔽罢了。海伦的生命似从梦中惊醒。她坐在地上笑着、叫着，用拳头捶地。安妮蹲下把她拥在怀里。时光宝贵，海伦匆促地挣脱，用手再度拼着，她要求'快拼'，要求安妮快快教她。"

---

① 李群锋.儿童沟通心理学［M］.苏州：古吴轩出版社，2017：51.

应该说，儿童成功习得母语的过程就是这种不断顿悟和惊异的过程。

婴幼儿能较快地掌握词语也能证明这一点。幼儿最先掌握的单词绝大部分是常见事物的名称，特别是那些能够被移动或被摆弄的物体的名字，如"爸爸、妈妈"及一些身体部位、玩具的名词；其次是用于描述动作的词……之所以这样，是因为这些词与他们的生活息息相关，他们最需要理解和运用。

3. 重复性

婴幼儿最先掌握的单词之所以是一些名词，还因为这些词所指称的事物在他们的生活中总是重复出现。事实上，儿童习得一个语词也需要这样的反复出现。有时候是母亲，有时候是其他人，他们用所谓的"妈妈语""保姆语"（统称儿童指向型语言）重复地在儿童面前说，才使儿童掌握了它们。

重复是怎样帮助儿童习得母语的呢？黄武雄举例说，比如说"妈妈来了""妈妈喂你""妈妈抱你"等重复多次后，"妈妈"便等同于儿童眼前这个情境中如此亲密的人。同样，"坐椅子""妈妈把你抱到椅子上""这是你的椅子""那是姐姐的椅子"等多次重复的语言发生在儿童耳际，他便开始从情境里直接了解椅子的意义。然后，"妈妈来了""牛奶来了""小鸟来了""哥哥就来""啊，来了，来了"这类声音配合当时的情境，"来"的意义也逐渐明朗……[①]

需要说明的是，随着认知的发展，随着儿童掌握的词语和句式的增多，儿童所说出的词或句式并不都是靠不停地重复习得的，有时他们也靠推断和创造，而且他们会省略一些意义不大的辅助词，而选择实义词来表达他们的意思，如他们会将"妈妈帮我拿袜子"说成"妈妈，袜子"。

4. 足量性

婴幼儿在妈妈肚子里时就受到了大量的言语刺激。他们出生以后，面对着每天接触到的大量的事物，同时受到大量的描述这些事物的语词的刺激，才习得了母语的词汇和语法。可以说，没有大量的言语刺激，儿童也很难掌握母语的词汇和语法。这一点，在美国语言学者克拉申的"可理解性语言输入"（读

---

① 黄武雄.童年与解放［M］.北京：首都师范大学出版社，2009：33.

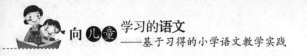

和听）和斯温的"可理解性语言输出"（说和写）理论中得到了进一步证实。两位学者认为语言习得的水平与输入和输出的量有关，没有一定的量，习得的水平很难提高。

足量，并不是越多越好。这里有个度的问题，过多让儿童应接不暇，疲于应付，过少则达不到效果。而且要控制好输入和输出语言材料的难度。

5. 整体性

整体性含有模糊性的意思。几个月大的婴儿能从众多人中认出自己的母亲，不是靠分析、组合母亲的各种特点，而是靠敏锐的直觉，一种整体把握能力，即台湾大学教授黄武雄所称的"辨认整体特征"的能力。他认为，儿童凭着这种抓取特征的能力，做整体的归纳，借不断尝试错误的勇气，做取代与修正，从而习得语言。例如上例中，"妈妈""椅子""来"等语词的习得，儿童是通过从重复中看出模式整体的特征来习得的[①]。

大人学习语言，是先学词汇，再学句型，然后学语法，最后进行组合。与大人学习语言的这种分析性不同，儿童习得母语是整句整句进行的，是整体性的、混沌的。这种整体把握在幼儿的言语中也能得到证明：他们会将大人说的一个完整的句子，省略一些意义不大的辅助词，而选择实义词来表达他们的意思，如他们会将"妈妈帮我拿袜子"说成"妈妈，袜子"。全语言之父肯·古德曼也指出："事实上，人类学习语言，是由整体开始，再逐渐进入局部的。"[②]

整体的才是有生命的。显而易见，儿童成功习得母语，这种整体性确保了语言完整意义的呈现，这才使他们乐此不疲。假如，他们的习得是碎片化的，那么，那些构不成意义的僵死的一个一个的符号，对于儿童来讲无疑是致命的。

6. 渐善性

儿童在习得母语的过程中会经常出现错误，但是没有人会抓住他们的错误不放，周围的人都对他们的错误抱以宽容的态度，甚至不管。随着认知的发

---

① 黄武雄.童年与解放［M］.北京：首都师范大学出版社，2009：34.

② 古德曼.全语言的全，全在哪里［M］.李连珠，译.南京：南京师范大学出版社，2005：28.

展，在周围环境不断给予正确的语言刺激的情况下，过一段时间，他们就掌握得越来越好了。

需要注意的是，儿童这时候所出现的错误不一定是"真"错误，而是他们创造性的释放，是一种"美丽的错误"。如果这时候我们一定要纠正，反而容易扼杀他们的创造性。正确的态度应该是发现并加以保护。

潘庆玉老师讲过一个他女儿的故事[①]：他女儿在三岁的时候，认识了男洗手间上的性别标志，后来，她看到路边的垃圾箱上有个男士标志，就兴奋地说那是"男垃圾箱"。"男垃圾箱"这一说法在成人看来完全是一个语法错误，但是对于儿童来说这却是一个"美丽的错误"，这是儿童一种重要的发现和积极的创造，这是他们创造性地以自己的方式给生活的世界"命名"。人类在最初创造语言的时候不正是这样的吗？人类这种在最初发现语言与文字秘密时所经历的思想的惊异和震撼应被当作语文教学永恒的资源。

儿童母语习得还有实践性、主体性等特点。所有这些特点虽然反映在学前儿童获得母语口语能力的过程中，却是人类学习语言的总体规律的反映。

至此，我们可以发现儿童母语习得的原理：在儿童母语习得过程中，先天禀赋和生理基础只有借助环境的作用才能帮助儿童尽快习得母语，良好的语言环境对母语习得起着至关重要的作用。在儿童母语习得的过程中，环境中最主要的促进因素是人，而这个人是儿童最亲近、最信赖的人。在习得内容上，儿童所习得的每一个词、每一句话对他们来讲都具有实在的意义，都能帮助他们顺利地与人沟通，实现自己的沟通目的。促进儿童成功习得的策略有三个，即重复性、足量性和整体性。儿童身边的人对儿童习得母语过程中出现的错误总是抱着宽容的态度，并加以正面的引导，儿童才在很短的时间内习得一口纯正的母语。

---

① 潘庆玉.语文教育哲学导论［M］.北京：教育科学出版社，2009：88.

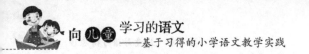

第三章　由儿童母语习得看当下小学语文教学

改革开放40多年来，小学语文教学改革应该是最活跃的，各地研究活动层出不穷、花样翻新，各种实验也如雨后春笋，而且涌现了很多有影响、有成效的教学实验。与人们火热的探究热情相比，小学语文教学的成效则显得不尽如人意。从吕叔湘先生的"咄咄怪事"到20世纪末的"误尽苍生"，再到作家叶开的"语文不除，教育已死"，40多年来，批评的声浪也此起彼伏、不绝于耳。至今，我们很多人仍在感叹：小学语文教师最累，语文学科学生最不感兴趣。

一、如此现状，问题出在哪里？

1. 科学主义

什么是科学主义？科学主义是个很受争议的词语。我们这里所讲的科学主义与"科学至上""科学万能""唯科学方法"之类的词语的意思相近，是指那种凡科学必进步、正确、神圣乃至万能的极端思想。

语文学科诞生于西学东渐的20世纪初，在民主、科学的大旗下，它自然地选择了科学主义，科学主义成了语文教学的指导思想。于是，这么多年来，我们的语文教学一直延续着"1+1=2"的线性思维模式。笔画加笔画等于字，字加字等于词，词加词等于句子，句子加句子等于段落，段落加段落等于篇。我们一直以来深陷烦琐的支离破碎的词句训练，尤其是小学语文教学，师生言及语文都苦不堪言！曾几何时，充斥于各地书店、书城的各种练习题集里全是这样的练习。正如李海林先生指出的那样，"现代语文教学的失误，就在于把一

个科学主义的语言观置于语文教学的基础理论地位"①。下面我们不妨分析几个例证：②

例1：按要求填表（表3-1）。

表3-1　汉字顺序表

汉字	音序	部首	笔画名称	组成词语
秦			第五画：	
嘉			第十画：	
翁			第三画：	
隶			第四画：	

这是二年级作业中非常常见的一道查字典练习题，编写者的意图就是检测学生是否会查字典。其问题在于烦琐。其背后是要学生记住字典上那些孤立的部首，记住那些笔画的名称，学生在实际作业时还要细心地一笔一笔地数出笔画数。再看这些字的部首，每一个都不是那么容易找到的。查字典是帮助学生识字，学生只要会查就行了。阅读时遇到不认识的字认识它的途径有很多种，查字典只是其中的一种，而且是最费时的一种，完全没有必要搞得这么烦琐。如果要真正检测学生的查字典能力，最好的做法是给学生一篇含有生字的文章，让其通过查字典来认识和理解它们。

例2：判断下面说法是否正确，正确的打"√"，错误的打"×"。

（1）"潘"和"庞"这两个字的读音是一样的。（　　　）

（2）"瀑"和"爆"的音节相同，"邀"和"袄"的音序相同。（　　　）

（3）"栏"和"难"的声母相同，"晕"和"拥"的韵母不相同。（　　　）

（4）读"我想买五两好米酒"这句话时，各字的语调都是第三声。（　　　）

这道作业的问题在于故意为难学生。在应试教育的背景下，这种故意"绕圈子"的题目很多，把简单的知识复杂化。"相同"与"不相同"，成人都能被绕晕。我敢说有些字在学生脑中的印象原本正确清晰，经过这样的练习，学

① 王尚文.语感论［M］.上海：上海教育出版社，2000：2.

② 许彦达.小学语文作业例析［J］.小学语文教师，2007（7）.

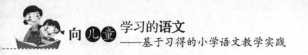

生反而模糊了。

例3：认真阅读下面一段话，回答问题。

这次，我看到了草原。那里的天比别处的更可爱，空气是那么清新，天空是那么明朗，使我总想高歌一曲，表示我的愉快。在天底下……好像回味着草原的无限乐趣。

（1）本段应分几层，用"‖"标出。

（2）其中第二层的四句话按顺序写了_____，又写了_____，_____，_____，最后又具体写了_____的美丽。

（3）文中的句子，把_____、_____比作_____，又把_____比作_____。

（4）本段第三层有两句话，第一句话作者直接写了_____，第二句用_____修辞方法抒发对草原的赞美。

这是一道典型的阅读理解题，理解的是老舍先生的《草原》第一段。那么美的一段文字，文情并茂，可是经这么一出题，好好的一段话变得味同嚼蜡。这是对分析式阅读教学的注解，是理性分析指导下的阅读作业的缩影。在这种作业下，很多灵活的东西变成了僵死的教条，学生成了参考书和老师讲解的内容的"搬运工"，没有半点自己自由发挥的权利。

上面的几道语文练习题只是众多语文练习题海中的一滴水。至今，这样的练习题集，我们的新华书店里仍然堆积如山。

全语言之父肯·古德曼在他的《全语言的全，全在哪里》一书中明确指出，语文学习不能支离破碎①。科学主义这种碎片化解析的一个恶果就是学生语文学习兴趣的丧失。据苏州市某区调查，一年级学生喜欢语文的有37%，六年级学生喜欢语文的仅有4.9%。广东东莞的一次调查数据显示：初中学生不喜欢语文的占比竟高达85%。试想，面对上面的这些捉迷藏式的语文练习题，学生怎么能不讨厌语文？如果孩子一进入学校，就要这样学语文，语文留给孩子

---

① [美]肯·古德曼.全语言的全，全在哪里[M].李连珠，译.南京：南京师范大学出版社，2005：5.

的第一印象一定是十分可憎的。虽然科学主义并不是一无是处，但是对于语言学习，特别是对于灵动的汉语母语学习来说，上述现状的产生，科学主义负有不可推卸的责任。

除了练习的零打碎敲、支离破碎、烦琐不堪，让学生感受不到学习语文的真正意义，进而兴趣尽失外，还有课堂教学的问题。多年来，课堂教学"师问生答、烦琐分析"的局面仍没有太大的改变。

2. 割断联系

语文教学是母语教学。小学语文教学从哪里出发？路怎么走？走到哪里去？只有厘清了这三个根本性的问题，语文教学才能心明眼亮、蹄疾步稳。按理说，我们有课程标准，有教科书，这三个问题应该早就不是问题了。但是，遗憾的是，我们研究来研究去，至今这三个问题仍然模糊不清，特别是我们的一线教师。很多教师感慨：越来越不会教语文了。我们认为出现这种尴尬局面的原因主要有以下几个：

（1）我们的小学语文教学无视儿童的学前基础。儿童在进入小学前已经掌握了母语的基本词汇和语法，能说一口流利的母语。这是小学语文教学相较其他语言教学得天独厚的优势。但是，我们的课程标准里没有这方面的总结，更没有说如何用好这个基点。我们的孩子一进入小学就进入汉语拼音的学习，这给了孩子们一个错位的"语文"的第一印象，使他们对语文学习望而生畏。我们的教师在教学时也没有有意识地打通语文学习与他们学前"能说会道"的关系，让孩子们孤立地学习枯燥乏味的汉语拼音，一遍又一遍地拼读甚至抄写。这无疑是让儿童"刚学理发就遇到个大胡子"。

（2）我们的小学语文教学无视母语学习的良好环境。母语教学与外语学习相比拥有环境的优势：母语学习的环境无处不在。同时，环境也不断地向学生提出语文学习的各种需要，催生出学生语文学习的内生动力。我们的孩子第一次真正的阅读有可能就是阅读一张电影票或路标。他们有可能正是从电影票和路标上知道了识字的重要性和意义。长期以来，我们的小学语文教学却是"两耳不闻窗外事"，一门心思专注在薄薄的课本上。虽然这种情况近年来有所改观，但是却是在过去一段时间长期存在的状况。就是目前，不少地方，不少教师，仍然没有带学生去过图书馆，没有把课堂与丰富多彩的校园外生活联系起来。

（3）我们的小学语文教学无视传统经验。我国语文教学有几千年的历史，出现过无数语文大家、语言大师，从荀子、孟子到司马迁、三曹，从李白、杜甫到韩愈、柳宗元，从欧阳修、王安石到三苏……这些大家、大师灿若星斗，至今仍熠熠生辉。面对大师辈出的我国古代语文教学，语文学科在诞生之初，受到白话文运动的影响，在"砸烂孔家店"的反封建旗帜下，直接被屏蔽了。近年来，我们开始对传统语文教学经验进行整理，但是研究得不够，研究成果惠及小学语文教学的不多，这是非常令人遗憾的一件事。

（4）我们的语文教学，尤其是小学语文教学无视儿童学前母语习得的原理。儿童学前成功习得母语口语无疑是最成功的语言学习范例。很多语言学家和心理学家都很好奇，试图揭开其中的奥秘，而我们在这方面研究很少：所能见到的研究文献多是外语教学关于语言习得的研究。汉语是世界语言宝库中的活化石，已经有数千年的历史，它与字母文字不同。儿童习得汉语与习得字母文字语言有不同吗？汉语书面语习得是否比字母文字书面语习得困难？等等。对这些问题答案的揭示很可能带来语文教学的全面革新，为我们找到一条科学的、高效的语文教学之路。

二、改革开放以来小学语文教学几项成功的实验

改革开放以后，小学语文教学虽然屡遭诟病，但也涌现了一些值得关注的改革实验，而且成效显著。这些都为我们基于习得原理，改造小学语文教学提供了营养（特别是在实践操作方面）。这里我们不妨做些梳理和评介。

1. 小学语文"注音识字·提前读写"教学实验[①]

小学语文"注音识字·提前读写"教学改革实验（以下简称"注·提"实验）是1982年发源于黑龙江省的一项小学语文教学整体改革实验。到1999年，这项实验已历时17年。这是一项中华人民共和国国家教育委员会（以下简称国家教委）、国家语言文字工作委员会（以下简称国家语委）在考察实验情况后

---

① 王一军.中国当代小学语文教育改革研究［M］.长春：东北师范大学出版社，2001：45-49.

发文要求推广的实验。在国内许多专家学者的热心指导下，经过全国广大实验工作者的共同努力，这项实验在北方话区、南方方言区和少数民族聚居区都不同程度地取得了显著的成绩，为普及义务教育，提高义务教育教学质量，推进素质教育实施均做出了突出的贡献。

17年来"注·提"实验的主要收获如下：

（1）从发展语言的基本任务出发，强调思维训练，重视口语教学，坚持"听、说"是"读、写"的先导，充分发挥儿童口语优势，促进儿童思维发展，提儿童高语言能力，改变了过去"重文轻语"造成的因慢阻快、抑长就短的状况。

（2）充分发挥汉语拼音的多种功能，把汉语拼音作为全面进行语言训练的有效工具。在儿童不识字或识字不多的情况下，读写提前起步，提高了教学的起点，丰富了学习内容，加快了学习进程，解决了儿童由于受学汉字的限制，求知欲望得不到满足，知识、智力的发展受到牵制的问题。

（3）坚持听、说、读、写的全面训练，变"识字—读书—作文"直线序列的单一结构为复线合成、交叉并进的多维结构，发挥了教学结构整体优化的优势，为取得语文教学的最佳效果创造了有利条件。

（4）寓识汉字于读写之中，对汉字的音、形、义和识、写、用分别提出要求，分散难点，不搞"一刀切"，形成"越读越识""越识越读"的良性学习机制，使汉字"难学"的问题得到较好的解决。

（5）实验强调整体性原则、主体性原则和实践性原则，注重教方法、教规律，着力培养儿童的学习积极性和独立的学习能力。

以上五个方面的变化体现了这项改革实验的优越性，反映了"注·提"教改实验的主要特点。

17年实验及上述五点收获为基于习得原理改造小学语文教学提供了实践依据和一些具体做法。实验教材以拼音与汉字双行编排，为学前儿童母语口语优势找到了联结点，为汉字的习得和学得提供了依托。实验寓识字于读写之中，为识字教学开辟了新天地。"越读越识""越识越读"有利于学生发现识字的意义，提高识字的效果。同时，写对识字也起到了促进作用。实验所强调的三条原则是对我国传统语文教学经验的最好总结，是提高儿童语言习得水平的重

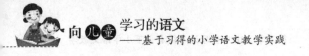

要法宝。

2. 小学语文"大量读写双轨运行"教学实验的背景及运行机制①

小学语文"大量读写双轨运行"教学实验（以下简称"双轨"教学实验）是山东省教育科学研究院"八五"和"九五"规划重点课题，是由山东省龙口市实验小学于20世纪80年代末期进行的一项小学语文教学改革课题实验。这项实验以大量听、说、读、写为前提，构建"双轨"教学的运行机制，从而确立学生的主体地位，引导学生主动发展，建立起了一般学校的一般教师在一般条件下对一般学生可实行的有效的教学规范和"双轨"教学体系，大面积、大幅度地提高了语文教学质量，获得了很大的成功。

所谓小学语文"双轨"教学实验，把国家规定的语文教学时间一分为二：以不多于4/5的时间用于课堂教学，强化"双基"，抓根固本，完成教材规定的基本教学任务，此为第一条轨；用不少于1/5的时间设自由读写课，列入课程表，学生自选教材进行自由读写，加强学生的语文实践活动，扩大学生的智力背景，培养学生的语文能力，此为第二条轨。第一条"轨"以本为本，实行"我教你学"，从教到学再到做；第二条"轨"自由读写，实行"你学我教"，从做到学再到教。"双轨"同时运转，有机结合，形成缺陷相克、优势相生、依次推进、循环往复、"双轨"并行的运行机制。

（1）这项实验提出了在第一学段完成2500字的识字目标。它具体通过五个途径来实现：一是学科环境，凡低年级所设学科，都有识字教学任务；二是校园环境，校园的走廊、墙板、花草树木等都要挂牌"上岗"，给学生营造识字氛围；三是家庭环境，一年级新生入学后，建议家长把家里的大小物品都挂牌"上岗"；四是社会环境，引导学生在生活中观察认读，利用广告、标语、商标、门牌等识字；五是阅读环境，通过自由阅读、自读课本、音像阅读等识字，这是环境识字的主渠道。环境识字鼓励学生每天最少识一个字。实验证明，这样的识字方法保证了学生在具体语言环境中识字，联系生活实际识字，在应用过程中识字，加强了识字与认识事物的结合，加强了音、形、义相的结

---

① 王一军.中国当代小学语文教育改革研究［M］.长春：东北师范大学出版社，2001：182-192.

合，加强了识字与听、说、写的结合。

（2）这项实验在增加输入与输出的量的方面的具体做法很值得我们借鉴。在读写方面，实验提出自由阅读、自由写作的概念并付诸实践。实验的具体做法是：自由读写课，要求做到四个落实、四个结合。①时间落实，拿出1/5～2/5的教学课时，列入课程表；②地点落实，在阅览室或教室；③读物落实，人均15本以上的图书（童话、科普、故事、传记、散文等）；④辅导落实，教师的任务只是激发学生的读书兴趣、推荐图书、指导阅读方法、指导写读书笔记等；⑤笔记落实，学生每周写500～800字的读书笔记，以写促读；⑥活动落实，实行"三会"（故事会、佳作欣赏会、读写报告会）、"三赛"（朗读比赛、背诵比赛、读写知识竞赛）、"两评"（读书笔记和手抄报展评）制度。自由读写课上加强四个结合，即课本识字与阅读识字相结合、序列听说与自由听说相结合、课内阅读与自由读写相结合、常规作文与自由写作相结合。

（3）实验还进行了课内阅读单元整体规划教学的改革。具体做法是：10课时完成单元教学目标。具体实施原则是一个中心（突出训练组重点）、五步程序（自学课文3课时、重点讲授4课时、综合训练1课时、反馈检测1课时、总结评价1课时）、三个始终（情感教育渗透始终、因材施教体现始终、反馈矫正贯彻始终）。训练组教学的基本过程：①导读，引导学生发现单元学习重点；②讲读课例，让学生领悟思想内容，学习遣词造句、谋篇布局和写作方法等；③阅读课例，培养学生的自学能力，验证所学知识及能力的运用技巧；④读写例话，引导学生对所学知识进行整理；⑤基础训练，巩固学生所学的基础知识，发展基本技能。"课例"教学总的原则是从训练组教学整体出发，完善从"语言文字"到"思想内容"再到"语言文字"的教学基本过程：一是加快从"语言文字"到"思想内容"的教学节奏，避免把课文切割成过细的板块进行平推式教学；二是加强"思想内容"到"语言文字"的教学环节，显示出教学的层次性，突出训练重点。有时把阅读课例的课时打通使用，采用"学导练自学提纲"进行教学，把课后"思考·练习"及训练组教学重点以"自学提纲"的形式展现，先让学生对照课例自学，教师根据"自学提纲"反馈的情况，有的放矢地进行重点讲授。之后，再根据训练组重点，进行综合训练。

（4）实验的以下做法也为我们拓宽了视野：一是听记训练，每日2～5分钟；二是说话训练，每日2~5分钟；三是听、说、写训练，让学生听故事、听音乐、听录音等，然后引导学生说出听懂了什么，之后再引导学生把听懂的东西写下来，想怎样写就怎样写，目的是开发学生的形象思维，启迪学生的创新意识；四是看、说、写训练，引导学生注意观察身边的事物和生活，观察图片等，将观察到的东西说出来，然后在说的基础上写下来；五是音像阅读训练，让学生观看录像片，把看到的、想到的说出来，然后写下来，能写多少就写多少。

（5）实验在评价方面采用等级评价、多元评价的办法，以评价促进学生成功和发展，革除了传统的一张试卷评价方式的弊端，允许重考，体现了对学生的宽容。

3. 韩兴娥的"海量阅读"实验[①]

两周上完一册教材，三年级学完六年级教材；二年级识字量达到2500字，三年级认识3000个字，完成小学阶段的识字教学任务；低年级一学期课堂阅读量平均达到20万字，中高年级一学期课堂阅读量平均达到100万字；唯一的家庭作业是班级循环日记，而全班成绩却一直名列前茅……这一系列"天方夜谭"般的数据让韩兴娥成为小学语文界一颗璀璨的明珠。中国教育学会小学语文教学专业委员会理事长崔峦闻听了韩老师的实验课，感慨：山东人太实在，孩子都生了六年了，而且养得白白胖胖，连个名字都没有起。于是，"海量阅读"这个名字就诞生了。随着崔理事长的肯定，全国立即刮起了一股前往韩老师教室观摩取经的飓风，从大江南北到长城内外，人群一波又一波。最后，竟然达到让韩老师不得不公开表达"不堪其扰"的地步。

那么，韩老师的做法给我们的启示是什么呢？

（1）再次印证了第一学段识字目标为2500字是可行的。

（2）完成2500字识字量的第一学段可以做到：一学期课堂阅读量平均达20万字，在阅读中识字、以识促读、以读促识，阅读、识字两不误。与"大量阅读、双轨运行"实验相比，"海量阅读"实验进一步打破了传统识字教学的思

---

① 韩兴娥.踏上阅读的快车道［M］.武汉：湖北教育出版社，2009.

维，拓宽了识字的渠道。

（3）打破了"生字是阅读拦路虎"的固定思维，突破了先识字后阅读的习惯模式，将阅读提前，让语文学习与儿童学前习得尽早接轨，解决了因识字阻碍学生思维发展的难题。

（4）充分运用课内时间。韩老师把小学六年分为三个阶段：①一年级在"海量阅读"中识字；②二、三年级主要在"海量阅读"中诵读、积累；③四、五、六年级则"海量诵读经典"。我称之为"课内海量阅读"三部曲。但不论曲调如何变化，都紧紧围绕关键词：课内。方法是：半个月上完教材内容，剩下的教学时间就大量阅读教材以外的读物。学校图书不足，韩老师用三个办法解决图书来源问题：一是自己的电脑上保存一部分电子读物，可以在学校集体印，也可以发到公共邮箱中由家长自己印。二是向家长推荐图书。她的第一轮实验都是这样解决图书不足的问题的。

（5）这项实验让我们看到了实现小学语文教学"高效益、轻负担"的可能。用韩老师的话说就是"鱼和熊掌兼得"。韩老师的实验是增量实验，低年级每学期增加20万字的阅读量，中高年级增达100万字，但是课外作业很少，她取消了那些支离破碎的烦琐的语文作业，让学生全力专注于阅读，实现了既"增量"又"减负"。她说，抓住了阅读，原先的识字问题、作文问题、理解问题……都不是问题，都能迎刃而解。

随着观念的转变，越来越多的一线教师认识到了语文学习的规律，把"大量积累、多读多写"作为提高语文学习质量的不二法门，如陈琴的素读等。

综观这些卓有成效的改革实验，我们不难看出：谁在语文教学中坚持了"大量积累、多读多写"，谁的教学就能取得成功。围绕"大量积累、多读多写"，教师们咬定青山，删繁就简，将沿袭了多年的识字教学、阅读教学中的烦琐哲学和支离破碎的语文作业统统扫进语文学习的垃圾箱，让自己的语文教学开出了艳丽的花朵，走出了一条幸福的语文教学之路，成就了学生，解放了家长，也成就了自己。

那么，这些改革实验有问题吗？应该说"大量积累、多读多写"是我国几千年语文教学经验的结晶。我们的古人十分聪明，他们在实践中发现，语文学习，不大量积累，胸中无点墨，说话作文自然无米下锅；不进行大量的语文实践（多读多写）就谈不上什么读写能力。基于母语习得原理改造我们的小学语文教学，要想达成目标，遵循这八个字也是题中之意。改造我们的小学语文教学除了要遵循语文学习的规律，还要照顾到我们的教学对象——学生。学生是学习的主体，学生的身心发展规律也是我们必须重点考虑的。在这些改革实验中，我们注意到了实验者对这方面的考量，但总体而言，从教学上看，还是"我教你学"，所学内容基本靠老师"给"或"塞"。他们之所以能取得引人注目的成功，一是因为当前我国小学语文教学整体水平较低，二是因为这些实验行走在"大量积累、多读多写"这条正确的语文学习之路上。也就是说，这些实验把小学语文教学从"乱花渐欲迷人眼"的乱作为中解救了出来，让我们看到了小学语文教学从哪里出发、往哪里去，而对于"路怎么走"，还有待进一步探索和完善。

第四章　儿童母语习得原理的启示

儿童母语习得原理对小学语文教学的启示是全方位的：从小学语文教学的指导思想到课程建构再到课程实施及师生关系都给了我们诸多启发。我们要从一定的高度来发掘其中的奥秘，找到小学语文教学高效的密码。

一、亲密性与师生关系

婴幼儿与妈妈及比他大一点的小伙伴之间的亲密关系是非常重要的，这种亲密关系帮助他们成功习得了复杂的母语。这启发我们，学生进入小学以后，尽快建立良好的师生关系是一件很重要的事情，是保证学生进入学校学习取得成功的基础。

近年来，社会尊师重教之风下滑，社会不良风气对学校师生侵蚀严重。师生之间的关系在疏远，这是不争的事实。有研究者曾经对4000多名中小学生和他们的老师做过一次调查，发现80%以上的教师认为自己是"爱"学生的，但与此同时，却有80%以上的学生认为他们的老师并不"爱"他们[①]。如果我们把这种爱当作师生之间亲密关系的一种表现，那么现状就令人担忧了。

师生关系是教学关系、心理关系等关系相互依存、相互渗透，构成的一个有机体系。在这个关系体系中，教学关系是师生关系的基础，离开了这一关系层面，其他关系也就失去了存在的依据和意义。心理关系又是必然伴随教学关系而生成的，在教学关系中，如果没有心理意义上的情感作用和联系，如果

---

① 陈向明.从师生关系看教育的本质［J］.教育学术月刊，2014（11）.

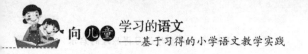

"知"与"情"分离，那么，教学关系也不会有效维持。我们所倡导的亲密关系就是指这种心理关系。

我认为，最好的师生关系表现为相互信赖，即在任何情况下，师生之间都是相互信任的。就像《地震中的父与子》这篇课文中父亲与儿子之间的那种信赖。对小学生而言，这种信赖中依赖成分会多一点。

小学阶段，要形成良好的师生关系，主要靠教师。要建立相互信赖的师生关系，教师首先要做到始终对每一个学生充满向好的期望。这是学生成长的阳光。这种期望会通过教师的一举手、一投足、一句话、一个眼神被学生感受到。具体到母语习得，就是我们要相信"每个孩子都有自己的语言，都有学习语言的能力"。作为教师就是要像母亲一样帮助他们，使他们的语言更精彩。其次，教师要理解学生，特别是当他们在语文学习上犯错误时。再次，教师要关心他们，多和他们在一起。除了关心他们的语文学习，还要关心他们的身体、生活。比如在学生身体不舒服、天冷了学生衣服穿少了等情况下，教师要及时给予关心帮助，让他们体验到"妈妈般的温暖"。最后，教师要充分展示自己的人格魅力。人格魅力是教师的学识、人品、意志品质等在学生心里的集中投射。作为语文教师，阳光乐观、对经典名篇张口就来、在失败面前从不气馁、与同班老师关系和谐、教学效果好受到普遍尊重……都会汇聚成人格光辉，使学生产生信赖感。

二、意义性与课程设计

意义感的缺失是当前小学生语文学习中存在的普遍问题。他们只知道学习是为了考试，为了老师、家长满意和夸奖等外在的东西，他们对多识字、会阅读、会表达更加深层的意义缺乏体验和了解。

学前儿童成功习得母语主要得益于他们是为了语言的功能学习的，即为了尽快地与周围人进行沟通。进入小学以后，他们在学前因为沟通的需要而产生的学习母语的强大内驱力随着口语沟通无障碍逐渐消失了。在课程作用下，很多儿童对学习语言感到迷茫。他们认为语言和他们的生活是不相干的，是无趣的东西。那些机械的、零碎的练习使他们对语言学习越来越没有兴趣。造成他们与学前母语习得状况形成鲜明反差的原因是我们的课程出现了问题。

事实上，每个孩子学前都有自己的语言。即使起初的"咿咿""呀呀"，这些简单的发音，对他们来讲，也都是能表达完整意义的话。语言是存在的家园，是人的确证，是人行走世界的一把万能钥匙。学前儿童的语言是口语的，是有很多不合规范或错误的，是需要提升的，是不全面的。他们之所以要进入学校学习，一是因为要学习规范、经典的书面语，二是因为要提升自己的口语质量；不仅要学会听说，还要学会读写。只有这样，他们才能更好地融入社会，将来过更好的生活，更自由地行走在这个世界上。学校学习就是帮助他们完成这些任务的方式。

小学生的语言学习就是要不断地使他们体验到掌握语言的真实意义，让他们切实感受到语言能帮助他们打开通向幸福生活的门。为此，我们的课程要设计好，要改变目前将语言从有意义的、功能性的真实使用情境中抽离出来，将语言变得支离破碎的做法，让语言学习发生在真实的生活环境中，让学生语文学习中的听说读写与真实的生活息息相关，像他们在学前习得母语一样，为了有效沟通而学习，为了心理满足而学习，为了自身成长而学习；要突出语言的功能，在突出功能的基础上，适当关注形式；要提倡以生活中的真实问题为导向的阅读；提倡表达学生真实想法和观察、思考成果的写作；提倡用语文学科学到的听说读写的本领去帮助其他学科学习，给其他学科学习带来便利和成功。

当然，对于小学生而言，有时为了鼓励他们学习，我们也可以从激发外部学习动机入手，让他们感觉语言学习有意义，但这不是长久之计。

三、整体性与语文练习

整体是由每个部分组成的，各个部分的有机组合使整体获得了生命。脱离了整体的部分也就失去了生命活力，就成了一堆僵死的零件。从学生方面来说，小学生理性思维还不发达，他们认识事物主要靠获取事物的整体形象。

我们的语文教学一直习惯于从部分入手，把鲜活的文本揉碎了教给学生，把语文练习搞得支离破碎，让儿童天天操练，在儿童的头脑里塞满了语言的零部件。我们把语文学科当作线性学科来教，笔画加笔画等于字，字加字等于词，词加词等于句子，句子加句子等于段落，段落加段落等于篇。我们在语文

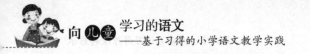

教学上，丢失了儿童学前母语习得的原理，也丢弃了我国古代语文学习的良好传统。

我国古代语文教学较少机械、琐碎的分解式讲授和训练，而更多地从整体着眼，进行诵读训练和写作训练，强调语文能力的整体发展①。在古代语文教学过程中，读，着重诵读整篇文章和整体的著述，在完整地作品中反复体味、涵泳，咀嚼文章思路的流转和情感的变化；写，除了少量的对对子，着重进行整篇的习作和谋篇布局的训练。白话文运动后的现代语文教学，受科学主义的影响，强调理性分析，把我们的语文教学引上了偏离整体的轨道，实在是背离了语言学习的规律和学生语文能力形成的正确路径。

肯·古德曼在他的《全语言的全，全在哪里》一书里告诫我们②：儿童入学时，就已经基本掌握了语言，他们十分希望了解周围的世界，如果学校把语言切割成小片段，有意义的事物就变得毫无意义；而无意义的事物是儿童很难理解的。他呼吁：让语言保留它的完整性吧！他说，语言只有在完整的时候才是语言。完整的文章、语言事件中的对话才是最起码具有文意、可运用的语言单位。

为此，要坚决取缔语文学习中那些烦琐的、零碎的、脱离整体的练习，如给单字组词、单词造句、孤立地编造的改病句等。

四、重复性与教学重点

重复性是儿童母语习得的一个重要法宝。小学语文教学要突出学习的重点，沿用好这一法宝。当前，我们要进一步明确小学语文教学的重点是什么（重点就是我们要着力的地方，要有所作为的地方，就是我们需要让学生反复历练的地方）。小学语文教学要有为，也要无为，无为是为了更好地有为。为此，我们要正确处理好有为与无为的关系，迷途知返，明确重点。处理好这对关系不仅能纠正当前语文教学中存在的种种偏差，而且能大大提高语文教学的

---

① 曹明海，潘玉庆.语文教育思想论［M］.青岛：青岛海洋大学出版社，2002：4.

② ［美］肯·古德曼.全语言的全，全在哪里［M］.李连珠，译.南京：南京师范大学出版社，2005：5.

效率。要处理好这对关系，需要我们厘清当前小学语文教学哪些方面是我们着力需要的，哪些方面需要反复用力。

儿童一进入学校，语文学习的第一件事就是学习汉语拼音。目前，汉语拼音教学颇具争议，有人甚至要求废除汉语拼音教学。这些争议和呼声有一定的道理。学拼音的目的是帮助识字和阅读。那么，拼音教学就应该在拼读上下功夫，让绝大多数儿童一看到音节就能正确读出来。而我们最新的课程标准却对拼音教学降低了拼读的要求，由原来的要求直呼，改为能够拼读，我以为这是在该为的地方，做了不为的要求。在实际教学中，有很多教师在写上用了不少力，浪费了儿童拼读的时间，一方面是为了应试，一方面是觉得写可以强化认读效果，在不该为的地方做了为，这是很不可取的。

再从识字教学来看，识字教学应以多识字、识牢字、自能识字为目标，以认读为主攻目标，要通过语言环境不断重复出现以巩固认读的效果，尽快让儿童过了3000个常用字的关，以便于他们及早走上阅读的快车道。实际教学中，我们常常会看到很多教师把时间浪费在如何记字上。查字典教学是帮助儿童学会利用工具书自主识字，教学的目标是让学生学会利用部首查字和拼音查字等方法查到自己不认识或不会写的字，教学时要在如何快速地检索字上下功夫。但是，我们却常常做纸上谈兵的事，让儿童去分辨部首或音序，而把实际该操练的动手能力忽略了。写字教学中，我们常常让儿童观察字的某一笔画在田字格中的位置，进而把儿童书写的自由变成机械的模仿，让儿童记住了那些没用的教条，把原本可以通过写字发展起来的审美意识忘到了脑后。在阅读教学中，我们常常不是教学生如何阅读，而是教学生如何分析和发掘"微言大义"，把阅读课上成了思想教育课。尤其是在习作教学中，我们更是经常用好心的"帮助"来捆住儿童，使他们感受不到在语词的世界里自由驰骋的乐趣，对习作心生畏惧。事实上，在习作教学中，我们最该用力的方面是激发儿童的习作热情，激励他们爱写、多写，表扬他们在习作上闪现出来的亮点，而不是批评他们的不足。

还有如语文知识教学、文学常识的知晓等，我们通常都做得过了头。我们教了很多"关于语文"的东西，甚至在教学生"研究语文"。什么是"研究语文"？洪镇涛1993年5月在《中学语文》上发表了一篇文章，其中提出了一个"语言教学取向"的问题，他把中小学语文教学分成两种类型：一种是学习语言，一种是研究语言①。以识字为例，从学习语言的角度要求，应大量认字，记住字形、字音、字义；从研究语言的角度要求，则让学生了解文字的形成、文字的分类、汉字的造字法、汉字的形体结构等。词，从学习语言的角度要求，应大量接触、感受、领悟、积累词语；从研究语言的角度要求，则让学生了解词的构成、词的类别、词的造句功能等。句，从学习语言的角度要求，应大量接触、感受、领悟、积累各种语句；从研究语言的角度要求，则让学生分析句子结构、了解句子种类、分析复句类型及其内部关系等。篇，从学习语言的角度要求，主要是感受、领悟和积累一些成套的语言材料（包括文段和文章）；从研究语言的角度要求，则让学生了解文章的体裁、文章的章法、文章的表达方式等。至于语（语法）、修（修辞）、逻（逻辑）、文（文学），从学习语言的角度要求，只需要了解一点常识即可；从研究语言的角度要求，则让学生了解语、修、逻、文的系统知识。洪先生的文章发表在二十多年前，但是仍有现实意义。小学语文教学更应该以"学习语言"为"独当之任"。

五、足量性与教学质量

由量变到质变，没有一定的量的积累就不可能出现质的飞跃，这是辩证法告诉我们的事物发展的规律，同样也是儿童成功习得母语的一条秘诀。长期以来，量与质的关系我们一直没有处理好。在很少的听说读写的量上求其质，是语文教学效率低下的一个重要的原因。

儿童是天生的语言学习者。几乎每一个正常的儿童，在三岁左右就能习得比较完备的母语口语，到了六岁，其语言的流利程度足以让非母语学习者望尘莫及。儿童之所以能如此快地掌握母语口语，主要是因为生活语境为他们提供了大量听说实践的机会。

进入小学，主要任务是学习书面语。书面语的习得也只有在大量的读写中才能实现。我们的语文书太"薄"，而在教学中，对教材文本学习的要求又太

---

① 李海林.语文教育研究大系·理论卷（1978—2005）［M］.上海：上海教育出版社，2005：195.

高，教学又太过精细，似乎我们总想以较少的量，来获取较高的质，忽视了语文学习的特殊性。语文能力不是靠教师讲解得来的，也不是像学习数理化那样靠举一反三得来的。在语文学习上，我们要引导儿童大量阅读，大量积累，多说多写，这是提高语文教学效率的不二法门。因此，我们没有必要每篇课文都去精讲细析，每篇习作都精批细改，应把这些时间省出来，促进儿童自由地、大量地阅读与练习写作。

我们几千年的语文教学传统做法很多是暗合了儿童母语习得原理的。传统语文教学提倡多读：每读书，学童立于师案旁，师先读，学童跟读，读至数遍或十数遍，令回到自己的位置自读，读至数百遍，至师案旁背诵……传统语文教学十分重视背诵。其做法是在学生十五岁以前，趁学生记忆力强的时候，让学生背一定数量的文章。古人强调十五岁前背诵，是尊重了学生心理发展规律的。古人我们不说，就是现当代的老一辈语文大家哪一个不是在少年时期就背下几百篇文章、几百首诗词？没有大量的积累何来语感？而且通过积累，还可以丰富各方面的知识。随着年龄的增长、理解力的增强，如再有名师指点，"悟性"渐开，先前的读背功夫就会化为很强的读写能力。这就是飞跃。这样熟读背诵，就是要通过多读促进言语范型的内化，以经典中规范优美的语言来改造日常言语，提升人的语言审美品位。

在作文上，传统语文教学强调文章要读写结合、多写、多改。每练习写一种文体，都要先研读该文体几日，然后练习写一篇，一般每十天写一种文体；等到诸体皆会了，则每三五日练习一次写作。这种习作的频次是我们今天的语文教学达不到的。关于多改，宋代陈师道说："永叔谓文有三多：看多、做多、商量多也。"[1]多改也是古人训练作文能力的一个重要方法。我国古代的文人学者历来重视文章修改，把修改文章作为提高文章质量的重要手段。元好问在《陶然集诗序》中引用唐子西的话，说古人修改诗作："……初读时未见可羞处，姑置之；后数日取读，便觉瑕迟百出，辄复悲吟累日，反复改定，比

---

① 何文焕.历代诗话 [M].上海：中华书局，2004：305.

之前作稍有加焉；后数日复取读，疵病复出，凡如此者数四，乃敢示人……"[1]
朱熹在《朱子语类》卷一、三、九中也说欧阳修改文："欧公文亦多是修改到
妙处。倾有人买得他《醉翁亭记》稿，初说滁州四面有山，凡数十字。末后改
定，只曰'环滁皆山也'。五字而已。"[2]

　　古人这种多读、多写、多改的语文学习方法正是有一个从量变到质变的上
升过程。

六、渐善性与教学评价

　　长期以来，我们总是抓住儿童言语实践中的细枝末节，进行所谓的帮助，
粗暴地干涉他们在语言世界里自由闯荡，告诉他们应该如何才合规范，对他们
言语实践中"美丽的错误"缺少发现的眼力、欣赏的目光和宽容的态度，总想
一步到位，顽固地要求儿童做到完美。比如我们总是让儿童去改我们自己编写
出来的病句，我们对儿童的作文进行所谓的一个细小的错误都不放过的精批细
改，我们要求一年级的儿童写字造句做到全对……在我们当下的语文教学中，
所有这些行为都在告诉儿童：语文学习动辄得咎、了无生趣。我们用努力把儿
童关在言语实践的各种规则的囚车里，听不见儿童心灵世界对言语实践自由的
呼唤，看不见儿童言语实践"美丽的错误"背后创造的冲动。

　　我们的小学语文教学并没有尊重儿童母语习得的渐善性特点，以我们一
厢情愿的努力，不断地伤害儿童在语文学习上的自主性，以我们看似良好的心
愿，不断消磨他们在语言世界里创造的胆量和尝试的积极性，致使他们的语文
学习越来越畏首畏尾，越来越缺少生气，越来越故步自封。我们要回到儿童学
前，像母亲对待牙牙学语的孩子一样对待小学生的语文学习。其实质就是坚持
以儿童的立场来理解儿童在言语实践过程中所犯的错误，发现他们错误背后的
"美丽"，以发展变化的眼光来看待儿童的语文学习，给儿童一个自由的语文
学习的空间，引领他们自主地、轻松地、自由地行进在语文能力发展的大道

---

① 谢保国.中国古代语文教育史稿［M］.银川：宁夏人民出版社，2009：457.
② 同上。

上，去充分感受语言文字本身所固有的用以唤醒灵魂的惊异与渴望的力量。

从前文的母语习得理论我们知道，为了与人沟通，儿童是有自己的语言系统的。这套语言系统起初就是简单的"咿呀"，尽管简单，也是一种了不起的创造。随着心智的发展和语言环境的不断作用，儿童的语言系统日渐成熟和规范起来，但是其中还会出现一些错误，这些错误其实和他们的"咿呀"一样，是"美丽的错误"，里面隐含着他们的创造和个性。斯蒂芬·平克说，孩子的确会犯下一些语法错误，但这些错误很少是无厘头的错误，这些错误往往都是依据他们的语法逻辑推导而来的，这种推导看上去十分合理，因此，让我们感到奇怪的不是孩子们为什么会犯这些错误，而是成人为什么会把它们当作错误①。另外一种情况，我们通常能容忍婴幼儿所犯的很多错误，给予他们自由完善的时间，而对年龄稍大的小学生所犯的错误容忍度降低了，总是希望他们不犯任何错误。这是非常可怕的事情。

在这里，我还想谈一下言语个性的问题。每个孩子起初的"咿呀"都是不同的，也就是说，每个孩子起初的言语都是有个性的，是环境和他们进入小学后的课程使他们的言语趋同了。但是，我们知道，小学生语文学习的最终目的是要学生形成各自的言语个性，因此，在小学语文教学中，我们要看到这个小学语文教学要回的"家"。趋同是为了规范，在规范的基础上各异才是目的。审视当前的语文教学，我们强调趋同多了一点，强调各异少了点，这个度没有把握好。这表现在我们过分强调对共性的语言知识的学习上。

什么是言语个性？我们这里讲的言语个性的概念与俄罗斯心理语言学家所讲的概念不同，在这里，言语个性就是指个体区别于他人的言说方式，说白了就是个体的言语独创性。它体现为个体的言语风格及个体综合运用语言知识的独创性。与李白诗歌的语言"清水出芙蓉，天然去雕饰"不同，杜甫诗歌语言则"为人性僻耽佳句，语不惊人死不休"。李白的诗句式长短不一，节奏明快而富于变化，用词自然洒脱；而读杜甫的诗，我们会为其语言凝练准确、丰富多彩、格律森严、自然流利所折服。韩愈的散文，语言雄健宏伟、奔浩流转，

---

① [美] 史蒂芬·平克. 语言本能 [M]. 欧阳明亮，译. 杭州：浙江人民出版社，2015：287.

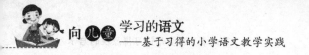

即所谓"韩如潮";苏轼的散文,语言如行云流水、姿态横生,即其一贯追求的"辞达"。这就是言语个性。

一直以来,我们太过注重对共性的语文知识的学习,而对学生言语个性的培养不太重视。我们教学中,经常无视学生的言语个性,只关注其是否合乎语法规则。比如考试或作业中用"牵牛花"写句子,我们通常的做法是把"牵牛花开了"和"牵牛花得意地吹起了小喇叭"都评定为"对",给一样的分数。同样表达牵牛花开了,两种表达从语法上讲都没有问题,但是,这两个句子谁更有个性,谁更有想象力、更有才情,则一目了然。因此,我们在教学中,要鼓励儿童多读经典的作品,多读那些语言富有个性的大师的著作,关注儿童的阅读偏好;鼓励儿童多写自己感兴趣、有独特体验的事物,形成自己的言语个性乃至言语风格。

一个人的言语往往是他精神世界的表征。言语风格是一个人言语独特性的重要体现,它是一个人的符号化外貌。重不重视言语个性的培养,是关系到小学语文教学要培养什么样的人的问题。

儿童学前母语习得原理给语文教学的启示还有很多,如学生进入学校后应该在什么样的环境中学语文等,这些我们将在后面进行专门探讨。

第五章　基于母语习得原理重构小学语文教学体系

从儿童母语习得原理给我们的启示中，我们不难看出，小学语文教学从思想层面到操作层面都存在很多问题。重构小学语文教学体系，需要我们基于母语习得原理，对小学语文课程建设、课堂教学、评价进行全面考量。我们把重构的小学语文教学体系叫作基于习得的小学语文教学。

基于习得的小学语文教学以"口头语言+书面语言"为语文本体观。语文是什么？这个问题有很多答案：语言文字、语言文学、语言文章、语言文化……这些答案大多停留在望文生义的层面。基于习得的小学语文教学站在儿童的立场来回答这个问题。学前儿童出于与外部世界交流沟通的需要，习得了口头语言。进入学校以后，他们的任务变成了学习口头语言和书面语言，从这个角度说，我们认为，语文就是口头语言和书面语言的合称。这也正是叶圣陶先生定名语文的本意。叶圣陶先生说："什么叫语文？平常说的话叫口头语言，写到纸面上叫书面语言，把口头语言和书面语言连在一起说，就叫语文。"[①]

基于习得的小学语文教学以提高学生的语文能力为教学核心旨归。按照索绪尔对语言和言语两个概念的区分，学生要学习的口头语言和书面语言都属于言语。那么，这里的语文能力包括言语理解能力和言语表达能力，也就是听、读和说、写的能力。基于习得的小学语文教学以提高学生的听、说、读、写能

---

① 中央教育科学研究所.叶圣陶语文教育论集［M］.北京：教育科学出版社，1980：138.

力为主，并将语文的学科功能发挥到最大化，把净化心灵、健全人格、发展智慧等渗透其中。因为语言是思想的载体，是精神的外显，是人性的投射，学生在学习语言的时候，不去触碰语言中的思想、情感、精神、文化、知识，也就学不好语文。

基于习得的小学语文教学是指尊重儿童学前母语习得基础、遵循儿童母语习得原理的小学语文教学新认识和新实践。它基于习得、追求习得、成于习得，进而达到学生语文素养的全面快速提升。它尊重儿童，强调母语学习的连续性，强调母语经典语汇的积累，强调在综合性学习活动中学习富有意义的、有生命的母语，强调母语学习环境的创设与利用，让学生在大量的语言实践和良好的语言学习环境中，使母语能力得到自然生长。由此，基于习得的小学语文教学在实践上一定要坚持"三多两少"的原则，即引导学生尽可能地多积累、多读书、多表达，少做分析讲解、少做孤立烦琐的字词练习。

基于习得的小学语文教学有两个关键词：一是习得，二是小学。强调习得，就是要坚定一个信念：母语能力获得的最主要的途径是习得。基于习得，既要看到儿童学前已习得的母语口语能力，又要坚信儿童进入学校后的母语能力的获得同样主要靠习得这样一个理念。强调小学，是突出"小语姓小"。我们既要坚持儿童立场，让小学语文真正成为儿童的语文、儿童喜爱的语文，把培养儿童的语文学习兴趣摆在第一位，又要放眼儿童的终身发展，致力于让儿童从小打好精神基础，培养热爱母语的深厚情感，养成良好的学习习惯，掌握基本的学习方法、提高母语实践能力。

一、要建立和区分的两对概念

基于习得的小学语文教学要建立和区分以下两对概念。

1. 习得和学得

我们把儿童学前无师自通学会母语口语的过程叫习得，与之相对的一个概念叫学得。20世纪70年代中期，美国应用语言学家克拉申首先把"language acquisition"和"language learning"明确区别开来，前者指在自然的交际环境中学习语言，就像儿童"acquire"母语一样；后者指在正规的课堂或学校环境里有意识地学习语言。虽然，在对"language acquisition"和"language learning"

的翻译上，不同的研究者有不同的译法。这里，为了方便后面行文的区分，我们还是选用唐睿等人在《语言与儿童》一书里的译法，把前者统一叫作语言习得，后者叫语言学得，再简单点就是"习得"和"学得"①。

什么是习得？我们不妨打个比方，我们把日常生活语言环境比作一条河，一个孩子为了过这条河，他跳进河里一直往河对岸扑腾，扑腾一会儿，他居然掌握了游泳的技能，并过了河。在这里，过河就是与人交流沟通，游泳的技能就是语言能力。掌握游泳技能的过程就是习得。在这个过程中，过河才是孩子的内心需要，而掌握游泳技能并不是他的需要，他也并没有意识到他在学游泳，游泳只是他的潜意识行为，而且这个过程是随意的，整个过程也没有人给他讲解怎么游水。什么是学得？接着上面这个过河的比喻，为了让孩子掌握过河的本领，我们给孩子报一个游泳培训班让孩子去学习游泳。孩子上游泳培训班，心里很明白自己是来学习游泳的本领的，而且报名的时候就有老师会跟孩子讲，一周学几次，一次多长时间，每天学什么内容……然后孩子掌握了游泳的技能。这种通过游泳培训班掌握游泳技能的过程就是学得。

习得和学得的区别，孔凡成先生总结出了下表（表5-1）②：

表5-1 习得和学得的区别

习得	学得
潜意识行为	有意识行为
无正规讲授	有讲授
无计划	有计划
无指定教材	有教材
情景语境中	虚拟情境中
贯穿一生	出现在特定阶段

---

① ［美］海伦那·柯顿，卡罗尔·安·达尔伯格.语言与儿童［M］.唐睿，译.北京：外语教学与研究出版社，2011：3.

② 孔凡成.习得与学得相结合原则［J］.伊犁教育学院学报，2004（1）.

看这个表，再结合我们上面所打的比方，习得和学得的区别就很清楚了。

除了孔凡成先生所总结的，我以为习得和学得还存在学习机理的不同。英国哲学家波兰尼把人类的知识分为两种[①]：一种是可以言说的知识，叫显性知识，如语文学习中的语基知识、语法知识、修辞知识、文体知识等；一种是只可意会不可言传的知识，叫默会知识（又称缄默知识），如我们常说的语感。显性知识可以通过有计划的训练，即显性学习获得，也就是主要靠学得。那么，与显性知识相对，默会知识的学习只有靠内隐学习[②]。内隐学习是指人们在不自觉的情况下掌握了某些规则性的知识或比较复杂的知识的一种学习方式。汉语具有意合性的特点，语言组合很灵活，很多东西说不清道不明，如果从人类知识分类来讲，汉语里存在着许多默会知识。学前儿童习得母语口语，很多时候不是靠理性，而是靠一种语言直觉即语感来判断、修正，进而能说出一口正确的口语的。学前儿童的这种学习方式就是内隐学习。口语是这样，面对灵活多变的汉语书面语，内隐学习也同样存在并大有用武之地，如我们古代文论里常说的"气""神韵""势"等，都是需要通过内隐学习才能体悟到的。因此，内隐学习是习得的学习机理。研究表明，对默会知识的获得只能靠学习主体不断亲身参与大量的活动去体验。小学生进入学校后，对诸如书面语语感等默会知识，也只能通过自己参与反复的大量的语言活动（实践）才能习得。

在终身学习已经成为人们的普遍共识的今天，习得和学得伴随终身，相互补充、相互促进。学前儿童语言能力的形成以习得为主，但也不完全排除学得。随着家庭成员文化层次的提高，胎教都已成为年轻父母的必修课，更不要说孩子出生后的教育了，他们有意识地训练孩子说话、识字。进入学校乃至走上社会，语文学习仍处于习得与学得共存的状态。互联网时代，信息呈几何级数增长，人处在信息的大海之中，每天或主动或被动地接受、处理大量的信息，听说读写的能力也不可能一成不变。

---

① 石中英.波兰尼的知识理论及其教育意义 [J].华东师范大学学报（教育科学版），2001（6）.
② 郭秀艳.内隐学习与缄默知识 [J].教育研究，2003（12）.

2. 自然习得和非自然习得

基于习得的小学语文教学中的习得既指儿童学前在自然生活环境里获得语言能力的过程，又指儿童进入小学后在学校遵循母语习得原理创设的语言环境里获得语言能力的过程。我们把前者叫自然习得，后者称为非自然习得。进入小学以后，儿童的自然习得还在继续，并一直伴随着非自然习得，但是在学校里的习得主要是非自然习得。

大家知道，自然习得受儿童学前各自生活环境的影响很大。学前儿童生活在比较纯净的语言环境中，就会习得比较纯净的母语；同样，那些从小生活在语言粗俗的环境中的孩子，也会习得一口粗俗的母语。相比之下，进入小学以后，儿童在学校创设的语言环境中的非自然习得，则可以帮助儿童习得更规范、更纯净、更优美的母语。试想，如果英国的孩子能熟读莎士比亚的全部作品，他的英语会怎么样？同样，如果一个中国的孩子一进入学校，就浸润在从古至今的母语经典范本中，那一定不仅能口吐莲花、下笔如有神助，而且其精神世界也是纯净而充实的。因此，更确切地说，非自然习得是指在优化了的母语环境中习得母语的过程。

自然习得和非自然习得本质上都是习得，但不能把非自然习得与学得混为一谈。

二、基于习得的语文教学研究现状

如何基于习得开展母语教学，国内外的研究很少，国内魏占峰、夏国华、曹保平等人提出过很有见地的观点。魏占峰在文章《母语习得论》中认为[1]：母语能力主要靠习得，语文教学效率低下的原因就是缺少母语习得。他提出了母语习得的三个原则，即实践性原则、持续性原则和反复性原则；提出了强化母语习得的三个真实，即真实的阅读、真实的写作和真实的活动。夏国华在其硕士论文《母语习得角度的语文教学研究》[2]里系统梳理了母语习得的理论，

---

① 魏占峰.母语习得论 [J].中学语文参考，2001（8）.

② 夏国华.母语习得角度的语文教学研究 [D].南昌：江西师范大学，2010.

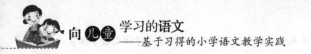

从母语习得的特点出发，把语文教育定位为言语交往教育，建议从提高学习者语文学习的兴趣、增强语文教学的实践性、改善语文教师的角色等方面来提高语文教学效率。曹保平在《母语习得理论对基础语文教学改革的启示》一文中认为[1]，母语习得理论对语文教学有七点启示：

（1）儿童学前听说技能已基本掌握。

（2）模仿、训练是学习语文的必要手段。

（3）交际是语言学习的目的又是语言教学的方法。

（4）提高听说要求，重视背诵。

（5）小学的文学教学主要是学习语言。

（6）现行的文选式语文教材不利于发展学生的语言能力。

（7）语言能力的检测要提高科学性。

这些文章，从不同侧面梳理了母语习得的特点，指出了母语教学的病症，给出了基于习得开展语文教学的实践路径，为我们深入开展基于习得的小学语文教学研究和实践提供了思路和一些有价值的观点。

三、基于习得的小学语文教学的总体构想

基于习得的小学语文教学，以儿童学前母语习得原理为指导，来整体架构小学六年的语文教学体系。

下图是我们的总体构想（图5-1）。

---

① 曹保平.母语习得理论对基础语文教学改革的启示［J］.四川师范大学学报，2005（12）.

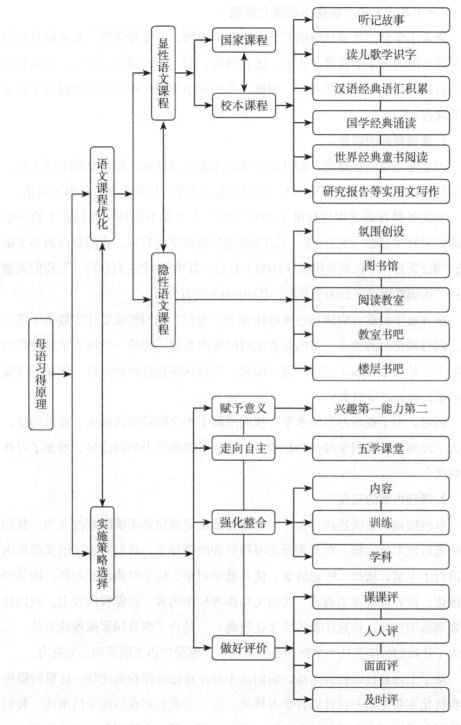

图5-1　基于习得的小学语文教学

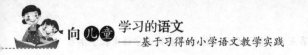
（一）基于习得，优化小学语文课程

进入小学后，儿童获得语言能力既要靠习得，也要靠学得。儿童的自然习得并没有因为进了学校就停止了，还在继续，但主要在课外，所以，应该是课内非自然习得，课外自然习得。因此，我们的小学语文课程应是习得与学得兼顾的课程。

1. 课程目标的调整

识字是习得的拦路虎，而且要靠学得才能完成任务。拼音是识字的工具，为了尽快让小学生走上习得之路，我们首先对识字、拼音教学目标做了调整。

《义务教育语文课程标准（2011年版）》（以下简称《课标》）第一学段的识字教学目标一共有6条，其中第2条是说识字的数量，我们重点调整了第2条。第2条是："认识常用汉字1600个左右，其中800个左右会写。"我们调整为："认识常用汉字2500个左右，其中800个左右会写。"

拼音教学的重点应该是熟练拼读音节。为此，我们提出要让多数孩子能直呼。同时弱化写的要求，为的是省出时间突出重点。将第一学段识字量提高到2500个，是为了让孩子们尽快进入阅读，尽快从学得过渡到习得，增加语言输入的量，提高习得的水平。

同时，为了提高习得的水平，我们提高了小学阶段语言输入、输出的量，加大了经典语汇和国学经典的积累量，增加了经典童书的阅读量，增加了习作的频次。

2. 课程内容的充实

众所周知，在课程内容上，国家课程的法定地位是不能随意改变的。我们只能进行校本化实施。在儿童母语习得原理的指导下，我们对小学语文课程内容进行了丰富，增加了听记故事、读儿歌学识字、汉语经典语汇积累、国学经典诵读、世界经典童书阅读、实用文写作等校本内容。在课程内容上，我们特别强调选用经典，特别注重传统文化经典，一是为了弥补国家课程的不足，二是为了让我们的学生从小掌握汉语经典语汇，感受母语书面语的无穷魅力。

除了上述显性课程的丰富，我们还十分注重隐性课程的优化。这里的隐性课程优化主要是精心设计语言学习环境，这一点我们将在后面专门阐述。我们在校园和教室里布置读写文化环境，营造读写氛围；在楼层和教室建设书吧，定期更换图书；改造学校的图书馆使其更加贴近学生，每年由师生推荐新书并把它们充实到学校图书馆；增加低、高两个年段的阅读教室，让所有的学生每周都能到阅读教室里上一节阅读课；定期在学校里开展丰富多彩的读写活动，组建学校读、写社团，让家长和学生一起参与读写活动……

（二）追求习得，优化课程实施

课程实施包括国家课程实施和校本课程实施两个方面。无论是哪个方面的课程实施，我们实施的总策略都基于习得，具体有以下几点。

1. 赋予意义

我们这里所讲的意义是相对于学习者来说的。对学习者来说是否有意义，一是指学习内容是否是完整的、真实的以及他们想了解的，所学到的东西是否有用；二是指学习过程是否有趣。为此，基于习得的小学语文教学在实施过程中，非常注重学生学习动机的激发和学习过程的设计，非常注重让学生在丰富多彩的活动中运用语言，进而真切地感受到语言学习的意义。

学习动机的激发，对于低年级学生来讲，由于他们的理解能力有限，激发外部动机会更有效一些。到了高年级就不能停留在激发外部动机上，要把激发内部动机作为主要手段，通过开展活动，搭建让学生充分发挥语言才能的平台，让他们在语言运用中获得语言学习的成就感。

学习过程的设计要有趣，要符合学生的年龄特点。下面以古代经典复习为例，列举让低年级的学生感受到学习过程中的乐趣的方法：

（1）教师语言激励，以自己的热情感染学生。

（2）采用比赛的方法。在比赛的氛围里，学生只恨自己背得太少了，哪里还会不愿背呢？

（3）根据内容、情感的变化，按不同的节奏背。比如《木兰诗》的背诵，比较长的诗，学生背起来有一定的困难，让学生在初步理解的基础上，背出情感的变化，学生会觉得很有趣。再比如《琵琶行》，背"转轴拨弦三两声""江州司马青衫湿"，声音低而缓慢，而背到"嘈嘈切切错杂弹，大珠小珠落玉盘"时则应快而激越。

（4）唱。有些诗词已经成了歌，可以让学生唱。比如"春花秋月何时了""渭城朝雨浥轻尘"。

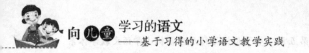

（5）配乐背。根据诗词的不同配上相应的曲子，让学生在优美的音乐中背。

（6）做动作背。学生背诗累了，老师就说"耸耸肩"，学生根据诗的节奏有规律地耸起肩来，或三字一耸或两字一耸，情趣盎然。我想，可能还有拍手打节奏等动作。

（7）注意内容的变化。可按一定的逻辑顺序把内容进行分类，然后变换着来背。这种内容的变化也能消除学生读背的疲劳。

（8）创设情境。如按主题"江山如此多娇"，老师可截取祖国的名山大川的图片，让学生走进图片，再背相关的诗词。这些图片大多根据诗词的意境配置，能将学生带入诗的意境之中，学生在口诵心惟之中，很快地就背会了诗句。

（9）表演。如背《论语》，很多是对话，很适合表演；如《弟子规》，很多意思和日常生活紧密相连，可以在齐背的基础上穿插表演，既能让学生明白意思，又增添了情趣。

（10）在游戏中诵读。比如《三字经》，放在学生喜欢的"你拍一，我拍一"的游戏中来诵读，学生一定会感到很快乐。

……

基于习得的小学语文教学主张兴趣第一、能力第二，要始终把对学生学习兴趣的培养放在第一位，不以提高学习成绩损害学生的学习兴趣，不以提升能力损害学生的学习兴趣。当前，有些教师为了提高学生的语文学习成绩，逼着学生学习。也有些人从教条出发，以能力发展为名，追求学生能力发展的序列化，如提高写作能力，便把本该中学要学的东西提前放到小学来学，结果苦了学生、累了自己，适得其反。兴趣培养、成绩提高、能力发展三者并不矛盾，强调兴趣第一、能力第二，目的是要我们重视对学生语文学习兴趣的培养，处理好这三者之间的关系。

2. 走向自主

叶圣陶先生早就说过，教是为了不教。走向自主，就是走向自主学习。什么是自主学习？严格意义上的自主学习就是自己主宰自己的学习。具体来讲，就是学什么自己定，怎么学自己开展，学得怎么样自己监控，如何改进学习，进一步提高效率自己反思。小学生的自主学习能力有限，要在扶放结合中让他们逐步走上"不教"的自主学习之路。

基于习得的小学语文教学要求我们从"我教你学、我讲你听、我问你答"的被动学习模式中走出来，引导学生不断走向自主，习得语文能力。因此，到了中高年级，我们推进"五学课堂"。"五学"即导学、自学、互学、展学、练学。具体步骤和要求如下：

　　（1）导学。导学即引导学生学习。导学为一个教学内容的开始。教师就某一教学内容，帮助学生明确学习目标，对学生进行兴趣激发和学习方法指导。这一环节，教师要提前对教学内容进行认真的研究，努力寻求学生对学习内容的兴趣点，对学生学习这一内容的过程进行充分的预设，对不同学生学习过程中可能遇到的问题及解决的办法做到心中有数。

　　（2）自学。自学即学生自己学习，是导学的延续。学生对学习内容进行独自探究学习，包括通读教材、把教材读厚、再把教材读薄三个阶段。这一环节教师要引导、鼓励、激励全体学生尽自己的所能，运用各种手段研读教材，掌握学习内容的要点，找出疑难问题。

　　（3）互学。互学即相互学习，一般在小组内进行。互学要做好四件事：一是分享，把自己学习的收获讲给组内的同学听，看他们能不能听懂；二是提出自学时的疑难问题，请小组内的同学帮助解决；三是小组内研究展学内容及方式，包括做好展学时的人员分工等；四是巩固自学和互学成果，为展学增光添彩。这一环节，教师要认真组织，要指导学生有序地做好这四件事，要充分鼓励、激励每一个学生积极分享所得、暴露不足，要特别关照各组学习有困难的学生，想办法使他们在组内得到有效帮助。

　　（4）展学。展学即展示学习成果，展示学习成果一般以小组为单位进行。展示内容一般为学习重难点，或小组内觉得有意思的内容。展示的过程是学生素养全面提升的过程。这一环节，教师要全面关注学生各方面的表现，除了要关注展示内容的正确与否，还要关注、指导站姿、表情、手势等展示礼仪。这一环节，在不出现知识性错误的前提下，教师要鼓励学生有创意的见解和做法，鼓励学生求异思维，鼓励、引导台上与台下的学生进行互动，鼓励台下学生进行有思考的质疑问难。学生展示出现了错误，教师要及时介入点拨指导，切不可视而不见，放弃及时的教。这一环节，教师可根据各组的自学情况决定展示的内容和展示小组的数量，一个小组展示完毕，及时做好对小组展示的全面评价。评价包括展示内容正确与否，展示礼仪是否好，展示是否有创意，展示是否人人（特别是学习困难学生）参与等。

（5）练学。练学即通过练习进一步巩固学习成果。练学是对展学所暴露的学习问题、缺点进行补救。练习的内容及形式应多种多样。这一环节，教师要精心设计练习作业，努力提高练习的针对性和有效性，并努力做到当堂反馈。

根据学情，以上五个环节都应在课堂中进行。五个环节可以安排在一节课内，也可以安排在几节课内，视教学内容而定。学校鼓励有能力的教师打破教材编排，对教学内容进行诸如重组等二次开发，以达到提高教学效益的目的。要着重强调的是，在实际教学过程中，每一位教师都要把激励贯穿于每一个环节的每一项活动。

同时，我们改变课堂教学评价的内容，以"五学"的内容和要求考查课堂教学实施情况（表5-2）。

表5-2 "五学课堂"观课议课标准

项目	评价分值	具体要求（参考）	分项分值	得分
导学	10分	学生：兴趣浓厚	5	
		教师：引导明确，学习目标、方法指导到位	5	
自学	20分	学生：能够对学习内容进行独自探究学习，包括通读教材、批注、归纳概括三个阶段	10	
		教师：引导、鼓励、激励全体学生尽自己的所能，运用各种手段研读教材，掌握学习内容要点，找出疑难问题	10	
互学	30分	学生： （1）乐于分享，把自己的收获讲给小组同学听。（6分） （2）提出没学会的内容，请小组内的同学帮助解决。（6分） （3）小组内研究展学内容及方式，包括做好展学时的人员分工等。（3分） （4）巩固自学和互学成果，为展学增光添彩。（3分）	18	
		教师： （1）认真组织，指导学生有序地做好以上四件事。（4分） （2）充分鼓励、激励每一个学生积极分享所得、暴露不足。（5分） （3）特别关照各组学习有困难的学生，想办法使他们在组内得到有效帮助。（3分）	12	

项目	评价分值	具体要求（参考）	分项分值	得分
展学	30分	学生： （1）展示学习重难点内容。（5分） （2）展示小组内觉得有意思的内容。（5分） （3）展学的过程中有生成。（5分）	15	
		教师： （1）关注学生展示内容正确与否，展示礼仪是否好。（2分） （2）鼓励学生有创意的见解和做法。（3分） （3）引导台上与台下互动。（3分） （4）鼓励学生进行有思考的质疑问难（3分）。 （5）鼓励学习困难的学生参与。（2分） （6）学生展示出现了错误，教师要及时介入点拨指导。（2分）	15	
练学	10分	学生：练习的内容及形式多样，积极性高，当堂反馈效果好（包括出现错误和漏洞能得到及时纠正和补充）	5	
		教师：练习作业设计精心，练习的针对性和有效性强。要求练习当堂反馈	5	
总分				

"五学课堂"有这样几个特点：

（1）学生的主体性得到了充分尊重，学生真正成了学习的主人，形成了学生积极主动学习的生动局面。

（2）课堂内外学生获取和交流信息的渠道与方式全是开放的，不再是师与生的单向交流，而是学生与学生、师生之间，甚至学生与学校之外的人、学生与互联网的交流渠道都是畅通的，而且师生之间、生生之间相互合作、相互分享、相互学习、相互促进、相互提高、相互欣赏。

（3）更加重视激励，把激励摆在了应有的位置，以激励唤醒学生学习的自觉性，以激励建立进取的自信，以激励引导生成与创造，以激励使学生表现得越来越好，以激励营造发挥学生潜力的巨大空间。

（4）教的重心发生了变化，教师不再以教课本内容为主，而是以教学习方法、学习习惯为主，让教指向了学生素养的全面提升。

（5）展学既是暴露学生自学中有问题的环节，也是提高学生学习效果的环节。学生把自己学到的东西以讲解等方式分享给同学和老师，既是对所学内容

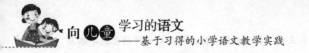

的极好复习与巩固，也是表达的实践过程和对所学内容进一步理解、内化的过程。从上面展学环节的操作中我们不难看出，展学环节不仅渗透了《课标》口语交际的要求，而且也加强了对学生质疑等思维能力的培养。同时，根据学习金字塔理论，展学是学习效果最好的一种学习方式，学习效率可以高达90%。

（6）"五学课堂"是以小组为学习平台的，一个好的学习小组的建立是需要时间的。从第一学段开始，我们就要为第二、三学段做准备，主要的准备工作就是建立学习小组。儿童学前母语习得原理告诉我们，小学生是有自主学习的内在需要的，只是这种需要在我们过去"我教你学、我讲你听"的教学模式中被消磨了。但是小学生特别是小学低年级学生的自主性是有限的，他们必须在老师的指导下，才能逐步发展起自主性，提高自主学习的能力。关于学习小组的建设，国内外有很多可资借鉴的经验。从如何分组到选好组长，从小组文化建设到小组学习礼仪及良好习惯的培养，从小组学习机制的建立到小组学习评价……要一步一步扎实推进。比如，小组学习礼仪，可以用这样的儿歌让学生记住并对照执行：

> 听取发言要专心，注视对方很认真。
>
> 自控守纪不多口，依次发言要遵守。
>
> 帮助同学要积极，解决疑难齐出力。
>
> 说服别人把理讲，态度诚恳不张狂。
>
> 分工合作共商量，共同提高本领强。

再如，到了高年级，小组学习还要教会学生自省，主要围绕下面五个问题进行自省：

① 我认真听别人的发言了吗？

② 今天小组是不是每个人都发言了？

③ 我干扰别人发言了吗？

④ 我对别人的发言表示欣赏了吗？

⑤ 我怎样才能成为一个好的倾听者或发言者？

以小组为学习平台，指导学生开展自主学习，把学生引导到"不待老师教"的路上去，彻底改变"我教你学、我讲你听、我问你答"的被动学习模式。

3. 强化整合

强化整合是基于习得的小学语文教学的又一大策略。这里的整合是统整、合并的意思，受到统整课程理念的启发。统整课程克服分科课程的缺点，注重学生兴趣的培养，以生活中的实际问题来组织课程，旨在提高学生的学习兴趣和动机，让学生看到知识之间的联系，让学生知道学习知识不是目的而是用来解决问题的手段……这些理念和基于习得的小学语文教学的追求是一致的。

基于习得的小学语文教学强化整合这一策略的具体做法如下：

（1）对分块内容的合并。《课标》将小学语文教学分为拼音教学，识字与写字教学，阅读教学，写话，习作教学，口语交际教学，综合性学习几大块。我们的合并见下表（表5-3）。

表5-3　小学语文教学原有板块内容整合一览表

课标	拼音	识字	写字	阅读	写话	习作	口语交际	综合性学习
合并	识字		写字	阅读	习作		综合性学习	

拼音是识字的工具，合并到识字教学里；写字具有非常独特的教学价值，单列；写话和习作都指向表达，所以合称习作教学；口语交际严格来讲是一种综合性学习活动，所以与综合性学习合并到综合性学习里。语文综合性学习即指向语文能力发展的各种综合性学习和活动的总称，如读书节、戏剧表演、亲子阅读等，范围很广。

另外，基于习得的小学语文教学还非常重视学生的语言积累和语文学习环境建设。

（2）阅读与表达整合。阅读整合主要是指以人文主题、写作主题和生活问题为核心的主题阅读活动。它或以教材单元的几篇课文为阅读材料，引领学生围绕一个主题集中研读；或将跨单元的几篇课文组合在一起，围绕一个主题，引领学生进行探究；或将教材课文加课外的几篇阅读材料组合在一起，围绕一个主题，引导学生进行深究；或将教材课文与整本书阅读组合在一起，围绕一个主题，引领学生进行深度阅读；还可以将阅读与活动整合在一起，如开展足球比赛、书法比赛，让学生读足球知识介绍、读足球明星传记、读足球发展史等。

表达指说和写两个方面。读写结合、开读书报告会、举行新书推介活动都是阅读与表达整合的常见方式。基于习得的小学语文教学为了让表达变得有意义，让学生充分感受语言有用，在表达方面还主张下面几种整合方式：一是听与表达整合，即听一个故事或听一个新闻然后记下来；二是举行戏剧表演活动，将课文或绘本等课外阅读文本改为剧本，让亲子共演或组织学生来演；三是将表达与各学科整合，如与美术学科整合，给自己的画配上文字介绍等，再如将表达与综合实践活动整合，引导学生写实践体会、研究报告等；四是将表达融进学校的各种活动，如和少先队活动、节日活动相融，让学生有所表达。

基于习得的小学语文教学不让学生做那些孤立烦琐的词句练习，把它们整合进阅读和表达当中。

基于习得的小学语文教学，通过强化整合，彻底改变了过去那种"一篇课文细嚼慢咽、一篇作文写两周"的局面，让阅读和表达与学生校内外生活联系起来，让阅读和表达的过程成为解决问题、展示自我的过程；通过强化整合，节省时间，开展校本内容的学习，提高小学语文教学的效率。

4. 做好评价

评价具有导向、诊断、调控、激励等功能。基于习得的小学语文教学，十分注重发挥评价的导向和激励功能，主张以正面评价为主，让评价贯穿学生学习的全过程，面向全体学生及每一个学生的全面发展。

课课评，即每一节课对听说读写表现好的学生给予评价。评价的方式可以是即时评分也可是贴小红旗等，可以评价个人，也可评价小组。

人人评，即评价照顾到每一个学生，特别是那些听说读写能力较差的学生，要通过及时评价激发他们学习语文的热情，调动他们学习语文的积极性。有时可以组织学生自评、互评，也可适当让家长参与到对学生的学习评价中来，但要注意适度。小学生自评、互评和家长参与评价不宜过多。

面面评，即评价涉及语文学习的各个方面，通过评价将育人与语文学习、校内与校外连成一个整体。在学校的听说读写表现要评价，在家里的听说读写表现也要评价；听说读写能力要评价，学习态度也要评价；个人学习要评价，与他人合作学习也要评价；就连发言的站姿、说话的声音语气都在评价之列。再比如，发言是否声音洪亮、大方自信，发言是否建立在认真思考或别的同学发言的基础上，发言是否有理有据等，都是评价的内容。

及时评，即及时反馈。特别是要改变过去习作批改一改就是一个星期的局面，主张即写即评，第一天晚上写，第二天早上必须评讲。及时评价是学生语文学习的动力源、加速器。

上述四大策略贯穿基于习得的小学语文教学的始终，确保我们的小学语文是儿童的语文，是走向自主学习的语文，是越学越有力量的语文。

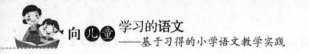

第六章　识字教学

　　识字教学是小学语文教学最重要的内容。如何尽快完成识字任务，是多年来广大小学语文教学一线教师和研究人员一直在探究的问题。从"三、百、千"到张田若先生的集中识字、斯霞老师的分散识字，再到注音识字、韵语识字、字理识字……几千年的语文教育史就是一部识字教学史，所积累的帮助学生有效识字的方法都是我们基于习得进行识字教学的丰富营养。

一、识字与习得

　　从学前母语口语的成功习得到母语书面语的习得，识字量成了阻碍儿童语言发展的瓶颈。因此，如何尽快完成识字任务，同样是基于习得的小学语文教学面临的重大问题。为此，我们把在第一学段完成2500字的识字任务确定为必须完成的教学目标。20世纪90年代山东烟台的小学语文"双轨"实验和21世纪韩兴娥"海量阅读"教学实验都用实践证明了这一目标是可以实现的。

　　识字是阅读和习作的基础，也是让学生走上母语二次习得道路的前提。学生识字量的多少决定了他们能否尽快地走上书面语习得之路。前文我们已经论述过，当学生识字量达到2000个时，他们就可以进行阅读和习作了。在阅读和习作中，他们通过已经认识的字的流动组合，会在不知不觉中认识更多的字、知道更多的词、学会各种表达方式，这就是母语的第二次习得。

　　汉字主要靠学得，但也可以借助语言环境或通过听说读写等活动来习得。我们的孩子一生下来就置身在优越的母语环境中，特别是现代生活中，他们所面临的书面语环境不比口语环境差。他们在日常生活中、在校内外有很多接触汉字的机会。这些接触汉字的机会就是他们习得汉字的机会。一方面由于他们自身的需要，如看到一个商店的名字，他们会指着店名主动问这家商店叫什么；另一方面，他们的父母或小伙伴也会有意无意地告诉他们电视字幕、商店名牌、路标、广告用语、食品袋上的食品名称、玩具上的文字……都怎么读。这些都是他们习得汉字的具体事例。

二、识字课程

要实现上述识字目标，仅靠国家统编的小学语文教材是不够的。因为国家教材的编写是严格按照《义务教育语文课程标准》（以下简称"课标"）的要求进行的，而"课标"第一学段要求达到的识字量是1600个，与我们的目标相差900个。这就要求我们在国家教材的基础上开发识字的校本课程。

基于习得的小学语文教学借用和吸收前人的成功经验，围绕多识字，开发了《读儿歌学识字》识字教材配合国家教材的教学，选取了优秀儿歌256首；听记童话故事和成语故事，选取了23篇童话故事和365个成语故事。另外，我们还结合国学经典诵读课程《弟子规》《三字经》在一、二年级的开设，继续增加识字量、巩固识字。

三、识字重点的保证

为了实现上述目标，我们对第一学段的语文课程进行了校本化实施。我们对语文课程进行了重新设计：在保证国家课程教学任务完成的前提下，让识字、听、说、读、写、积累齐头并进。我们通过增加听记故事、读儿歌、诵读经典、绘本阅读、写话等活动内容确保学生多识字、识牢字。

1. 听记故事

听故事是用规范的、接近儿童的故事语言与儿童学前习得的口语"接轨"。这样做的好处有五点：一是尊重了刚入学儿童爱听故事的特点；二是给儿童留下了对语文课的良好印象；三是避免了儿童学前习得的人为割断；四是发展了听力和思维；五是为儿童有意识字和无意习得汉字提供了机会和平台。

故事的选择：

故事要让儿童感兴趣，内容要有意义，难度要略高于儿童学习水平，要配以简单的动画，一定要配字幕，有音乐提示情节发展。

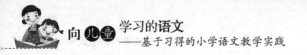

听故事的要求：

要听一听认一认，听一听想一想，听一听猜一猜，听一听说一说，听一听记一记。

听一听认一认，就是听故事时遇到学过的字或是很常用的字，就停下来，让学生认一认，就像学前和爸爸妈妈逛街时认路标、认招牌名一样。听一听想一想，就是把听的不太明白的地方让学生想明白，引起思考，培养学生的思维能力，或是让学生想一想故事接下来的情节。这与猜一猜有点类似，但是更注重引导学生思考，教给他们合理思考的方法。听一听猜一猜，就是让学生去猜故事情节会怎样发展，这一步学生可以天马行空，想得越奇特越好。听一听说一说，就是听了几遍以后让学生说一说自己的看法，或是自己讲一讲这个故事，以讲得跟原文一样为最基本的判断标准，把听和说结合起来。听一听记一记，就是选取一些常用的、生字比较少的句子让学生看着字幕抄写下来。

下面是我们一年级听童话故事的目录：

一年级上册：《猴子捞月亮》《三只小猪》《木偶奇遇记》《井底之蛙》《狼来了》《神笔马良》《可爱的小公鸡》《老虎拜师》《聪明的阿凡提》《小猫钓鱼》《熊妈妈请客》。

一年级下册：《白雪公主》《灰姑娘》《皇帝的新装》《海的女儿》《丑小鸭》《小红帽》《七只乌鸦》《青蛙王子》《幸福的汉斯》《鲁班学艺》《哪吒闹海》《小鲤鱼跳龙门》。

童话故事一般放在中午午读的时间让学生听。学校午读时间中高年级学生自己阅读，一年级刚入学学生就听童话故事。

我们也让学生听成语故事，要求和听故事一样。每节课前五分钟听一个，一学年下来可以听360多个。我们也鼓励家长在家用饭后、睡前时间让孩子听。不硬性规定在家的任务，家长自由选择，不增加课外负担。

童话故事和成语故事都用声音、动画、文字呈现，有利于孩子们习得。

2. 读儿歌

一年级的读儿歌也与拼音教学同步。我们选编了256首儿歌，内容包括自然节气、动物植物、生活习惯、安全常识、教育劳动、游戏数字等方面。全文注音，拼音汉字双行编排。在学拼音的同时，利用早读课的时间增加读儿歌的内容。学生一开始读不好，教师要加强领读，并注意激发和培养学生读的兴趣。因为儿歌本身就非常适合一年级学生，上口易记，所以，很多学生渐渐地就喜欢上了读儿歌，而且在不知不觉中记住了很多儿歌，识了不少字。我们对读儿歌中遇到的常用字词会及时强化，但一律不强求每个学生一定要掌握，丰简由人。

例1：谁是识字小能手？

生活儿歌

村庄皂擦蝌蚪藤结闹钟零醒睁皮拖
鲜排
丁吊胳膊忙商场淀蓬煮敬庆脱梢借
羔布蛋旁抹卷袖帮助蜡笔盒颜画彤
莹旱坪
拎仰轮船烟囱冒物玩具成队伍裳晃
褂
练单杠枕软张探沫卷搓捶板歪婆篮
甜民
警央六闹曲竹橹帆步抬梳双捎兜仨
受伤
巧还十妙咿念谣贝

……

亲爱的小朋友：

读完了所有的儿歌，是不是收获很大啊？让我们来计算一下，自己总共认识了多少个字！

200～400字识字小学士；

400～600字识字小硕士；

600～800字识字小博士；

800～1000字识字小专家。

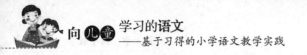
例2：《儿歌》词语认读表

1. 自然儿歌

杨柳　枝条　桃花　知了　香味　呵呵笑　金灿灿　丰收　漫天　世界
按时　节气　报告　消息　融化　震动　明媚　打雷　告诉　蚂蚁　悄悄　洗澡
姑娘　森林　海洋　亮晶晶　圆盘　分不清　雨哗哗　嘎嘎叫　彩虹　奇景
好像　喜欢　勺子　迷路　地图　兄弟俩

2. 动物儿歌

小燕子　穿花衣　喳喳叫　唱支歌　老鼠　滚下来　竖起来　萝卜　呱呱叫
庄稼　保护　花猫　胡子翘　机灵　放掉　骄傲　到处　懂礼貌　弯弯腰　送给
小鹿　蜗牛　背书包　迎着　迟到　缩回　脖子　沙滩　硬壳　尾巴　埋地下
喜鹊　脑袋　胸膛　嘴巴　枝头　乌鸦　捉住　摇尾巴　自由　游来游去　翻跟头
甩一甩　停一停　青蛙　唱得好　蝴蝶　青草　跳一跳　躲进　尖嘴巴　毛衣
神气　衣服　白莲　冷冻　暖洋洋　大熊猫　跳绳　应该　清早　松果　风吹日晒
沙漠　洗脚丫　上床　白鸽　笑呵呵　唱歌　吵架　溜走　身体　鼻子　蜜蜂
企鹅　黑袍子　一摇一摆　冰天雪地　搬家　院子　嗓子　东摇西晃　眼睛　爱护
家园　猴子　吃掉　萤火虫　草丛　香蕉　害羞　弯弯腰　睡得香　小馋猫　冰箱
跳舞　屁股　暖和　草窝　拔胡子　逃跑　盖新房　帮忙　扛东西　黑漆漆　门窗
……

分九类儿歌，列出新词，鼓励亲子共读。

3. 读绘本

读绘本主要用阅读课时间。我们从语文课中拿出一节课做阅读课，排入课表，并且要求尽可能地到图书馆或阅读教室里上。读绘本有共读一本书和自由读两种方式。共读一本书指全班一起读，有时学生自己读，有时老师带着读，读后分享。共读一本书要将简单的阅读绘本的方法渗透进去。比如，选择什么样的书适合自己读？告诉他们看封面、看出版社等；再比如，绘本图画与文字要结合起来看，看图画时要注意画面的色调等。小学生对于图画的理解常常超出我们成人的意料，我们千万不能低估了他们的观察力和理解力。自由读，就是放手让学生自己读，随学生自己的喜好。低年级阅读教室里放着大量的绘本，学生运用共读课里了解到的方法自由选择、自主阅读。自由读，教师不能完全放任，要适当提醒、引导、鼓励，提示学生读书的方法，引导他们选择自己喜欢的领域有计划地阅读，如喜欢动物的小朋友，可以引导读《昆虫记》，儿童版的这本书有好多分册，鼓励他们全部读完。鼓励的方法有很多，如对读得好的学生或小组及时提出表扬，在评比栏中给他们小组加小红旗，或是给整个小组照相，发到家长群里，评选课堂阅读之星和学期阅读大王等。

对于共读绘本中比较常用的字词，我们也会像读儿歌一样及时强化，如下面的读《三毛流浪记》学词语。

例3：读《三毛流浪记》学词语

孤苦伶仃　挽起裤腿　连拉带拖　相依为命　意外收获　好景不长　中弹身亡
侧目掩鼻　乌云密布　倾盆大雨　晕头转向　遍地黄金　怒气冲天　撩起一掌
飞驰而去　一身污泥　神气活现　头也不回　高楼大厦　满心欢喜　一片混乱
游行示威　耀武扬威　西装革履　身宽体阔　看个究竟　东荡西逛　口水直流
鲜血直流　严严实实　栖身之所　清扫垃圾　残羹剩饭　气势汹汹　美餐一顿
争抢食物　桥高坡陡　破口大骂　愤愤不平　卖儿卖女　口渴难忍　一口回绝
闻讯赶来　安然无恙　无家可归　见义勇为　狼吞虎咽　躲避及时　大声训斥
滔滔不绝　一顿臭骂　不知内情　结结实实　汗流浃背　不偏不倚　难以下手
又苦又涩　左等右等　大声呵斥　心急火燎　四处漂泊　情不自禁　放声大哭
走火入魔　跃然纸上　奇痒难忍　一笔一画　名列第一　有口难辩　浓烟滚滚
号啕大哭　抱头痛哭　无家可归　垂头丧气　撒腿就跑　恼羞成怒　怒火冲天
点头哈腰　满头大汗　眼冒金星　另谋生路　生意火红　灵机一动　厉声责问
络绎不绝　红红火火　万无一失　一不留神　一口答应　大汗淋漓　九牛二虎之力
四脚朝天　大腹便便　哆哆嗦嗦　探出脑袋　蒙头大睡　攥紧拳头　空空如也
生火做饭　有吃有住　画蛇添足　又搓又揉　开口就骂　闻声赶来　恭恭敬敬
勃然大怒　大声斥责　一片漆黑　寒风袭来　悠然自得　天寒地冻　浑身发抖
火冒三丈　说干就干　裘皮大衣　龇牙咧嘴　又红又肿　气急败坏　散落一地
踢出门外　寒风凛冽　瑟瑟发抖　狗都不如　大摆宴席　山珍海味　酒足饭饱
一窗之隔　饥寒交迫　无家可归　横冲直撞　鲜血淋漓　不屑一顾　恬不知耻
一沓钞票　恍然大悟　婉言谢绝　擦肩而过　灵机一动　衣不蔽体　无处避寒
气喘吁吁　伸手扶持　袖手旁观　囊中空空　练功卖艺　拔腿就逃　硌得难受

怒火中烧	大吃一惊	不得要领	一顿鞭打	迫不及待	头昏脑涨	满脸通红
不许动弹	魂不附体	双腿发软	急中生智	自有奥秘	一头雾水	半截破瓮
街头卖艺	供人取乐	漂漂亮亮	任人摆布	受尽折磨	束起腰带	浑身力气
纹丝不动	蒙起眼睛	自由伸缩	灵活自如	嘴叼筷子	隔壁人家	潸然泪下
摔得粉碎	渐渐入睡	抱头痛哭	伤口生疼	屋顶漏雨	马不停蹄	累得够呛
放下家什	敲锣打鼓	煞有介事	哈哈大笑	喝起倒彩	口口声声	围观欣赏
一哄而散	亲自出马	挥刀舞剑	击鼓助威	安然无恙	连声称好	气愤之极
一折两段	好自为之	分道扬镳	流浪街头	打抱不平	背起箩筐	有说有笑
蹑手蹑脚	皮包骨头	不肯收留	哇哇啼哭	求之不得	轻手轻脚	三轮车夫
热情挥手	安然入睡	满脸煤灰	一块肥皂	越洗越黑	露出凶相	歌功颂德
浑身瘙痒	招架不住	撩来撩去	不慌不忙	快快不乐	勒紧肚皮	囤积起来
对比强烈	挺身而出	关进监狱	脚戴镣铐	面目狰狞	一头癞疮	狼吞虎咽
奇痒难忍	掀开草席	火冒三丈	不由分说	毫不示弱	阵阵恶臭	人间地狱
如此肮脏	到此一游	有口难辩	澄清事实	头破血流	痛打一顿	不许喧闹
挣脱枷锁	光明世界	痛痛快快	嬉闹玩耍	挥舞彩旗	点燃爆竹	依依不舍
一片空地	被迫关闭	自身难保	膘肥体壮	游行庆祝	趾高气扬	咕咕直叫
怒目而视	混得不错	出手大方	走街串巷	掀开门帘	乌黑一片	流里流气
又肥又大	骨瘦如柴	嗷嗷待哺	良心发现	滴滴答答	一口浓痰	从天而降
头破血流	神秘兮兮	物价飞涨	存储起来	形形色色	体力不支	拖儿带女
驻足围观	驱散人群	无肉应市	菜米断源	关门打烊	鼓鼓囊囊	双腿发软
大为恼火	无法交差	匆匆而过	轻而易举	空手而归	暴打一顿	满腔怒火
逃离魔窟	防毒面具	负枪带弹	脚踩骷髅	计上心头	毫不留情	一片狼藉
愈来愈斜	衣冠楚楚	西装笔挺	天壤之别	温暖如春	天寒地冻	北风凛冽
抱成一团	满街乱跑	莫名其妙	好生羡慕	不偏不倚	通宵狂欢	天天贬值
人山人海	黄牛贩子	抽着雪茄	冷眼旁观	好言规劝	恶声恶气	花天酒地
纸醉金迷	饥寒交迫	露宿街头	四处张望	尊重儿童		

4. 写话

一年级刚入学就要安排写话，而不是等学了拼音再安排。写话从抄写教师写在黑板上的话开始，逐步过渡到听记、自己写。教师写在黑板上的话一般是一句日常用语，如"我今天很开心"；也可以是用当天所学的生字编写成的一句话，如"天上有日月，地上有你我他"。这样做的目的是让他们通过这种简单地写感受的方式进入小学学语文，增强动笔写的兴趣。我们还经常鼓励孩子们给自己写的内容配上画，以增加写话的趣味性。随着学生识字的增多，结合日常校内外生活，让他们写自己想写的话。写得怎么样不做要求，只要写就会得到鼓励。

5. 国学经典诵读

利用早读课或课前时间诵读国学经典。和听故事一样，一、二年级课前诵读也是用声音、动画、文字呈现的。学生看着字，跟着读，强化识字。为了避免囫囵吞枣，教师可以告知学生诵读内容的大意，不强求人人立刻懂，慢慢熏染，每天坚持，以滚雪球的方式，往复前行。一年级学生读《弟子规》，二年级学生读《三字经》。

6. 课堂识字教学

在课堂识字教学上，我们提出了少给学生分析字、讲解字的要求。传统的识字课不但要教音形义，还要帮助学生分析字是什么结构，是由哪些笔画组成的，每个字还要组几个词，甚至还要引经据典讲字的来历。有些识字课，一节课在记字的方法上纠缠不清，教了七八种记字的方法，看起来是授之以渔，结果字也没识牢，方法也没有学到，浪费了宝贵的课堂时间。在我们的课堂上，这些做法全不提倡，要集中精力识字，把时间用在变着花样反复识记上。道理很简单，因为只有让要识的字反复出现，学生才能识牢它们。另外，节省时间，迅速开展听记故事、读儿歌、国学经典诵读、读绘本、说写活动，让所学的字在流动中得到巩固、获得意义。

以上安排，六个方面像六个花瓣，环拱着"多识字、识牢字"这一花蕊，汉字呈现的机会增加了。虽然没有强求学生认识这些读物上的所有字，但是无意注意和有意注意识字的机会都增加了。同时，学生课堂上学得的汉字也得到了不断的复习和巩固，而这种巩固不是传统的抄写十遍、组几个词的机械重复。在听记故事、诵读国学经典、读儿歌、读绘本、听说写话的过程中，课堂所学的字是活动的，是任意组合的，学生的思维跟着字词在流动。

我们把这种识字模型戏称为郁金香模型，因为郁金香有六个花瓣（图6-1）。

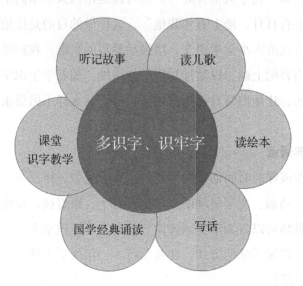

图6-1 郁金香识字模型

结果表明，大部分学生不仅在第一学段识字量基本达到了2500字，而且语文学习的兴趣、自信心得到了保护和培养，同时，他们的阅读量远远超过了"课标"的要求。

二年级下学期末，我们以《义务教育语文课程常用字表》为工具，对二年级4个班的学生进行一对一的识字量测试。全年级4个班210个学生，只有6人的识字量没有超过2000，绝大多数学生的识字量都在2200字以上，最多达到2974个字，人均识字量2492个，基本实现了识字目标。与此同时，学生的写字质量也有了提高，握笔正确率达到95%甚至以上。两年下来，学生听了近50篇童话故事、365个成语故事（只找到这么多有视频、有文字的成语故事）。积累方面，全年级绝大多数学生能熟背《弟子规》《三字经》，约120人能熟背"课标"列出的75首古诗词。阅读方面，除了读了256首儿歌，每周一节的阅读课，学生阅读了《昆虫记》系列、《小猪唏哩呼噜》系列、《神奇校车》系列、《不一样的卡梅拉》系列，还有诸如《逃家小兔》《爷爷一定有办法》《狼大叔的红焖鸡》《蛤蟆爷爷的秘诀》等常见的绘本。两年每个学生至少写了120篇写话，有些学生写了近200篇，有个叫吴美怡的学生居然写出了4000字的童话故事。腹有诗书气自华，两年来，学生学习语文的自信心与日俱增，识字的兴趣也日益浓厚。

四、拼音教学

基于习得的小学语文教学进行了改革拼音教学的尝试。按照要求，汉语拼音教学应该用四周的时间完成，我们要求用两周的时间教学汉语拼音。我们借鉴其他一些实验的做法，先教21个声母、35个韵母和16个整体认读音节。余下的两周先对学生进行识字量检测（用"课标"后面附录5的常用字表），了解全班学生学前汉字习得的情况，从中找出绝大多数学生都认识的、包含基本音节的字，结合汉字教学生拼读方法。这样拼读起来，学生学习就容易得多了，而且因为是他们认识的字，拼读起来也有兴趣。拼读尽量做到能直呼，然后让他们读注音的课文、注音绘本、注音的其他读物，加以巩固。

教育部统编的小学语文教材先教基本汉字，再教拼音的做法我们觉得很对，理由有三：一是先教汉字，给了刚入学的儿童一个正确学语文的第一印象；二是与学前习得汉字"接轨"，满足了儿童入学迫切希望尽快识字的心愿；三是为学习拼音拼读做了铺垫。

这样一改，不但让绝大多数学生学会了直呼音节，而且强化了识字，提高了教学效率。

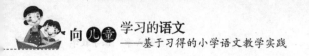
第七章 写字教学

"课标"在教学具体建议里指出，"每个学段都要指导学生写好汉字。要求学生写字姿势正确，指导学生掌握基本的书写技能，养成良好的书写习惯，提高写字质量"，并且要求写字教学贯穿整个小学阶段，"要在每天的语文课中安排10分钟，在教师指导下随堂练习，做到天天练"。从这些具体要求中可见，写字教学多么重要！

一、写字教学的价值

为了充分说明写字教学的重要性和把写字教学单列一章的必要性，我们进一步探讨写字教学的价值这一话题。

汉字是人类文明的奇迹，是中华文明的瑰宝，是华夏民族的智慧宝藏，是每一个中国人的慧根。汉字作为世界上非常古老的文字之一，已经有6000年左右的历史了，汉字的文化价值是不可估量的。可以说，写字就是与中华文明对话，与中国智慧同行。这么多年来，汉字不但一直经久不衰，而且随着社会的发展、科技的进步越来越显示出强大的生命力，焕发出勃勃生机。写好一手汉字是作为一名合格的中国人应该具备的技能，尤其在科技高度发达、生活节奏越来越快的今天，写字已经超出它的实际功用，对社会、对个人都具有更加深远的意义。现在，中小学生不但要写好硬笔字，还要学习写毛笔字。

1. 写字与智力发展

智力是一个内涵和外延都非常丰富的心理学词汇，它通常是衡量一个人聪明程度的指标。每个人心中的智力的含义都可能是不一样的，不容易给它下一个统一的准确的定义。我们不妨把它理解为是保证人们成功地进行认识活动的各种稳定的心理机能的有机整合。它由人的观察力、注意力、记忆力、思维力、想象力等心理机能组成，但又不是简单相加，而是一个有机的整体。智力发展得好，往往表现为这些能力比较强。

写字以智力因素为基础，写字又能促进智力的发展，两者的关系十分密切。

观察力是一种有目的、有计划、持久的知觉形式。观察力是认识的基础，也是认识活动的开始。要写好字，就要观察字，所以写字教学中，教师要引导学生有目的、有计划地观察，教给他们观察的方法，要把观察和动笔写结合起来，发展他们的观察能力。

做任何事情都离不开注意力的参与，注意力是一个人的心理对感知对象的指向与集中。在写字活动中，学生的注意力要始终指向对字的观察、书写，同时在观察与书写中学会分配自己的注意力。在写字教学中，我们有意识、有计划地培养学生的意志品质，训练他们注意力的稳定性，使他们养成专一的心力。

记忆力是人储存、重现知识经验的能力。记忆时间有长短之分。记忆时间的长短与人的记忆品质有关，也与所记忆的材料有关。写字要临摹，有时甚至要背帖，不仅需要短时记忆的参与，还需要有长时记忆的能力。写字教学要注意发展学生的记忆力。

思维力是分析、综合事物本质的能力，是智力的核心。思维具有敏捷性、广阔性、灵活性、深刻性、创造性和批判性等特点。在写字活动中，临写要将自己写的字与范字做对比，读帖要研究经典法帖的精妙之处；结字要讲究笔画的搭配、部件的安排；写好一个字，要讲究字的笔画的收放、方圆、避让，要讲究字的结构的合理，讲究构成字的部件的主次、宽窄、倚正等；写好一幅字，要进行构思，要讲究章法，要思考守正出新。所有这些讲究都可以促进学生思维能力的发展。我们要通过写字，着力发展学生思维的广阔性、深刻性、创造性和批判性等。

想象力是人借助表象进行加工、改造产生新形象的能力。想象力是人认识世界、改造世界必不可少的能力。借助想象，我们可以鉴往知来，可以创造更加美好的生活。写字活动中，想象力直接与所写的字是否美观相关。没有想象力的学生写出来的字一定不美。写字教学就是要引导学生把字写正确、写美。

写好一个字尚且如此，上文所说的写好一幅字更需要想象力。一幅精美的书写作品，先要成竹于胸，才能下笔如有神。在写字教学中，我们一方面要通过研读历代名家的法帖，为学生建立美的表象，另一方面要引导学生借助想象写出属于自己的美的汉字。

2. 写字与非智力因素培养

写字作为一种复杂的心智活动，不仅能够促进学生智力发展，而且在培养学生非智力因素方面也具有得天独厚的优势。

关于非智力因素的概念，有很多种说法，简单地讲，就是除智力因素以外的一切心理因素，主要是指人的动机、兴趣、情感、意志、态度、性格等影响人的智力活动的因素。写字同样离不开非智力因素，同时，也可以通过写字培养学生良好的非智力因素。下面我们着重从动机、情感、性格三方面做具体阐述。

动机是指人完成一件事的内部动因。考察动机可以知道一个人为什么做这件事。动机与需要紧密相连。写一手好看的中国字是每一个炎黄子孙的标志。在写字教学中，我们要从弘扬祖国优秀传统文化的高度来激发学生写好字的动机，激起他们写好字的欲望，从实用和审美等方面树立他们写好字的信心和决心，促使他们努力提高写字水平。为了提高他们写字的积极性，我们还可以从激发外部动机入手，通过评价、奖励、竞赛等方式，使他们获得写好字的成就感，进一步激发他们写字的兴趣。

情感是人们对客观事物的态度体验和心理反应倾向。写好字需要良好的情感的参与，通过写字也可以陶冶学生高尚的情操。中国书法从写字开始，最后发展为一门独特的艺术，是一部爱汉字、爱中华古老文化的情感史。研读古今优秀法帖，如读苏东坡的《寒食帖》、读颜真卿的《祭侄文稿》、读《兰亭序》，就是在聆听一曲曲凝固的抒情音乐。这些法帖不仅是我们培养学生对写字良好情感的重要资源，还是我们培养学生家国认同情感的重要资源。研究古今法帖，自己写一手赏心悦目的好字，产生高峰的审美体验，会令人生出无比的自豪感。从写字活动本身来看，静下心来沉浸在书写中，一笔一画地书写就是一种求美向善的过程，在不知不觉中，人的紧张、焦虑、担心、恐惧等不良情绪会一扫而空。

性格是人的个性心理倾向。性格是后天形成的。性格对人的影响是多方面的，好的性格受用终身。写好字需要良好的性格支持，但写字也具有修身养性的功效。中华民族的仁爱、正直、谦让、和谐、善良、包容等优秀性格特征早已与汉字融为一体，书写汉字就是在涵养这些性格品质。在写字教学中，我们要有意识地让学生感受包含在汉字中的这些性格元素，把培养学生的良好性格落到实处。

3. 写字与审美能力提升

审美能力简单地讲就是发现美、鉴赏美的能力。儿童天生是美的，儿童天生是向美的。小学写字教学是儿童的写字教学。小学写字教学无论对书写实用技能的培养，还是带领学生走向更高级的书法艺术创造，都离不开审美。因此，写字教学也具有审美价值。

汉字的发展演变史和书写史就是一条奔腾不息的美学长河。从仓颉造字到刀刻甲骨再到钟鼎铸文，从秦篆汉隶到魏碑唐楷再到宋四家行书……从二王到欧颜柳赵，从瘦金体到六分半书……这条长河真是美不胜收。再从书写的角度来看，写字的过程就是求美的过程。汉字在几千年的演变过程中，形成了一套独有的审美标准。每一个汉字都是一个美的构成。从笔画的收放避让与错落疏密，到结字的方正比例与稳中求活，每一个汉字都有要求。如果从整篇字来看，那审美元素就更多了。刘晓东教授在他的《儿童教育新论》里说[1]，儿童"审美教育的重要途径是积极引导儿童去体验和感受现实世界和文艺作品，使儿童发现客观世界中的对称、均衡、节奏、次序、韵律、间隔、重叠、单复、粗细、疏密、交叉、一致、变化、统一、升降、缓急、错综、多姿等美的样态，并形成一种对这些样态敏锐的感受能力"。这段精彩的描述所提到的这些美的元素在汉字的书写里应有尽有。

因此，写字教学不能仅局限于写字的实用层面，而要利用汉字所拥有的丰富的美学内容，把提升学生的审美能力作为重中之重。我们要引领学生反复欣赏古今书写大家的遗迹，形成正确的审美意趣；要让学生在书写求美的过程中体验、感受美的创造过程；在对历代书写遗迹的分析、比对中提高学生鉴

---

① 刘晓东.儿童教育新论［M］.南京：江苏教育出版社，2008：305.

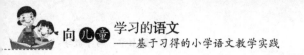

赏美的能力，充分彰显写字教学的审美价值，培养善于发现美、创造美的一代新人。

写字教学的价值还有很多。比如，写字可以强身健体，可以涵养德性，等等，这里不一一赘述。在科技日益发达的今天，克服科学技术的发展对人的精神带来的负面影响已成为摆在我们面前的一个重要课题。衷心希望我们的写字教学能为人精神异化的泥潭照进一丝光亮。

二、写字与习得

汉字的习得除了识字，还包括写字。有了电脑汉字输入技术，想要什么样的字电脑都能做出来，有的人认为写字不怎么重要了。这些错误的认识已经对通过写字习得汉字造成了很大的冲击，表现有三：一是很多教师不重视学生动笔写字，特别是非语文学科教师，对学生写好坏不做要求，甚至自己的字也写得一团糟；二是家长也放松了对孩子写字的要求；三是社会上写字环境的恶化，特别是孩子们崇拜的那些影视明星所写的扭曲的字对孩子们造成了极坏的影响。

基于习得的小学语文教学认为，写字不仅可以促进学生对汉字的习得，而且能促进学生全面素养的提升。虽然，我们的写字环境因种种原因在恶化，但因为我们对汉字的书写有着深厚的文化积淀，生活中各种字体美的字还是随处可见，学生通过写字对汉字的各种字体有了一定的了解后，对字的审美意识就产生了，他们便能被生活中随处可见的各种字体的字所吸引，就会在无意中习得很多汉字。另外，我们也都有这样的体会，在抄写一段话、动笔习作、描红临帖的时候，会在努力写好的过程中有意无意间认识很多汉字。我本人就有这样的体会，从来没有老师教我认繁体字，但是我能认识很多繁体字，这就是用毛笔写字临帖时候的习得。

从学习写字的角度来看，汉字的精、气、神、韵、势等古代书家评论里的这些默会知识只能靠学生在反复书写中去体会、去习得。

需要注意的是，写字有些知识，如笔画名称、间架结构名称等是要学得的。

三、写字课程及实施

从"课标"的要求和写字教学的价值来看，写字教学的重要性是不言而喻的。与写字教学的重要性相比，写字课程建设就显得薄弱了许多。

1. 写字课程与教学现状

目前，我国的写字课程都是附着在语文教科书里的，作为语文课程的一个组成部分。过去的人教版和现在的部编版小学语文配有写字课本，写字课本所写的字就是教材上每篇课文后要求学生会写的字。这套写字课本集基本笔画练习、间架结构知识讲解、示范，要写的字的描红、仿写与临写，古今法碑欣赏与作品书写练习于一体，与教材教学进度同步。

这种依附在语文课本里的写字课程在教程的编写上梯度不够：从一年级第一学期第一节课开始，就要学生写完整字；配套的写字课本虽然安排有基本笔画练习，但由于与其他教学内容相比，写字显得重要性不够，往往得不到一线教师的重视；还有就是对写字的基本习惯要求不到位，需要一线教师自己去研究把握，不能很好地体现和落实"课标"的要求。从实施情况看，重视的学校，学生书写习惯就好一点，不够重视的学校学生的书写习惯就非常令人担忧：坐姿、握笔的正确率只有不到40%（这还仅指硬笔书写）。

广东省从三年级开始还编写了《书法》地方教材，要求三到六年级小学生每周用一课时学习用毛笔书写。初衷是好的，但由于各学校拿不出那么多专用的书法教室和各地师资不足，这套地方教材在多数学校使用不起来，形同虚设。另外，也有不少学校自己开发了写字的校本课程，也编写了教材，但是真正坚持实施并且实施得好的也是凤毛麟角。

2. 写字课程建设及教学建议

我们暂且避开书法教学不谈，就说写字教学。写字教学呼唤好的写字课程。写字课程建设意义重大，非常迫切。

（1）我们要在思想上高度重视。我们要站在传承中华文脉的高度去认识写字的重要性，把写好汉字作为增强学生民族认同感、厚植家国情怀的重要手段；要放眼科技发展、信息爆炸的大时代，从促进人的精神健康成长的高度来开展写字教学。

（2）我们要借鉴我国古代习字教学的成功经验，结合时代特点和现实条件，加大写字课程建设的力度。一方面做好传统经验的传承工作；另一方面鼓励推陈出新，组织力量开发出育人与写字并重、实用与审美兼顾、符合小学生年龄特点、可操作性强的写字课程。我们要从古人习字教学的经验中学习良好写字习惯的养成办法，从小学生第一天拿笔起就把正确的握笔姿势和坐姿落到实处。具体到写字教程的编写上，要保留与语文教材写字同步的特点，写字教程中要写的字与语文学习中要写的字一致，有利于减轻学生的课业负担，形成教学合力；要保留教本与学本合二为一的体例，并且让所教的知识更贴近学生。

（3）针对目前写字教学师资短缺、小学语文教师写字教学不够专业的现状，要加大师资培训力度，尽快让写字教学走上正轨。

（4）要研制汉字书写标准，从规范到美观，让汉字书写有法可依。

（5）要加强写字教学的常规督导检查，发现问题及时纠正；有了好的做法，及时总结成功经验，及时推广。

只有这样写字教学才能真正体现它应有的价值。

3. 基于习得，开展写字教学

基于习得的小学写字教学，主要还是依靠语文教师，用好语文教材配套的写字本，因为这是目前条件下最可操作也是最有效的办法。具体做法是：

（1）立足配套写字本，上好写字课，做到把每篇写字的要求落实到位。

（2）书写赛评。根据"课标"对学段写字的要求，我们把要写的字按要求进行归类，再根据学情，每节课安排写两个字的常规训练。做法是：把要写的字做成范字，印在田字格里，然后让学生临写；注入竞赛的因子，在书写纸下方设计如下评分表（表7-1）。

表7-1 书写比赛评分表

项目	坐姿10分	握姿10分	正确20分	端正20分	整洁30分	美观10分
自评						
互评						
师评						

写完用这张表格先自评，再同座位互评，必要时再教师评。每项分数的

权重可以根据班级学生书写的情况进行调整，做得不好的，权重大一些。

（3）定期择优进行书写作业展。从一年级开始，每半个学期进行一次优秀书写作业展，激发学生写好字的积极性，树立榜样，营造写好字的良好氛围。

（4）对写字课或午写课坐姿、握姿、书写比较好的学生及时给予鼓励，或加分或贴小红旗。

（5）每学期末，开展小书法家评选，并将结果记入学籍档案。

（6）每周安排两次中午15分钟时间，用来午写，午写的铃声就是写字习惯提示：现在是写好字时间，头正、肩平、臂舒、足安、心静。

（7）组建硬笔和毛笔两个书法社团，让有兴趣、有潜质的学生得到更好的发展。

（8）在校园角落、比较宽松的楼层摆上水写台，便于学生空余时间体验书写的乐趣。

（9）各学科教师齐抓共管，将书写纳入各学科作业评比和考试。比如考试卷面不整洁，无论是哪个学科都要扣一定的分数。

（10）提倡提笔即是练字时，让写好字成为习惯。

第八章　积累教学

　　积累可以和很多词搭配，这里显然是指语言积累。语言积累和语言实践是语文能力形成的两条腿，缺一不可。积累也是小学语文教学的一项重要任务。古人读书重视记诵就是为了增加积累。所谓"读书破万卷，下笔如有神"说的就是积累的重要性。我们粗略统计了一下，"课标"一共18次提到"积累"一词，而且多处用了"丰富积累"这样的表述。可见，积累的重要性。

一、积累与习得

　　语言积累就是让学生熟记规范的经典的语言材料，达到随时能运用这些语言材料的程度。实践反复证明，多读多记是书面语成功习得的重要途径。这里的"记"当然是熟记。要想熟记，必须经过反复诵读，要经历记不住到记住、记得不准确到准确无误、一字不差，即古人所说的，让所记诵的语言材料"使其言皆若出于吾之口"①（宋朱熹语）的过程。根据克拉申的假设，语言积累本质上就是增加语言输入量。积累的多少关系语言习得的水平。古人读书强调熟读精思，正是暗合了语言习得原理。

　　汉语的意合性决定了汉语存在很多默会知识，这些默会知识要靠内隐学习才能获得。例如汉语构词造句的灵活性等，只有积累了各种结构方式才能真正体会，正所谓"操千剑而后识器"。又如，人们用"韩如潮"来评价位列唐宋散文八大家之首的韩愈散文的语言风格，如果我们不背诵积累一定数量的八大

---

① 田正平，肖朗.中国教育经典解读［M］.上海：上海教育出版社，2005：202.

家散文，就难以在对比中深切体会到韩愈散文语言如钱塘江大潮涌动般的美。再如中国古代诗论提到的神韵说、境界说等难以用理性语言来描述的东西，也只能在积累了很多不同风格的诗作之后，才能加以体会。

从书面语习得的角度来看，书面语习得的机制是积累—实践（活动）—体悟。积累是书面语习得的前提和基础。汉语字词意义的千年流转、不同作品的独特审美意趣，不加以博览，难以准确把握；如日月般光耀汉语殿堂的一代一代语言大师的杰作，不通过反复记诵把玩，不能深刻体悟其神韵。"读书破万卷"之所以能"下笔如有神"，是因为积累了很多言语范本。腹有诗书，然后在活动中不断操练，才能下笔成文、妙笔生花；纵横驰骋、一泻千里的表达自由只有通过学习主体的反复实践才能习得。

二、积累的内容与要求

语言积累包括字、词、句、篇章等的积累。儿童在学前已经掌握了母语的基本词汇和语法，已经能进行日常对话，因此，一般字、词、句的积累已不是小学阶段的重点。小学语言积累的重点应该是母语经典语汇，经典语段、篇章、著作。

刚刚全面推广使用的统编小学语文教材在课后练习要求、语文园地日积月累等栏目里明确规定了小学要积累的内容，其中包括成语、俗语、歇后语、经典名言名句、现代文语段及整篇文章、古诗文名篇等。这些是法定要完成的积累任务。

"课标"对小学三个学段的积累的要求是：

第一学段，"积累自己喜欢的成语和格言警句。背诵优秀诗文50篇（段）"。

第二学段，"积累课文中的优美词语、精彩句段，以及在课外阅读和生活中获得的语言材料。背诵优秀诗文50篇（段）"。

第三学段，"诵读优秀诗文，注意通过语调、韵律、节奏等体味作品的内容和情感。背诵优秀诗文60篇（段）"。

从这些表述看，除了每个学段有具体项目和数量的要求外，第一学段教学要达到的目标是喜欢积累，养成积累的良好习惯；第二学段教学要达到的目标是主动积累，自觉积累课外阅读和生活中的语言材料；第三学段教学要达到的

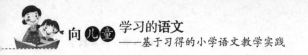

目标是在理解的基础上积累。

很显然，"课标"的上述要求是保底要求。

基于习得的小学语文教学为了切实提高学生的母语习得水平，在完成教材里的积累任务的基础上，做了加法，增加了以"国学经典"为主的积累内容。所谓经典，是指那些具有重要影响的、经久不衰的词句、著作，其内容或被大众普遍接受，或在某专业领域具有典范性与权威性。之所以强调积累经典，是因为经典里有汉语最精华的辞章，也饱含着中华民族的大智慧。

1. 汉语经典语汇积累

汉语经典语汇共选名句、短语245条，跨越2000多年，涉及名家、典籍众多，包含很多早已融入老百姓日常用语的耳熟能详的短语、成语、名句。它就是学习中华经典典籍的一扇窗。为了让它更贴近学生，我们给它取名为《打开经典之门》（内容见本章附录）。

2. 国学经典积累

《国学经典》是我们精选的一套经典诵读校本教材，每个年级一本，共六本。一年级是《弟子规》，二年级是《三字经》，三年级是《笠翁对韵》，四年级是《中华成语千字文》，五年级将《大学》和《道德经》合编一本，六年级是《论语》选读。

为了让小学生能达到在初步知道大意的基础上熟记原文的水平，我们对这些经典原文中的关键词、难点词都做了简要的释义。

三、基于习得的小学积累教学

我们把积累教学单列为一章，一是因为语言积累与语言习得的关系太密切了，二是因为积累作为书面语习得的另一条腿，至关重要。那么，我们在积累上做了这么多的加法，是怎样完成的呢？

1. 教材积累任务的完成

无论是用人教版教材，还是用统编版教材，语文课本中的积累任务都是保底任务，是每个学生都要完成的，这是我们的基本认识。课本中的词、句、现代文语段、篇章，还有小古文的积累，纳入课文的教学并完成，只对古诗词的积累，进行了校本化实施。一至六年级的古诗词，原人教版小学语文教材中共

70首，现统编版教材小学三个学段课文、语文园地、课后链接等加在一起总共是130首。我们把整个小学阶段要背诵的古诗词分为十级，在全校范围内开展背诵古诗词考级活动。

以统编版为例，我们将130首古诗词分为下表所示十级（表8-1）。

表8-1 古诗分级表

等级	一	二	三	四	五	六	七	八	九	十
首数	5	5	8	8	14	14	18	18	20	20

我们给每个班级的语文教师配发设计精美的等级卡，孩子们会背5首就可以申请到语文老师那里考级。考级过关了，就会得到一级等级卡。是一级就发给一级的卡，是二级就发给二级的卡，依次类推。一到十级卡都聚齐了，就可以获得奖励——和校长共进午餐。

古诗考级活动为背诵古诗注入了激情，很多家长也以此为抓手，鼓励孩子积极背诵，孩子们都梦想着和校长共进午餐。我们坚持了多年的成效表明，大多数情况下，孩子到了三年级下学期就十级全过关了，光荣地获得了和校长共进午餐的机会。在共进午餐时，校长会随机点一首让孩子们来背，孩子们背得不亦乐乎，场面热烈而喜庆。

当然，十级过了，并不是一劳永逸，难免还会遗忘。这不要紧，这份喜欢背古诗词的热情是非常珍贵的，另外，还有语文课上的再学习、再巩固。

2. 汉语经典语汇的积累

245句选自经典古诗文及典籍的短语名句的积累有一定的难度，因为它们互不关联，每一条与每一条之间除了有时间上的先后联系外，几乎没有任何意义上的相关。为了帮助学生完成这一难度极大的任务，首先我们确定只在三、四年级安排这一积累内容；其次我们采用课前滚雪球诵读的办法，即将245句经典语汇印出来，学生人手一份，每节语文课预备铃响，安排语文科代表领着学生诵读已经学过的内容。老师进课堂以后，针对学生不懂的地方做简要讲解，让学生知道大意。有些暂时讲了也不能全懂的也不管它。这样每节课坚持，两年来，学生都能熟记这245句经典语汇。遇到适当的场合，他们张口就来，运用自如妥帖。

一开始学生对课前诵读兴趣不大。此时，一定要坚持。读着读着，学生就会越来越有兴趣了。教师也会有成就感。请看一位教师的教学日记：

如天籁一样响起，每堂课都是这样！那是孩子们在诵读《打开经典之门》。

每天，我一走进教室，孩子们就会自然地、大声地齐诵起来。

有时候，我因为办公室的杂事迟到了，慌忙从案头拿起语文书奔向教室，远远地听到孩子们齐齐地诵读着，匆匆的脚步一下子变得从容了，我听着他们的声音，感到无比踏实，有一种清风习习拂面而来的感觉。

自从开始我的习得语文之旅，我就开始让孩子们这样做。课外不增加任何负担，也不做任何要求，就这样每节课读五句，像滚雪球一样，滚到今天，孩子们已经读了170句了，大概有一半的孩子前150句已经记得滚瓜烂熟、张口就来，再也不看我印发的讲义了。我们从"断竹续竹飞土逐肉"开始，现在已到了"王师北定中原日，家祭无忘告乃翁"，已经走过了几千年的路程，孩子们通过经典诵读，对于经典越来越喜欢，他们的兴致也越来越高，常常在诵读时溢于言表，每每催着我快讲下面的，我都不敢那么快地前行。

这正是我希望见到的情景，我还希望他们能从这些名句出发，去追随他们心目中的那位先贤，去研读古人留下的那些充满智慧和才思的更多的文字。我起初为我印给他们的这些经典名句起的名字就是"打开经典之门"，我希望他们能通过我给他们开启的这一小扇门，窥见我们民族文化的精华，了解我们民族的东西，进而爱上我们的民族，做一个有根的真正的中国人！

这样做，家长也很支持。一是因为只在课前诵读，课后一点负担也没有；二是因为孩子们诵读了这些经典语汇后，与人说话时会自然地用上一两句，让家长听了对孩子刮目相看。

3. 国学经典积累

我们编选的这套六册的《国学经典》诵读本，里面的内容都是要孩子们六年内记熟的。这是一项繁重的任务，但是完成了，学生的语言储备会相当丰厚，语感会得到很好的培养，语言能力将会实现飞跃。

《弟子规》和《三字经》是配有动画演示的，还有字幕。一年一本，一、二年级学生每天每节语文课前五分钟时间一边看动画，一边看字幕，一边跟着诵读，不但记住了原文，而且知道了大意，还在持续诵读中增加了识字量，巩固了已经学过的字。《笠翁对韵》和《中华成语千字文》瞄准的是词汇积累。这两本都是韵语集成，尽显汉语特色和魅力。三、四年级学生有了一定的理解力，而且理性思维初显，正在步入学习完整书面语表达的阶段，丰富词语积累正是时候，这两本读本很适合他们。进入三年级，我们的阅读教学对教学内容进行了整合，节省出的教学时间可以用来诵读它们，再加上每周还有两次早读课，在时间上，完全可以保证在校内完成任务。《大学》《道德经》和《论语读》这三本经典是中国大智慧的结晶。五、六年级学生正处在向少年期过渡的时候，是人生观、价值观初步形成期，让他们熟读这些经典，除了积累经典语汇、形成语感外，还能潜移默化地帮助他们树立正确的人生目标、学会做人做事、明白学习的意义。我们的做法仍然是"略知大意，持续诵读"。每天的语文课前进行滚雪球式的诵读。

所有这些内容的积累课外不增加学生任何负担，教师的讲解也是三言两语，以告知大意为要，把时间最大限度地交给学生，让学生自己诵读。教师着重把精力花在激发诵读兴趣、鼓励自探自究上。

四、积累教学的评价

语文教材里积累任务的完成情况，除了古诗词外，我们就交给传统的纸笔考试去评定了。校本积累任务的完成情况主要以动态评价和集中展示两种形式来考查。

1. 动态评价

动态评价在这里就是过程评价。我们把评价纳入日常检查中。比如，学生课前有没有诵读，读到哪里了，听一听就知道了。学生是否能熟读成诵，学生是否知道所读内容的大意，问一问就了解了。对单个学生的评价，班级里有经典诵读评比栏或积分榜，专门记录每个人平时诵读的情况，一目了然。

2. 集中展示

所谓集中展示，就是每学期定期开展面向全校的经典诵读展示活动。第一学期结合读书节，一般放在11月末；第二学期一般放在6月中旬。展示时，全班人人都上，要求背诵，全校一至六年级一个班不落。为了增强展示效果，可以配乐，可以结合表演。评委由教师代表和家委组成，量化打分，算出各班最后

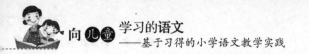

得分，按班评出集体奖若干个。经典诵读展示特别好的班级还有机会参加读书节总结会或是艺术节汇报展示。

任何事情都贵在坚持。坚持做，不断完善，效果就会逐渐显现。经典诵读展示活动，我们已经坚持九年了，现在师生都很重视，家长也积极参与，已然成为学校的一项常规活动。展示的那几天，学生盛装出场，在动听的古乐声中，童声齐诵，再配上部分学生及家长穿插其中的写（毛笔书法）、画、演，经典诵读展示成了学校的一道风景。

 附：**课前诵读**

打开经典之门

——每日课前诵读（共245句）

编者按：

为孩子打开一扇通向经典之门是小学语文教学义不容辞的责任。245条，全录于经典名作或名家。跨越几千年，内藏很多经典语汇，至今仍耳熟能详。每节课前诵读十句，滚动循环，善莫大焉。

经典古诗文：

1. 如切如磋，如琢如磨。（《诗经·卫风·湛奥》）
2. 言者无罪，闻者足戒。（《诗经·大序》）
3. 他山之石，可以攻玉。（《诗经·小雅·鹤鸣》）
4. 投我以桃，报之以李。（《诗经·大雅·抑》）
5. 靡不有初，鲜克有终。（《诗经·大雅·荡》）
6. 长太息以掩涕兮，哀民生之多艰。（屈原《离骚》）
7. 路漫漫其修远兮，吾将上下而求索。（屈原《离骚》）
8. 尺有所短，寸有所长。（《楚辞·卜居》）
9. 其曲弥高，其和弥寡。（宋玉《对楚王问》）
10. 满招损，谦受益。（《尚书》）
11. 欲加之罪，其无辞乎？（《左传·僖公十年》）
12. 人非圣贤，孰能无过？过而能改，善莫大焉。（《左传》）

13. 辅车相依，唇亡齿寒。（《左传·僖公五年》）

14. 前事不忘，后事之师。（《战国策·赵策》）

15. 亡羊补牢，犹未迟也。（《战国策·楚策》）

16. 知己知彼，百战不殆。（《孙子兵法·谋攻》）

17. 千里之行，始于足下。（《老子·六十四章》）

18. 祸兮福之所倚，福兮祸之所伏。（《老子·五十八章》）

19. 天网恢恢，疏而不漏。（《老子·七十三章》）

20. 知人者智，自知者明。（《老子》）

21. 物以类聚，人以群分。（《易经》）

22. 工欲善其事，必先利其器。（《论语·卫灵公》）

23. 己所不欲，勿施于人。（《论语·颜渊》）

24. 三军可夺帅也，匹夫不可夺志也。（《论语·子罕》）

25. 学而不思则罔，思而不学则殆。（《论语·为政》）

26. 学而不厌，诲人不倦。（《论语·述而》）

27. 君子坦荡荡，小人长戚戚。（《论语·述而》）

28. 人无远虑，必有近忧。（《论语·卫灵公》）

29. 言必信，行必果。（《论语·子路》）

30. 与朋友交，言而有信。（《论语·学而》）

31. 有则改之，无则加勉。（《论语》）

32. 是可忍，孰不可忍。（《论语·八佾》）

33. 敏而好学，不耻下问。（《论语·公冶长》）

34. 吾生也有涯，而知也无涯。（《庄子·养生主》）

35. 十年树木，百年树人。（《管子·权修》）

36. 橘生淮南则为橘，生于淮北则为枳。（《晏子春秋》）

37. 达则兼济天下，穷则独善其身。（《孟子·尽心上》）

38. 老吾老，以及人之老；幼吾幼，以及人之幼。（《孟子·梁惠王下》）

39. 天时不如地利，地利不如人和。（《孟子·梁惠王下》）

40. 民为贵，社稷次之，君为轻。（《孟子·尽心上》）

41. 得道者多助，失道者寡助。（《孟子·公孙丑》）

42. 生于忧患，死于安乐。（《孟子·告子下》）

43. 富贵不能淫，贫贱不能移，威武不能屈。（《孟子·滕文公下》）

44. 生，亦我所欲也；义，亦我所欲也；二者不可得兼，舍生而取义者也。
（《孟子·鱼我所欲也》）

45. 锲而舍之，朽木不折；锲而不舍，金石可镂。（《荀子·劝学》）

46. 千里之堤，溃于蚁穴。（《韩非子·喻老》）

47. 流水不腐，户枢不蠹，动也。（《吕氏春秋·尽数》）

48. 独学而无友，则孤陋而寡闻。（《礼记·杂记》）

49. 一张一弛，文武之道。（《礼记·杂记下》）

50. 玉不琢，不成器；人不学，不知道。（《礼记·学记》）

51. 凡事预则立，不预则废。（《礼记·中庸》）

52. 临渊羡鱼，不如退而结网。（《汉书·董仲舒传》）

53. 塞翁失马，焉知非福。（《淮南子·人间训》）

54. 欲人勿闻，莫若勿言；欲人勿知，莫若勿为。（枚乘《上书谏吴王》）

55. 失之毫厘，谬以千里。（《史记·太史公自序》）

56. 智者千虑，必有一失；愚者千虑，必有一得。（《史记·淮阴侯列传》）

57. 良药苦口利于病，忠言逆耳利于行。（《史记·留侯世家》）

58. 项庄舞剑，意在沛公。（《史记·项羽本纪》）

59. 不鸣则已，一鸣惊人。（《史记·滑稽列传》）

60. 书犹药也，善读可以医愚。（刘向《说苑》）

61. 绳锯木断，水滴石穿。（《鹤林玉露一钱斩吏》）

62. 水至清则无鱼，人至察则无徒。（班固《汉书·东方朔传》）

63. 少壮不努力，老大徒伤悲。（汉乐府《长歌行》）

64. 失之东隅，收之桑榆。（范晔《后汉书·冯异传》）

65. 精诚所至，金石为开。（范晔《后汉书·广陵思王荆传》）

66. 盛名之下，其实难副。（范晔《后汉书·黄琼传》）

67. 不入虎穴，焉得虎子。（范晔《后汉书·班超传》）

68. 疾风知劲草，岁寒见后凋。（范晔《后汉书·王霸传》）

69. 老骥伏枥，志在千里；烈士暮年，壮心不已。（曹操《龟虽寿》）

70. 鞠躬尽瘁，死而后已。（诸葛亮《后出师表》）

71. 非淡泊无以明志，非宁静无以致远。（诸葛亮《诫子书》）

72. 勿以恶小而为之，勿以善小而不为。（陈寿《三国志》）

73. 士别三日，当刮目相待。（陈寿《三国志·吴书·吕蒙传》）

74. 奇文共欣赏，疑义相与析。（陶渊明《移居》）

75. 山气日夕佳，飞鸟相与还。（陶渊明《饮酒》）

76. 木欣欣以向荣，泉涓涓而始流。（陶渊明《归去来兮辞》）

77. 及时当勉励，岁月不待人。（陶渊明《杂诗》）

78. 宁为玉碎，不为瓦全。（《北齐书》）

79. 近朱者赤，近墨者黑。（傅玄《太子不少傅箴》）

80. 机不可失，失不再来。（《新五代史·晋书》）

81. 登山则情满于山，观海则意溢于海。（刘勰《文心雕龙》）

82. 蝉噪林逾静，鸟鸣山更幽。（王籍《入若耶溪》）

83. 海内存知己，天涯若比邻。（王勃《送杜少府之任蜀州》）

84. 落霞与孤鹜齐飞，秋水共长天一色。（王勃《滕王阁序》）

85. 海上生明月，天涯共此时。（张九龄《望月怀远》）

86. 人世有代谢，往来成古今。（孟浩然《与诸子登岘山》）

87. 绿树村边合，青山郭外斜。（孟浩然《过故人庄》）

88. 大漠孤烟直，长河落日圆。（王维《使至塞上》）

89. 独在异乡为异客，每逢佳节倍思亲。（王维《九月九日忆山东兄弟》）

90. 劝君更尽一杯酒，西出阳关无故人。（王维《送元二使安西》）

91. 白日依山尽，黄河入海流。（王之涣《登鹳雀楼》）

92. 莫愁前路无知己，天下谁人不识君。（高适《别董大》）

93. 忽如一夜春风来，千树万树梨花开。（岑参《白雪歌送武判官归京》）

94. 马上相逢无纸笔，凭君传语报平安。（岑参《逢入京使》）

95. 近乡情更怯，不敢问来人。（宋之问《渡汉江》）

96. 两岸猿声啼不住，轻舟已过万重山。（李白《早发白帝城》）

97. 举头望明月，低头思故乡。（李白《静夜思》）

98. 清水出芙蓉，天然去雕饰。（李白《论诗》）

99. 天生我材必有用，千金散尽还复来。（李白《将进酒》）

100. 安得摧眉折腰事权贵，使我不得开心颜。（李白《梦游天姥吟留别》）

101. 孤帆远影碧空尽，唯见长江天际流。（李白《黄鹤楼送孟浩然之广陵》）

102. 朱门酒肉臭，路有冻死骨。（杜甫《自京赴奉先县咏怀五百字》）

103. 酒债寻常行处有，人生七十古来稀。（杜甫《曲江》）

104. 无边落木萧萧下，不尽长江滚滚来。（杜甫《登高》）

105. 读书破万卷，下笔如有神。（杜甫《奉赠韦左丞二十二韵》）

106. 为人性僻耽佳句，语不惊人死不休。（杜甫《江上值水如海势聊短述》）

107. 露从今夜白，月是故乡明。（杜甫《月夜忆弟舍》）

108. 出师未捷身先死，长使英雄泪满襟。（杜甫《蜀相》）

109. 笔落惊风雨，诗成泣鬼神。（杜甫《寄李太白十二韵》）

110. 文章千古事，得失寸心知。（杜甫《偶题》）

111. 正是江南好风景，落花时节又逢君。（杜甫《江南逢李龟年》）

112. 安得广厦千万间，大庇天下寒士俱欢颜，风雨不动安如山。呜呼！何时眼前突兀见此屋，吾庐独破受冻死亦足。（杜甫《茅屋为秋风所破歌》）

113. 青，出于蓝，而胜于蓝；冰，水为之，而寒于水。（荀子《劝学》）

114. 二句三年得，一吟双泪流。（贾岛《题诗后》）

115. 谁言寸草心，报得三春晖。（孟郊《游子吟》）

116. 蚍蜉撼大树，可笑不自量。（韩愈《调张籍》）

117. 业精于勤荒于嬉，行成于思毁于随。（韩愈《进学解》）

118. 李杜文章在，光焰万丈长。（韩愈《调张籍》）

119. 我有迷魂招不得，雄鸡一唱天下白。（李贺《致酒行》）

120. 衰兰送客咸阳道，天若有情天亦老。（李贺《金铜仙人辞汉歌》）

121. 沉舟侧畔千帆过，病树前头万木春。（刘禹锡《酬乐天扬州初逢席上见赠》）

122. 东边日出西边雨，道是无情却有情。（刘禹锡《竹枝词》）

123. 山不在高，有仙则名；水不在深，有龙则灵。（刘禹锡《陋室铭》）

124. 千淘万漉虽辛苦，吹尽狂沙始到金。（刘禹锡《浪淘沙》）

125. 请君莫奏前朝曲，听唱新翻杨柳枝。（刘禹锡《杨柳枝词九首》）

126. 文章合为时而著，歌诗合为事而作。（白居易《与元九书》）

127. 野火烧不尽，春风吹又生。（白居易《赋得古原草送别》）

128. 同是天涯沦落人，相逢何必曾相识。（白居易《琵琶行》）

129. 试玉要烧三日满，辨材须待七年期。（白居易《放言》）

130. 乱花渐欲迷人眼，浅草才能没马蹄。（白居易《钱塘湖春行》）

131. 醉卧沙场君莫笑，古来征战几人回。（王翰《凉州词》）

132. 千里莺啼绿映红，水村山郭酒旗风。（杜牧《江南春绝句》）

133. 烟笼寒水月笼纱，夜泊秦淮近酒家。（杜牧《泊秦淮》）

134. 春蚕到死丝方尽，蜡炬成灰泪始干。（李商隐《无题》）

135. 身无彩凤双飞翼，心有灵犀一点通。（李商隐《无题》）

136. 相见时难别亦难，东风无力百花残。（李商隐《无题》）

137. 夕阳无限好，只是近黄昏。（李商隐《乐游园》）

138. 天意怜幽草，人间重晚晴。（李商隐《晚晴》）

139. 风暖鸟声碎，日高花影重。（杜荀鹤《春宫怨》）

140. 曾经沧海难为水，除却巫山不是云。（元稹《离思》）

141. 姑苏城外寒山寺，夜半钟声到客船。（张继《枫桥夜泊》）

142. 吟安一个字，拈断数茎须。（卢延让《苦吟》）

143. 苦恨年年压金线，为他人作嫁衣裳。（秦韬玉《贫女》）

144. 海阔凭鱼跃，天高任鸟飞。（僧云《览诗中之句》）

145. 溪云初起日沉阁，山雨欲来风满楼。（许浑《咸阳城东楼》）

146. 罄南山之竹，书罪无穷；决东海之波，流恶难尽。（祖君彦《为李密檄洛州文》）

147. 离恨恰如春草，更行更远还生。（李煜《清平乐·别来春半》）

148. 云山苍苍，江水泱泱，先生之风，山高水长。（范仲淹《严先生祠堂记》）

149. 先天下之忧而忧，后天下之乐而乐。（范仲淹《岳阳楼记》）

150. 醉翁之意不在酒，在乎山水之间也。（欧阳修《醉翁亭记》）

151. 雪消门外青山绿，花发江边二月晴。（欧阳修《春日西湖寄谢法曹歌》）

152. 忧劳可以兴国，逸豫可以亡身。（欧阳修《新五代史·伶官传序》）

153. 衣带渐宽终不悔，为伊消得人憔悴。（柳永《凤栖梧》）

154. 兼听则明，偏信则暗。（司马光《资治通鉴》）

155. 由俭入奢易，由奢入俭难。（司马光《训俭示康》）

156. 春风又绿江南岸，明月何时照我还。（王安石《泊船瓜洲》）

157. 不畏浮云遮望眼，只缘身在最高层。（王安石《登飞来峰》）

158. 欲把西湖比西子，淡妆浓抹总相宜。（苏轼《饮湖上初晴后雨》）

159. 山高月小，水落石出。（苏轼《后赤壁赋》）

160. 但愿人长久，千里共婵娟。（苏轼《水调歌头》）

161. 人有悲欢离合，月有阴晴圆缺。（苏轼《水调歌头》）

162. 横看成岭侧成峰，远近高低各不同。不识庐山真面目，只缘身在此山中。（苏轼《题西林壁》）

163. 竹外桃花三两枝，春江水暖鸭先知。（苏轼《惠崇春江晚景》）

164. 嬉笑怒骂，皆成文章。（黄庭坚《东坡先生真赞》）

165. 生当作人杰，死亦为鬼雄。（李清照《夏日绝句》）

166. 山重水复疑无路，柳暗花明又一村。（陆游《游山西村》）

167. 夜阑卧听风吹雨，铁马冰河入梦来。（陆游《十一月四日风雨大作》）

168. 纸上得来终觉浅，绝知此事要躬行。（陆游《冬夜读书示子聿》）

169. 王师北定中原日，家祭无忘告乃翁。（陆游《示儿》）

170. 文章本天成，妙手偶得之。（陆游《文章》）

171. 出师一表真名世，千载谁堪伯仲间。（陆游《书愤》）

172. 小荷才露尖尖角，早有蜻蜓立上头。（杨万里《小池》）

173. 接天莲叶无穷碧，映日荷花别样红。（杨万里《晓出净慈寺送林子方》）

174. 青山遮不住，毕竟东流去。（辛弃疾《菩萨蛮》）

175. 千古兴亡多少事，悠悠，不尽长江滚滚流。（辛弃疾《南乡子》）

176. 念桥边红药，年年知为谁生。（姜夔《扬州慢》）

177. 人生自古谁无死，留取丹心照汗青。（文天祥《过零丁洋》）

178. 春色满园关不住，一枝红杏出墙来。（叶绍翁《游园不值》）

179. 即以其人之道，还治其人之身。（朱熹《中庸集注·十三章注》）

180. 等闲识得东风面，万紫千红总是春。（朱熹《春日》）

181. 问渠那得清如许，为有源头活水来。（朱熹《观书有感》）

182. 为人子，方少时，亲师友，习礼仪，香九龄，能温席，孝于亲，所当执，融四岁，能让梨，悌于长，宜先知。（《三字经》）

183. 绿杨烟外晓寒轻，红杏枝头春意闹。（宋祁《玉楼春·春景》）

184. 近水楼台先得月，向阳花木易为春。（苏麟《断句》）

185. 梅须逊雪三分白，雪却输梅一段香。（卢梅坡《雪梅》）

186. 莫等闲，白了少年头，空悲切。（岳飞《满江红》）

187. 三十功名尘与土，八千里路云和月。（岳飞《满江红》）

188. 暖风熏得游人醉，直把杭州作汴州。（林升《题临安邸》）

189. 着意栽花花不发，等闲插柳柳成荫。（关汉卿《包待制智斩鲁斋郎》）

190. 只要功夫深，铁杵磨成针。（祝穆《方舆胜览·眉州·磨针溪》）

191. 男儿有泪不轻弹，只因未到伤心处。（李开先《宝剑记》）

192. 花落水流红，因愁万种，无语怨东风。（王实甫《西厢记》）

193. 不是一番寒彻骨，怎得梅花扑鼻香。（高明《琵琶记》）

194. 从来好事天生俭，自古瓜儿苦后甜。（白朴《喜来春》）

195. 不要人夸好颜色，只留清气满乾坤。（王冕《题墨梅》）

196. 一言既出，驷马难追。（李寿卿《伍员吹箫》）

197. 养军千日，用军一时。（马致远《汉宫秋第二折》）

198. 良辰美景奈何天，赏心乐事谁家院。（汤显祖《牡丹亭》）

199. 金玉其外，败絮其中。（刘基《卖柑者言》）

200. 墙上芦苇，头重脚轻根底浅；山间竹笋，嘴尖皮厚腹中空。（解缙·对联）

201. 风声，雨声，读书声，声声入耳；家事，国事，天下事，事事关心。（顾宪成·东林书院门前对联）

202. 将在谋而不在勇，兵在精而不在多。（冯梦龙《古今小说》）

203. 人逢喜事精神爽，月到中秋分外明。（冯梦龙《古今小说》）

204. 冤家宜解不宜结，各自回头看后头。（冯梦龙《古今小说》）

205. 踏破铁鞋无觅处，得来全不费工夫。（冯梦龙《警世通言》）

206. 命里有时终须有，命里无时莫强求。（兰陵笑笑生《金瓶梅》）

207. 各人自扫门前雪，休管他人瓦上霜。（《事林广记》）

208. 长江后浪推前浪，一代新人换旧人。（《增广昔时贤文》）

209. 情随境变，字逐情生。（袁宏道《叙小修诗》）

210. 粉骨碎身浑不怕，要留清白在人间。（于谦《石灰吟》）

211. 一年三百六十日，都是横戈马上行。（戚继光《马上作》）

212. 尝将冷眼观螃蟹，看你横行得几时？（明代民歌《京师人为严嵩语》）

213. 滚滚长东逝水，浪花淘尽英雄。是非成败转头空，青山依旧在，几度夕阳红。（罗贯中《三国演义·卷首词》）

214. 破屋更遭连夜雨，漏船又遇打头风。（施耐庵《水浒传》）

215. 画龙画虎难画骨，知人知面不知心。（施耐庵《水浒传》）

216. 有缘千里来相会，无缘对面不相识。（施耐庵《水浒传》）

217. 一叶浮萍归大海，人生何处不相逢。（吴承恩《西游记》）

218. 道高一尺，魔高一丈。（吴承恩《西游记》）

219. 智者不必仁，而仁者则必智。（蒲松龄《聊斋志异》）

220. 千磨万击还坚劲，任尔东西南北风。（郑板桥《竹石》）

221. 隔靴搔痒赞何益，入木三分骂亦精。（郑板桥·对联）

222. 世事洞明皆学问，人情练达即文章。（曹雪芹《红楼梦》）

223. 假作真时真亦假，无为有处有还无。（曹雪芹《红楼梦》）

224. 天下兴亡，匹夫有责。（顾炎武《日知录》）

225. 品画先神韵，论诗重性情。（袁枚《品画》）

226. 落红不是无情物，化作春泥更护花。（龚自珍《己亥杂诗》）

227. 我劝天公重抖擞，不拘一格降人才。（龚自珍《己亥杂诗》）

228. 我自横刀向天笑，去留肝胆两昆仑。（谭嗣同《狱中题壁》）

229. 一腔热血勤珍重，洒去犹能化碧涛。（秋瑾《对酒》）

230. 拼得十万头颅血，须把乾坤力转回。（秋瑾《黄海舟日人索句并见日俄战争地图》）

231. 江山代有人才出，各领风骚数百年。（赵翼《论诗》）

231. 一失足成千古恨，再回头已百年身。（魏子安《花月痕》）

232. 寄意寒星荃不察，我以我血荐轩辕。（鲁迅《自题小像》）

234. 横眉冷对千夫指，俯首甘为孺子牛。（鲁迅《自嘲》）

235. 心事浩渺连广宇，于无声处听惊雷。（鲁迅《无题》）

236. 红军不怕远征难，万水千山只等闲。（毛泽东《长征》）

237. 中华儿女多奇志，不爱红装爱武装。（毛泽东《为女民兵题照》）

238. 天若有情天亦老，人间正道是沧桑。（毛泽东《人民解放军占领南京》）

239. 为有牺牲多壮志，敢教日月换新天。（毛泽东《到韶山》）

240. 一万年太久，只争朝夕。（毛泽东《满江红·和郭沫若同志》）

241. 牢骚太盛防肠断，风物长宜放眼量。（毛泽东《和柳亚子先生》）

242. 红雨随心翻作浪，青山着意化为桥。（毛泽东《送瘟神》）

243. 见异思迁，土堆难翻；专心致志，高峰能攀。（俗语）

244. 无志之人常立志，有志之人立长志。（俗语）

245. 不教一日闲过。（齐白石）

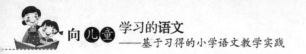

第九章　阅读教学

　　阅读是人类社会的一项重要活动，自从有了文字，就有了阅读。什么是阅读？答案有很多。广义的阅读所能读的东西包罗万象，歌词"读你千遍也不厌倦"中的"读"就是一种广义的阅读。我们这里讨论的阅读专指通过文字获得意义的过程。从这个意义上说，阅读教学应该是教学生学习阅读。但是，我们现存的义务教育语文课程里的阅读教学几乎包括了一切，字词积累、听说训练、阅读教学、思想渗透、品德培育、情感陶冶……甚至习作教学都被其一网打尽。这是中国特有的现象，既和我们文选体例的语文教材有关，也有其他更深层的原因。

　　基于习得的小学语文教学将在母语习得原理的指导下，开展阅读教学，致力于以阅读促进语言能力的习得。

一、阅读与习得

　　如果说听、说是儿童学前习得母语口语的主要途径，那么，阅读就是习得书面语的非常重要途径之一。抓住了阅读，小学生语文学习的一切问题都可以迎刃而解。教师抓住了阅读，那些支离破碎的各种语文练习就可以扔进垃圾箱了；学生学会了阅读，就不愁没有语感，就不愁阅读能力的习得了。

　　学前儿童学话的时候并没有教师给他们讲词句的"微言大义"，也没有人告诉他们什么叫主语、谓语，他们之所以学会了说话，而且卓有成效，主要靠不断地听、不断地说。在听、说中理解，在听、说中熟练，在听、说中提高，一句话，在听、说的实践中学会听、说。学习书面语也一样，主要并不是靠分析，而是靠多读。威廉·李卜克内西在《忆马克思》一文中写道："像一切想真正掌握一种语言的人一样，他（指马克思——引者注）主要是注重阅读。"[①]

　　阅读的量和阅读材料的难度决定语言习得的水平。在第一章里，我们已经引用过美国语言学家克拉申的研究成果"可理解性语言输入"这一假说，这一假说告诉我们：决定一个语言学习者能否习得该语言最重要的因素是该学习者的"可理解性语言输入量"。量足够多，习得的效果就好；反之，习得的效果就差。那么，什么是"可理解性语言输入"呢？就是难度略高于学习者学习水平的语言输入。他同时还指出，语言输入对学习者来说有意义、富有趣味、容易被理解，习得效果会更好。这与儿童学前母语习得的特点是一致的。

　　我们知道，儿童进入学校认识了2000个左右的汉字后，便可以进行自主阅读了。阅读的开始，就是书面语言习得的开始。他们以母语口语为基础，通过阅读与自己口语水平相当或难度略高的语言材料，让掌握的汉字流动起来。这些流动的汉字不停地变换组合对象和方式，构成不同的词语和句子，形成一段一段的文字，汇聚成一篇一篇的文章。此时，他们阅读的文章越多，接触到的书面语词汇、段落和文章样式就越多，语言能力就习得了。

　　当然，阅读过程中像文体知识等是需要学得的。

　　需要强调的是，指向习得的阅读是真实的阅读。真实的阅读是指为需要而读，为获取想知道的信息而读，为实用而读，为兴趣而读。真实的阅读重点关注的不是文章的形式，也不是文章中词句的构成，而是文章的内容。真实的阅读的过程便是语言能力习得的过程。因为母语习得原理告诉我们：学生的阅读能力只能在大量的、持续的、自然的、真实的阅读实践中习得。

二、阅读课程与教学现状

　　我们现行的小学语文教材基本是文选本。将一篇一篇精美的短文按主题编成一个一个单元，把阅读教学的目标分布在每个单元里。一个单元有一个单元的阅读训练重点。刚刚全面铺开使用的统编教材还在三到六年级每个年级上册

---

① 丁培忠.加强语言实践 注重语言积累——《九年义务教育全日制小学语文大纲（试用修订版）》学习体会之二［J］.内蒙古教育，2000（12）.

的课本里各安排了一个阅读策略单元。三年级是"预测",四年级是"从不同角度提问题",五年级是"提高阅读速度",六年级是"根据阅读目的,选择阅读方法"。

毋庸置疑,这些设计和安排体现了教材编写者的良苦用心。特别是新出的统编教材,加强了阅读能力培养方面的课程设计,这是一种了不起的进步,为一线教师教阅读提供了很好的抓手,指明了方向。但这样的设计和安排也存在不足之处,下面我们从有利于阅读能力习得的角度,从阅读量和阅读课两个方面来谈其不足。

1. 阅读量

在阅读量上,小学三个学段十二册课本,文选及补充阅读材料,总阅读量约180万字。学生课外阅读量,"课标"对小学三个学段的保底要求是105万字,三个学段分别是5万字、40万字、60万字。原人教版教材给每册配有"课外阅读",十二册总阅读量约为100万字,基本达到了保底要求。统编版为了落实课外阅读量目标,增加了"快乐读书吧"等栏目,明确给出了课外阅读推荐书目,并对课外阅读做出了引导和要求。统编小学语文加强了对整本书阅读的要求,总阅读量多少,主要看一线教师能落实多少。

我们认为,教材设计的小学六年的阅读量是远远不够的。这样的阅读量不能承载培养小学生应具备的阅读能力的任务。这也是我们很多教学改革实验大大提高阅读量的原因。美国在小布什时代就要求小学生每年阅读量达到100万字,而且他们对课外阅读量的落实非常到位,学生不仅要报告读了什么书,还要进行该书阅读的网上测试。

2. 阅读课

小学语文是整个小学课程设置中占课时最多的学科。按一学年40周算,整个小学阶段每个学生至少要上1720节语文课。这其中除去写话、习作课和拼音、识字课,绝大部分都是阅读课。因此,阅读课又是小学语文学科中占课时最多的课。

这么多阅读课,我们是怎么做的呢?"课标"对阅读及阅读教学的定位是:"阅读是运用语言文字获取信息、认识世界、发展思维、获得审美体验的重要途径。阅读教学是学生、教师、教科书编者、文本之间对话的过程。"①"课标"同时以"三个代替""一个防止"一针见血地指出了当前阅读教学中存在的问题：不把学生放在主体地位上，"以教师的分析来代替学生阅读实践""以模式化的解读来代替学生的体验和思考""以集体讨论来代替个人阅读""防止逐字逐句的过深分析和远离文本的过度发挥"。我们还要加上一句：以"师讲生听、一问一答"贯穿课堂教学全过程。还有，我们过于重视知识的教学，过于强调知识教学的系统性，殊不知，了解了系统的语文知识，是形不成语文能力的，相反，却挤占了学生阅读实践的时间，增加了课业负担。我们的阅读教学中还充斥着肢解式的各种阅读练习。这无疑是长期以来，我们的阅读教学师生都累而效果不理想的原因。

三、基于习得的小学阅读教学

我们认为：对于小学生而言，让学生明白为什么阅读进而喜欢阅读比学会那些阅读方式方法更重要。换句话说，就是培养小学生阅读兴趣是第一位的。我们要让他们充分理解：阅读是为了获得自己想了解的信息，能够帮助解决自己遇到的各种问题，能为心灵普照阳光，指引成长方向，能够帮助自己理解眼前这个世界……感受到阅读带给自己的强大的力量，从而终身与阅读为伴。小学生阅读兴趣、阅读能力一定是在大量的阅读实践中形成的。所以，我们在小学阶段，要基于儿童母语习得的原理，让学生在大量的、真实的阅读中，学会阅读，增强阅读能力，提高阅读品位，要把阅读方法的指导、阅读知识的学习渗透在学生的阅读实践中。

基于习得的小学阅读教学，在保证国家课程教学的基础上，增加每个孩子的阅读量是必然选择。除了在积累教学章节里增加的国学经典诵读的内容外，我们还给每个学段配备了10本（套）必读书目和70本（套）按学段递增的选读书目。70本（套）选读书的分配是：第一学段选读15本（套），第二学段选读25本（套），第三学段选读30本（套）。所有必读书籍都配齐60本（套），然

①中华人民共和国教育部.义务教育语文课程标准（2011年版）[M].北京：北京师范大学

出版社，2012：22.

后进行班级间的漂流阅读。选读内容，自由选择，只鼓励做读书笔记，不做硬性要求，以防止教师在实施过程中给学生太大压力，把阅读变成了苦差事，伤害学生的阅读兴趣。那么，增量的阅读，时间从哪里来？我们对国家课程进行了校本化实施，从三年级开始，对于语文教材中的课文不再一篇一篇地细嚼慢咽，实施多篇整合教学，把节省出来的时间用来做增量阅读。具体书目及读书记录样例见本章附1。

（一）自由阅读

自由阅读是一种阅读课的形式，也是我们引导学生喜欢阅读的一个策略。这里的自由阅读是指把学生放在阅读教室里，读什么书，怎样读完全凭他们的喜好，不做具体要求。美国语言学者克拉申称自由阅读为"自由自主阅读"（简称FVR）[1]。这种阅读基于学生想阅读，阅读时不用写读书报告，不必回答书后的问题，不认识的字也可以不查字典，不喜欢的书可以随时换。我们坚信克拉申的研究结果："只要鼓励孩子为乐趣而阅读，这些孩子在阅读测验以及其他各种语文能力测验中的表现，都能比在传统教学方式下学习的孩子更好。"他进一步指出："这种优势会因阅读时间的增加而持续扩大。"[2]这是他在美国本土、新加坡、南非等地进行实验得出的相同结论。

自由阅读通常在图书馆的阅读空间里进行，以图书馆海量经典童书为课程资源。这些经典童书包括获得纽伯瑞儿童文学奖、国际安徒生奖、冰心奖等大奖的绝大多数供儿童阅读的图画本、故事书，有科普的，也有文学的，有通俗的，也有专业的。而且，每年会发动师生、家长推荐新的书目充实到图书馆的书架上，供学生选读。

我们一到六年级每周都开设了一节这样的阅读课。下面是一位教师第一次带学生自由阅读的日志：

---

① ［美］斯蒂芬·克拉申.阅读的力量［M］李玉梅，译.乌鲁木齐：新疆青少年出版社，
　2012：11

② ［美］斯蒂芬·克拉申.阅读的力量［M］李玉梅，译.乌鲁木齐：新疆青少年出版社，
　2012：5.

第一次上的困惑

这是我第一次上自由阅读课的教学日记。

周四是我第一次上自由阅读课。之前宣布时大部分孩子很高兴，也很盼望。昨天，为此发了信息给家长，有几个家长还回了信息，表示支持。

开始上课了，孩子们拿出自己的书。有的孩子说"我的书已经看过了"，看过了再看一遍也没有关系，只要你看就行。大部分孩子都投入了阅读。有几个孩子在犹豫不决，还有几个孩子在小声说笑。在告诉他们读书要静下心来，走动不要影响他人后，我也开始读自己的书。

一会儿，有几个孩子不耐烦了，开始交头接耳。有一两个孩子边读边笑。

转了一圈，我发现孩子们所带的书五花八门。没关系，第一次只要他们读起来就行，慢慢引导会上路的。孩子们今天所读的书有《昆虫记》《阿凡提的故事》《夏洛的网》《十万个为什么》等。大概是刚学完《蜜蜂》的原因，读《昆虫记》的孩子最多。

有三个孩子没有带书来读，给了他们备用书，并要求他们读完再还。

第一次自由阅读课，主要发现以下问题：

（1）部分孩子读书做样子，有的根本没有读进去。这些孩子是郭××、海××、钟××等。

（2）怎样帮助孩子们选书？有的孩子显然对自己的书不太感兴趣。

（3）可能对他们读书的要求有点多了。

（4）有些孩子遇到生字就上讲台查字典，一节课没有读几页书。

（5）有些孩子喜欢几个人一起读一本书，怎么管理？

以上这些问题，怎样解决？开班级读书会？请求家长配合？

这位教师遇到的问题应该是大多数教师第一次带学生自由阅读都会遇到的问题。这位教师可能受条件的限制，在自己的教室里组织学生自由阅读。我们针对这些问题，提出了如下改进的办法：

（1）到阅读教室里读书。那里书很多，想读什么书都可以，而且触手可及。

（2）开学第一节阅读课借助共读绘本，教给学生选书、读书的策略。如二年级，要通过细看封面等办法选注音版。

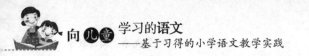
（3）鼓励孩子们读书尽可能做到有始有终，拿到一本或一套书，坚持读完它。

（4）开展阅读闯关活动，注入竞赛因子，提高阅读效果。闯关是个性化的，孩子们读了书，想看看自己读得怎么样，可以主动申请闯关，我们提供闯关题。闯关题考查的维度有两个：一是是否认真读了；二是思考了没有。具体闯关题参见本章附2、附3。

每读一本书，闯关得到80分就过关了。如果得到100分以上或是满分就会获得各种奖励。满分一般设定为120分，有些需要思考的富有挑战性的主观题根据孩子们答题的情况奖励加分，加分多少根据他们答案的精彩程度。几年的实践中，有很多学生的表现令人赞叹。像《不一样的卡梅拉》系列或是儿童版本的《昆虫记》系列都有很多册，要读很长时间才能读完，但是他们申请闯关，照样能得满分。

当然，自由阅读也有不尽如人意的地方。每个班都会有那么几个孩子，一到读书课就玩，一本书也不读，甚至严重影响其他人读书。我们想了以下一些办法：①让他们负责整理书。其他学生读完书后放回书架，放得不整齐或者放倒了，让他们整理好。他们有了事做，就不再影响其他人了。他们在整理书籍的时候，往往会发生这样的事情：整理一会儿，他们也拿起一本书站在那里看了起来。这是因为他们发现了一本自己感兴趣的书。这是意外收获！这启示我们：在书海里，每个学生都能找到自己想读的书。学生读书的兴趣点在哪里，需要给他们发现的机会和平台。如果我们不让不读书的学生整理书，他可能也不知道自己的兴趣点在哪里。②让他们自由选择看书地点或坐姿。有些学生喜欢坐在地上看书，不喜欢端坐在书桌前，我们就让他们坐在地上看书。有些学生和其他人坐一起看书，就会讲话，看到一点有趣的内容，就急于与人分享，影响其他学生读书。此时，把他们放到相对独立的空间，他们就会安静地阅读。有些学生喜欢倚着墙看书，也随他们。还有些学生喜欢半躺着看书，只要不影响健康，我们也不管。③适当开展一些读书活动，提高兴趣。例如，定期开展"向你推荐我读的好书"分享活动；再如，把学生所读的书编成剧本演出来等。推荐好书还可以利用升旗仪式讲话或全校广播时间，因为这样的时间全校学生都能听到，影响面大，而且能引起学生重视，能增强其荣誉感。

（二）精读指导

对教材中的课文，基于习得的小学阅读教学不提倡一篇课文一篇课文地"细嚼慢咽"，强调围绕主题整合几篇课文教学，以节省时间。但是，学生刚进入三年级，一下子取消单篇课文的教学是不现实的。我们对一些经典的精读课文，仍然以单篇形式进行教学，教给学生精读的方法（如《爬山虎的脚》的教学），训练他们朗读和默读（如《一件运动衫》的教学，详见本章附4），鼓励他们多角度、有创意地阅读理解（如《挑山工》的教学，详见本章附5）。在单篇课文的教学中，瞄准语言习得水平的提高，有意识地增加语言实践的机会，加大语言输入与输出的量。

精读课文教学的一般流程：充分感知—自主探究—品读内化—拓展延伸。

1. 充分感知

感知是学习的门户，充分感知的目的是让学生正确熟练地识别文字符号，对语言材料有个初步的整体的印象，从而为进一步学习打下基础。引导学生读好书，就是充分感知课文的过程。学生能把课文一字不差地读出来，而且读得流利，浅显地方读得有感情，是小学三、四年级学生已经充分感知文本语言的标志。阅读教学切不可在学生课文还读得结结巴巴时就进入下一步的教学。

2. 自主探究

以往的教学，自主探究往往是教师带领学生分析理解课文。我们的做法是：提供学习支架，给学生读书实践、自主探究的时间和空间。请看实录：

师：《爬山虎的脚》这篇课文先写了什么，又写了什么，最后写了什么呢？下面请同学们自己读书来完成黑板上的板书（在黑板上画上横线和括号，如图9-1所示）。同学们默读课文，注意是默读，不出声不动唇。

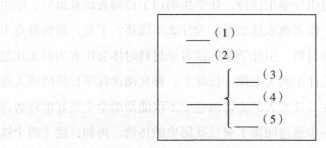

图9-1 《爬山虎的脚》板书设计图

上图就是我们为学生自主阅读《爬山虎的脚》所设计的一个支架。有了支架，学生就能将读书与思考结合起来，自主探究就落到了实处，有利于学生养成"潜心会文本"的良好读书品质。

3. 品读内化

对于课本语言的品读内化应是阅读教学中精读的重要任务之一。品读要抓住重点，引导学生在品读中增强语言感受力、鉴赏力，丰富他们的语感，促进课本语言的内化，增加积累。品读要抓住重点语段，不能面面俱到，通常是选择结构清晰、语言优美、学生读起来不够深入的语段。品读一要以朗读贯穿始终，以朗读为基础，并以读出心声、读出情味为目标；二要抓住重点词句引导学生与文本展开深入的对话，如品味《爬山虎的脚》写叶子的语段中的"拂"；三要重视引导学生"披文""明象"，在"明象"的过程中感悟语段的美；四要通过转换叙述方式、朗读背诵等手段促进课本语言的内化。

4. 拓展延伸

语文教学不能眼睛只盯着课本。叶圣陶老先生说，教材无非是个例子。基于习得的小学阅读教学在做好"阅读与习得"的教学的同时，更注重把学生引导到宽广的阅读天地中。

（三）读中阅读

读一个文本，学生常常会遇到一些难点，读不懂，或者读得不深入，怎么办？不要急于给学生讲析，而是通过引导他们读相关材料来解决。这就叫读中阅读。

有些阅读困难是学生不了解课文中事件的背景造成的，对于这类问题，教师要适时地补充背景材料，让学生在自读中突破难点。例如，教学王安石的《泊船瓜洲》，教师通过引导学生读诗，让学生明白了诗的表面意思后，学生自然会产生这样的问题：作者离家这么近，为什么不能还？于是，教师补充王安石"重出江湖"的背景材料，引导学生在读背景材料时体会作者当时无比复杂的心境。又如，教学毛泽东的《七律·长征》，补充阅读红军长征的感人故事，将这首诗的教学放在长征宏大的史诗画卷中不仅能帮助学生更好地理解诗句，而且能激发学生进一步通过阅读了解长征历史的热情。再如，读《两个铁球同时着地》，补充读一些反映当时人们对亚里士多德迷信崇拜的材料，更能帮助学生理解伽利略追求真理的勇气。

很多情况下，同一事物在文本中被作者赋予了多层含义，学生读起来有困难。比如，教学《钓鱼的启示》，这篇课文的难点一是对带引号的"鱼"的理解，二是对道德实践为什么很难有深切的感受。怎么办？我们围绕这个"点"，补充了几篇材料，其中有与小学生生活密切相关的如想买新手机等材料，也有反映贪官落马的材料，学生通过读这些材料，对"鱼"的感悟一下子丰富了许多，同时也对道德实践难在哪里有了比较深刻的体会。

……

读中阅读是很好的阅读方法，它让阅读回归本真。读中阅读既增加了学生的阅读量，帮助学生读懂课文，又丰富了学习内容，提高了阅读教学的效益。

（四）整合阅读

整合阅读是基于习得的小学语文教学处理教材非常重要的策略。这一策略的运用大大拓展了小学阅读教学的视野和空间，提高了阅读教学的效率。所谓整合阅读，就是在一个主题下，集中多篇文章进行的阅读。整合阅读可以是单元几篇课文的整体教学，也可以是不在一个单元的几篇文章放在一起教学，甚至是几本书的整体教学；整合阅读的主题可以是内容的主题，也可以是形式上的主题，还可以是生活中学生感兴趣的主题。

1. 以文带文

以文带文这是最常见的一种整合阅读方式：教一篇带一篇或多篇。人教版语文教材每个单元大部分是四到六篇文章，将从精读课文学习中得到的本主题文章的学习方法迁移到略读课文中，在精读与略读求同的过程中加深对主题的理解，在精读与略读的求异过程中感悟不同文章的特点。例如，原人教版六年级上册第八单元的单元主题是"艺术的魅力"，四篇课文整合成两个板块：《伯牙绝弦》带《蒙娜丽莎之约》，《月光曲》带《我的舞台》。

2. 互文见义

在教学李白的两首送别诗《赠汪伦》《黄鹤楼送孟浩然之广陵》时，我们有两个创新：一是改变了过去逐字逐句串讲的古诗教学旧模式，引导学生先从整体上把握诗的大意，再抓住关键的疑点或全诗的关键词，引导学生深度学习；二是以诗读诗，两首送别诗，都以水写情，而《黄鹤楼送孟浩然之广陵》

的以水写情对学生来讲比较难懂，也容易被学生忽视，我们补充选取了李白的送别诗《金陵酒肆留别》，帮助学生理解诗人最后为什么写"唯见长天际流"。本课例详见本章附6。

3. 比较阅读

在单元主题的统领下，以单元学习目标为指引，对两篇或多篇类型相近、题材相似的文章不分主次地进行对比阅读。例如，将精读课文《威尼斯的小艇》与《与象共舞》这两篇文章在内容、结构、写法上进行对比阅读，更容易使学生领会文章的多种表达方法。再如，教学时把《卖火柴的小女孩》与《凡卡》两篇文章进行对比阅读，让学生明白两篇文章都采取了描写残酷的现实与美好的幻想交替出现的行文方式，增加了文章的悲剧色彩，激发读者对小主人公的同情，对黑暗的社会制度的愤恨。这种整合阅读方式有利于促进深度阅读。

4. 单元整体教学

同主题下同单元内的各篇文章不分主次的融合式学习以单元主题为统领，把脉编者的意图，挖掘单元文本间的内在联系，找准单元整体阅读的生长点，通盘考虑整组单元的共性，对各篇文章进行大胆取舍、合理整合，达成单元学习目标。例如，人教版五年级下册第八单元，主题是"感受异域风情"，单元导读中提出这样的要求："阅读本组课文，要抓住主要内容，了解不同地域的民族风情特点，还要揣摩作者是怎样写出景物、风情的特点的，并注意积累课文中的优美语言。如果有条件，还可以通过多种途径搜集资料，以丰富对异域风情的感受。"依据这样的要求，我们可以把本组单元的目标定为：一是抓住主要内容，了解不同地域的民族风情特点；二是揣摩作者是怎样写出景物、风情的特点的，并注意积累课文中的优美语言。以这两条目标贯穿起四篇文章的学习：《自己的花是让别人看的》写德国人爱花和"我为人人，人人为我"的高尚精神；《威尼斯的小艇》则写了威尼斯小艇和人们生活的密切关系，描写了那里独特的民族风情；《与象共舞》介绍了泰国独具特色的人与象相互依存的景象；《彩色的非洲》叙写了多姿多彩的非洲风光与人情。

五年级下册第七单元是人物描写单元，节选了几个人物描写方面的精彩片段，要求通过阅读学习达到感受鲜活的人物形象、感悟作家描写人物的方法。围绕这两个目标，对单元提供的三个片段《小嘎子和胖墩儿比赛摔跤》《临死前的严监生》《"凤辣子"初见林黛玉》和两篇选文《金钱的魔力》《刷子李》就可以进行大胆取舍，每个片段只选其中最能反映主要人物特点的语段，组织学生进行多方面的阅读分析感受，同时注意从中体会作者描写人物的方法。最后总结主要人物的性格特点，归纳作家描写人物的常用方法，让学生真切地体会到人物描写的方法，并运用所学到的方法进行人物描写的片段练习，在读写结合的基础上，以写促读，促进学生对文本的进一步自主研读和领悟，从而达到小学阶段人物描写类文章的基本学习要求。

六年级上册第八单元可以以"艺术的魅力"为主题，欣赏各种艺术形式的美，培养学生热爱艺术的情操，学习作者用联想和想象进行表达的方法。《伯牙绝弦》《月光曲》展现的是音乐艺术的魅力，《蒙娜丽莎之约》展现了绘画艺术的魅力，《我的舞台》则表现戏剧艺术的魅力。

5. 课内外群文整合

对同主题或者相同题材的多篇文章不分课内课外，提炼主题，进行整合阅读学习。以文带文中的课内文章带出阅读课外文章是点，是主题之下的部分文章阅读，是面，是同主题下的课外众多文章的集中阅读。以文带文中的精读略读方法都可以在这里"大有作为"，使学生真正在实际阅读中学会抓重点领悟主要内容，激发兴趣，养成良好的阅读习惯。群文来源于课内或课外。例如，以"走近鲁迅"为主题，引导学生阅读六年级上册的四篇文章《少年闰土》《我的伯父鲁迅先生》《一面》《有的人》以及巴金、萧红等作家描写鲁迅的一组文章，最后让学生写"我所认识的鲁迅"。这样读写结合，帮助学生把阅读所获得的认识进行系统梳理。

6. 跨单元主题整合

随着单元整合的深入，受语文教材单元主题的启发，教师开始从不同单元的文章中提炼主题，进而形成课内课外相结合的主题阅读文章群。根据不同年龄段儿童的身心特征和确定的不同主题，构建不同的语文阅读教学模式，探求不同的语文阅读教学方法，使阅读教学得到整体性的重构。主题的凝练注重继承与弘扬中华民族优秀文化，体现时代特点和现代意识，关注人类，关注自然；重视培养学生的健康情感和正确态度，密切联系学生的经验世界和想象世界；重视帮助学生树立正确的世界观、人生观、价值观，使语文的工具性和人

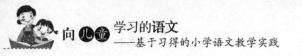

文性在主题中得到整合，使学生在阅读中成长。例如，可以把几篇文章提炼出主题"最是宁静能致远"，引导学生一次整合学习四年级下册的几篇文章《鱼游到纸上》《纪昌学射》《全神贯注》。本课例详见本章附7。

7. 与整本书阅读整合

整本书阅读是小学语文教学的重要任务之一。将教材中单篇课文的教学与有关联的整本书阅读结合起来事半功倍。一种是选择适合儿童阅读的与教材内容有关联的整本书，组织学生开展课内课外相结合的阅读学习。例如，六年级下册第四单元有两篇外国文学名著《鲁滨孙漂流记》和《汤姆索亚历险记》的故事梗概和精彩片段，教学时可以把课文与阅读《鲁滨孙漂流记》《汤姆索亚历险记》整本书结合在一起。与整本书整合阅读，一般分为阅读前的导读、阅读中期的交流、阅读后的主题整合。整本书导读重在激发兴趣，启示阅读方法，通常是以学生分组阅读为主要形式，阅读中期组织精彩交流，阅读之后则组织不同主题下的整本书研讨活动。例如，阅读《三国演义》之后，师生共同提炼的主题有"煮酒论英雄——群英会""三国文化探究""三国谁为正统"等。再如，以人教版教材中两个感人的故事《卡罗纳》《小抄写员》为切入点，导读《爱的教育》这本书，把着力点放在学生不太注意、难以发现的语言点上，通过抓细节描写，捕捉有内涵的文字，引发学生对精彩词句的关注和思考，促进学生阅读的深入、情感的升华，让阅读的方法在不知不觉中被渗透，阅读的兴趣在不知不觉中被点燃。这一课例详见本章附8。

8. 生活主题整合

基于习得的小学阅读教学关注学生的兴趣点、困惑点，让阅读为他们的生活照进阳光。我们的整合阅读有时也会离开课本，选择生活中学生关心的主题来开展教学。例如，有一段时间流传着喝碳酸饮料不好的说法，学生又很喜欢可乐等碳酸饮料，我们就选择了几篇观点不一的关于碳酸饮料的文章，组织学生阅读。他们通过抓几篇文章的主要观点，最后得出了做什么事都要有个度的观点，既扩展了阅读，又统一了认识，指导了生活。

9. 跨学科整合

为了解决其他学科学习中遇到的问题，去阅读相关资料，获得知识信息，也是基于习得的小学阅读教学常用的策略之一。比如，结合体育学科足球比赛，我们让孩子们去查找并广泛阅读与足球相关的材料，了解足球运动知识及发展历史，了解著名的足球明星的成长史等。再比如，综合实践活动以红树林生态公园为研究对象，我们组织学生阅读与红树林相关的材料。通过阅读，学生解开了郁郁葱葱地长在海湾的树林叫红树之谜，知道了红树生物种群的组成及其在世界上的分布情况，懂得了保护红树林湿地的重要性。只要我们有心，阅读可以和任何学科结合在一起，任何学科的学习都离不开阅读，离不开真实的阅读。

整合阅读既是我们倡导的阅读策略，也是一种课程组织形式的变革。从传统的一篇一篇地教学，到多篇聚焦教学，目标更明确，资源更丰富，知识更突显，规律更易现，差异更突出。需要注意的是，整合阅读，教学目标不能是每个单篇课文教学目标的相加。整合阅读，要求目标更简明、更集中。它通常以聚焦多个阅读材料内容或形式上需要学习理解的共同点作为教学目标，教学时更需要突出重点，瞄准难点，否则，会使教学步入混乱不堪、浮光掠影等误区。

整合阅读，既可以用于一学期一册语文教材的阅读教学，也可以用于一学年两册教材的阅读教学，课程领导力强的教师还可以通盘考虑三到六年级的八册语文教材中的课文阅读，进行跨年级的整合教学。因此，整合阅读能大大节省了小学语文教材教学的时间，是我们对国家小学语文课程进行校本化实施的重要策略。整合阅读还能将教材中课文的阅读与海量的课外阅读联系起来，大大提高学生的阅读量。

（五）单元整体自主学习

所谓单元整体自主学习，就是以教材单元为学习内容，将一个单元的全部内容打包给学生，完全由他们自学去完成。单元整体自主学习，以"五学课堂"为主要课堂教学形式，把时间完全交给学生。这是我们五、六年级课堂阅读教学的主要形式。为了说明其具体操作情况，我们给出一篇教学笔记：

我的单元整体自主学习回顾

2010年下半年，我毅然决然地放弃了讲课。第一天进课堂，我对学生说："学习是你们自己的事，一节课都不想为你们讲，如果你们有什么问题可以单独问我。"孩子们听了，似乎懂又感到不可思议。我们真的能不讲吗？我自己心里也没底，对于这些听惯了老师讲的孩子，我怎么坚持做到不讲？在后来的实践过程中，我也曾几度想放弃，因为我担心考试考砸，对孩子们自学的成效不自信，刚开始还受到部分家长的反对。但是，半学期过去以后，我坚定了自己的想法和做法，家长开始认识到我这样做的用心，孩子们出色的表现让我信心倍增，直到最后，我确信：孩子们是不会再想回到听老师讲的课堂了。

到了中、高年级，人教版教材有个明显的特征：单元主题突出，选文内容相近，课文之间有很多相通的地方。一篇一篇地学，我们感到浪费时间也没有必要。我们决定将一个单元当作一个整体让学生自学。

单元整体自学，我要求孩子们抓住这样几点：

一是生字词语。我告诉孩子们，每个人的生字词语是不一样的，你在读这个单元的文章的时候，要把自己不认识的字、不懂的词语找出来。因为经过六年的学习和生活，每个孩子的原有经验和知识积累都大不相同，不能一刀切地要求每个孩子都去学一样的字词，自主学习就是要他们自己对自己负责。

二是课文理解。起初我要求孩子们课文理解要弄明白课文主要讲什么，课文写作上有什么特色。后来，我们分不同课文做要求，精读课文要认真体会，除了上述两个任务外，还要对重点语段字斟句酌。

三是教材上每篇课文后的作业。每篇课文后的作业包括思考题、背诵课文的语段等，要求孩子们逐题认真完成。

四是语文园地。词语盘点，要会读并听写过关，日积月累的内容要会背会默，其他内容要能理解。

五是课外拓展的内容。课文拓展的内容包括增加的认为与课文有关的内容、就课文提出的有质量的问题等。

六是作业。作业主要是做自学笔记。自学笔记要逐课做。做自学笔记时，对于自己学不明白的，在个体学习的时候，可以查阅有关资料，可以问家长，也可以问同学、问老师。

我的上述安排主要有两个特点：一是要求简明。每个学生自学时要做的就那么几条，具体是怎么做的，有没有达到要求先不管，我的想法是先让学生做起来。二是重视个体自学。自学笔记是个体自学的成果汇集，我是要逐个查的，而且每个学生必须手写在本子上，不能打印，可以在书上批注，但是最后还是要整理到自学笔记上。我查自学笔记的时候，还有一个要点，就是一定要查课本。一开始，我发现有的学生很依赖参考资料，或是懒惰，课本很干净，没有圈画、思考的半点痕迹。我一方面告诉他们要相信自己的能力，另一方面加强检查督促。后来我发现很多孩子的课文字里行间写满了东西，做出了各种符号。

个体自学只是第一步，接下来要进行小组合作学习。

小组的分配，我先根据以前的考试成绩，每组两个好的，三个中等的，一两个差一点的；后来发现有问题，就调整，保证各组力量基本均衡。每个小组要确定一个得力的小组长，小组内的六到七个人，相对集中坐在一起，便于合作学习。小组合作学习由小组长全权组织。

小组合作学习不能没有目的。我安排的任务是：

（1）交流各自的自学笔记，分享同组同学的学习成果。

（2）提出个体自学时感到困惑不解的地方，组内互帮或讨论解决，实在解决不了的问老师，老师再指导解决，而不是直接告诉。

（3）为小组集体讲课展示做准备：明确每个成员讲课展示的内容、展示的方式，给每个成员再次分配新的任务，这些新的任务是为了增加自己小组展示的亮点和与众不同的地方，以获得加分。

（4）相互鼓励、督促，共同完成学习任务，如集体背诵课文、日积月累等。

讲课展示是关键环节，是教师引导学生学习的环节，是各小组学习成果的大展示，也是分享其他小组学习成果的环节。

我要求讲课展示一定要全面，即要求掌握的内容都展示了，全组每个成员都有任务，内容不全或有人没有展示就会扣相应的分数；讲课展示要正确，哪怕读错一个字都要扣分；讲课展示要有创新的成分，如这个单元或这篇课文没有要求背诵的课文或语段，有小组背了就叫创新，别人都没有用PPT，这个小组用了就叫创新，形式和内容不限，创新是学生自主学习的导向器；讲课展示要重视效果，如讲得清晰、抓住重点等，都属于这一项目的要求；讲课还要注意形象，如每个组员都很自信、台相很好、不背对着大家等。

以上五点作为讲课展示的评价标准。师生一起评，每个组展示完了当场评分。进行了一段时间以后，我感觉在讲课展示的评价标准里还应该增加其他小组质疑、答疑要求。这样对展示的小组会更有好处，这种挑战会促进孩子们对单元学习的精耕细作和旁征博引。但这也增加了难度，学生层次达不到应该慎重。

自主学习了，老师不讲了、放手了，学生学得好坏、主动性如何取决于我们如何激励学生。下面我想以六年级上册第八单元为例来说明。

首先是小组内激励机制的建立。小组内成员都有编号，而且这个编号是动态的。每次测试成绩第一的都为1号，小组最差者为末号。组内强化互帮互学、共同提高的理念，一开始会有小组提出不要某某的现象，这时教师要抓住苗头和机会，不断强化这种理念。我们在组内建立互帮制，要求1号帮6号，2号帮5号，3号帮4号，互改作业也是这样。

其次是小组间的激励。这是强化小组集体意识的关键。孩子们很重视自己小组的成绩。我们比小组平均成绩的高低，不比个人。当然有个人十分突出的也适当激励。一比作业（主要是生字词语听写和作文），每次作业都打分，按小组算出平均分然后排出名次，这有利于提高平时作业的质量；二比测试成绩，小组平均成绩第一，每个成员都有礼品，哪怕这个小组某个成员的分数在全班最低，也给礼品，强化小组意识和集体责任感；三比讲课，每个单元讲课都会有师生共同评出的分数。以第八单元为例，第一个讲的是第四小组（小组轮着第一个讲，这样才公平），他们组一上来齐背《伯牙绝弦》，然后不看书讲意思，书后作业也不看书讲，每课除了讲规定的内容，组员还分别背诵精美的语段，日积月累也背得很熟，获得了很高的加分。讲得最好的是第三小组，他们组除了有第四小组的优点外，最突出的是讲《蒙娜丽莎之约》一课，小组每个成员背诵大串联，合作背诵了整篇课文，获得其他各组同学的由衷赞扬，讲完之后，教室里掌声雷鸣，而这些课文，教材和老师都没有要求背诵。

这就是激励的作用！

让学生讲课，需要注意的是，一开始不能要求过高，也有可能孩子们一开始还有照本宣科或照参考资料读的现象，我以为这不要紧，一开始只要他们动起来了就要鼓励。这叫矫枉必先过正。学生能站到讲台前就是进步，能开口面向大家说话就是了不起，能说得有点观点，就应该得到大大的奖励。我在让学生讲课的过程中是逐步让孩子们丢开参考资料上台讲的。最初他们可以带自己的笔记上台讲，只要讲得清晰就行。我是通过"创新"这个评分标准引导孩子不看笔记上台讲的。对第一次不看笔记上台讲课的第七组，大加表扬，并且给很高的加分。后来是第一组，全体成员没有一个看笔记上台讲，最后他们不仅不看笔记，还增加了很多内容，自觉积累精美语段。学生讲课了，老师把精力放到组织、激励、协调上。有时某个组连续得第一，我就会对他们要求高一点，有时某个组总是得不到第一，我就对他们要求宽松一点，让他们也有得第一的机会。在讲课的过程中我发现有的孩子组织能力很强，就把他调到组长的位置上来，发现有的孩子总是不参与讲课或是每次都讲得不自信，就鼓励他，让组织分配一些简单的任务给他。总的一条就是要让每个孩子都动起来，都有表现的机会，都能得到锻炼。

这样做学生得到了什么，说起来就太多了，家长态度的转变就说明了一切。

从上面的具体做法中我们不难看出，单元整体自主学习，以小组为平台，所以特别注重小组建设。我们要求小组建设循序渐进，从一年级就着手进行。小组长的培养，组员的搭配、分工依据个性和能力，小组的管理、学习的礼仪每一个细节都要指导到位，形成良好的习惯，最好是达到自动化。同时，要建立组内和组与组之间的竞争、激励机制。

下面以六（3）班杨祥鹤同学谈小组学习的两篇体会作为佐证。

说说我们的学习小组

我们班级被分为八个学习小组，我被分到第四小组，是第四小组的组长。说起我们小组，还有一段不平凡的经历呢！

首先，老师要求我们给自己的学习小组起个名字。组员们为了取一个好名字，你一言我一语，争得不可开交。王棣文同学说取"勤奋组"，孔佳欣同学说取"刻苦组"，周静同学说取"力争上游组"。这时，身为组长的我发话了："要不，取学海泛舟组吧！"组员们听了都觉得这个名字可以，可是李莉诗同学说："这个名字取得是好，可没有气势。俗话说得好'书山有路勤为径，学海无涯苦作舟'，就取'学海无涯组'吧！"组员们都拍手称好，这样"学海无涯"这个响亮的名字就在六（3）班横空出世了！

有了好名字，还要有好的学习方法。于是我们按照老师的要求，准备笔记讲课，同学们个个信心十足、跃跃欲试，准备上台演讲，赢得好名次。第一次演讲完毕后，结果令大家大失所望，因为老师给我们小组的评分很低。原因是我们第一次讲，又没有提前演练，而且组员们的笔记大多数都是抄辅导书的，读得没感情，笔记做得又不全面，还读错了词语。老师说最重要的是创新，但组员们有的抄中心思想，有的查电脑，全是照搬上面的内容，一听就不是我们自己独立思考的作品。相反，其他小组与我们不一样，遇到不懂的问题，先开动脑筋然后才看辅导书，查的资料很有针对性，都是课文作者的简介和生平。他们还有创新，讲重点课文的时候，还写体会和读后感。所以他们的得分比我们小组高。

俗话说"知耻而后勇"。大家经过思考，终于发现我们小组存在的缺点，我们又重新振作起来。我们在预习中克服了自己的缺点，还做了周密的分工。文笔好的写读后感，朗读好的朗读课文，课文理解能力强的就写课文分析。在这次活动中，孔佳欣同学表现得很出色，她不仅帮助小组中成绩差的同学，还做了自己的PPT。做完笔记后，我们还把各自的笔记拿出来对比讨论，取长补短，共同提高，学习语文的气氛从来没有像现在这么浓厚过……功夫不负有心人，在第四单元的演讲中，我们小组以无可争议的成绩征服了老师和同学，一举夺得了第一名。顿时，我们小组成员欢呼起来，掌声雷动，大家一起欢庆这来之不易的胜利。

随　感

第七单元的讲课比赛结束了，但是结果令我们组同学的眼里饱含泪水。这是多么令人失望的结果！俗话说："台上一分钟，台下十年功。"为了参加这次比赛，我们组的同学都付出了艰辛的汗水和劳动。有的同学不辞劳苦、废寝忘食地查资料，有的同学费尽心思地设计演讲计划，有的同学一丝不苟地做演讲笔记，有的同学起早贪黑地背课文。特别是我为了能让小组得第一，为了实现同学们的夙愿，中午也顾不上睡觉，精心地在网络上搜集有价值的资料并跑到好远的地方复印，以便及时交给同学们使用。星期天，我放弃了各种充满诱惑的活动，到少儿图书馆查资料做笔记。进去的时候还是阳光灿烂，但出来的时候已经是星光闪闪了，真是煞费苦心啊！

我们组的同学都付出了努力，都展示了自己的才艺，特别是郭三鑫同学在讲"日积月累"的时候，是多么驾轻就熟，读音是多么准确，分析是多么透彻而生动，俨然一个经验丰富的"小老师"。同时，我也做了精彩的演示，先是带大家做了生动而精辟的课前导读，接着我和同学一起把四篇课文精彩的段落都背了一遍，更与众不同的是我们还结合课文，有针对性地讲解了一些与课文有关的标点符号的运用和一些语文的小常识……但结果漂白了我们组同学的一切努力，我们组只得了第二名。

　　都说"男儿有泪不轻弹，只因未到伤心处"，还有什么比我们付出汗水，却得不到收获更伤心的事吗？想到这里我不禁潸然泪下，我们含着失望的泪水百思不得其解：为什么我们背得那么好还是得不了第一？为什么我们把课文讲解得那么生动却没有加分？为什么其他组的同学一样的背诵和讲解却加了分？为什么我们组有些同学丧失了往日的学习热情而令其他小组有机可乘……我们心里堆积了一个又一个谜团。老师似乎看出了我们的心思，热情地把我叫到他的办公室和我促膝谈心，并送我一首充满哲理的励志小诗，令我读后豁然开朗。我们再三思考这次失败的原因：主观上是老师忽略了我们讲课的几个细节没有加分，客观上是我们组会背诵课文的同学太少了，还有我们组进行课文讲解的时候也只有少数同学单打独斗，没有发挥集体的力量。

　　生活在继续，语文学习的路在继续，我们语文讲课比赛也将继续，如果我们不想重蹈覆辙，那我们就必须记住这堂充满启示的课。

　　从笔记和学生写的感受中，我们可以看出：单元整体自主学习让阅读不再有口无心，学生对教材的阅读深入了；为了解决课文阅读中遇到的问题，他们自觉将阅读延伸到了课外，并且还主动利用起社区资源，开展大量的真实的阅读活动。单元整体自主学习已将课内课外学习连成了一体，虽然是在课内进行的，但是，为了小组的荣誉，每一个学生课外也都铆足了劲儿，投入了学习，真可谓"不用扬鞭自奋蹄"。单元整体自主学习让我们看到了学生的巨大学习潜力，他们是向往自主学习的，稍加引导，他们就会乐此不疲，显示出惊人的学习能力并且不断创新学习方式。单元整体自主学习让后进生不再坐"冷板凳"，他们的学习有人帮了，学习成果有人分享了，受到了前所未有的重视。

　　下面列出的附1~8，是我们基于习得开展阅读教学的一些实证材料和案例。

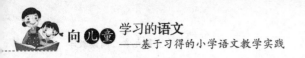
附1：阅读指导手册

书香阅读手册（三至四年级）

亲爱的同学们：

你们好！

生活里没有书籍，就好像天空中没有阳光；智慧里没有书籍，就好像鸟儿没有翅膀。书籍是开启智慧的钥匙，是人类进步的阶梯。因而我校启动了"打造书香校园"读书工程。

书海茫茫，为使大家有目的地诵读，学校编写了《书香阅读手册》，包括阅读要求、读书建议、检测和奖励办法、读书目录几部分内容。当翻开这本小册子时，你就会步入读书的殿堂，遨游在书籍的海洋中，领略古今中外的名家名作。学校将开展阅读活动，为你提供挑战自我、和朋友竞赛的平台。我们相信，有老师的指导，有家长的帮助，再加上自己的努力，你将成为"读书小博士""小书虫"，相信在读书的过程中你会感受到读书的乐趣，体验到收获的甜蜜！

读书吧，我们真心地希望聪明的你在读书的过程中有独立阅读的能力，注重情感的体验，有丰富的积累，形成良好的语感；爱书吧，我们热切地盼望睿智的你学会理解、鉴赏文学作品，受到高尚的情操的熏陶，丰富自己的精神世界，提高语文素养，培养自学能力。

"读书破万卷，下笔如有神。"希望大家在读书的过程中学语文，学做人；在生活中，以最真的心，最真的情，最清澈、明亮的眼睛，去思考，去探索，去发现，去收获！

最后，祝同学们在书海中体验成功，体味快乐，让读书成为习惯！

一、阅读要求

1. 中年级阅读要求

（1）完成学校规定的必背、必读、选读书目内容，学会利用图书馆、网络等多种渠道选择有益自身发展的书籍、刊物进行阅读，在读书的过程中体验情感，领悟内容，增强兴趣。

（2）读写结合，课内外结合，学会做读书笔记、读书积累，定期开展交流活动，提高阅读能力。

（3）课外阅读总量不少于50万字。从祖国传统文化中感悟立志、做人的道理，初步感受祖国传统文化的内在美。

（4）初步形成自觉读书的习惯，自定读书计划和目标，参与并能组织丰富多彩的阅读活动，提高综合能力。

2. 中年级读书建议

（1）选择书目由儿童版向少年版过渡，内容可涉及童话、名著精缩（少年版），含义比较深的寓言、名人故事、科普、科幻等。

（2）教师和家长要注重对学生自觉阅读习惯的培养，让学生利用好学校提供的阅读时间，另外还要充分利用课余时间，积极参与各项读书活动。

（3）掌握阅读方法，积累好词佳句、名言警句，写出高质量的读书笔记。

（4）初步学会选书、借书、购书、藏书、献书，实现资源共享，增强团队意识。

3. 检测与奖励办法

（1）随时采取抽签的形式检查必背的古诗词，检查必读书的朗读情况。

（2）每月评比读书之星、读书标兵，颁发奖状。

（3）定期评比优秀读书笔记、读书随笔、读书报，并在班级、年级专栏中展览。

（4）学期末评比读书博士、读书状元，颁发喜报，班内和年级进行读书汇报交流。

（5）学期末评选书香家庭，做经验介绍。

二、必读书目（表9-1）

表9-1　三至四年级必读书目列表

小学中段（三至四年级，10本）	文学	《千家诗》	谢枋得、王相/编选，李乃龙/译
		《三毛流浪记》	张乐平/绘
		《宝葫芦的秘密》	张天翼/著，丁午/图
		《安徒生童话》	（丹麦）安徒生/著，叶君健/译

续 表

小学中段 （三至四年级，10本）	文学	《长袜子皮皮》	（瑞典）林格伦/著，李之义/译
		《亲爱的汉修先生》	（美国）贝芙莉·克莱瑞/著，柯倩华/译
	科学	《奇妙的数王国》	李毓佩/著
		《让孩子着迷的77×2个经典科学游戏》	（日本）后藤道夫/著，施雯黛、王蕴洁/译
	人文	《林汉达历史故事集》	林汉达/著
		《书的故事》	（苏联）伊林/著，胡愈之/译

三、选读书目（表9-2）

表9-2 三至四年级选读书目列表

小学中段 （三至四年级，25本）	文学	《武松打虎》	刘继卣/绘
		《孙悟空在我们村子里》	郭风/著
		《让太阳长上翅膀》	金波/著
		《小英雄雨来》	管桦/著
		《戴小桥全传》	梅子涵/著
		《舒克贝塔航空公司》	郑渊洁/著
		《我是白痴》	王淑芬/著
		《雪花人》	（美国）马丁/文，阿扎里安/图，柯倩华/译
		《父与子》	（德国）卜劳恩/绘，洪佩琪/编
		《丁丁历险记》	（比利时）埃尔热/编绘，王炳东/译
		《爱丽丝漫游奇境记》	（英国）刘易斯·卡诺尔/著，王永年/译
		《柳树间的风》	（英国）肯尼思·格雷厄姆/著，任溶溶/译
		《彼得·潘》	（法国）巴里/著，杨静远/译
		《时代广场的蟋蟀》	（美国）赛尔登/著，傅湘雯/译
		《窗边的小豆豆》	（日本）黑柳彻子/著，岩崎千弘/绘，赵玉皎/译

续　表

小学中段（三至四年级，25本）	科学	《生命的故事》	（英国）维吉尼亚·李·伯顿著/绘，刘宇清/译
		《最美的科普·四季时钟系列》	（德国）雅各布/著，顾白/译
		《有趣的科学》	（英国）温斯顿/著，刘建湘/译
		《101个神奇的实验》	（德国）安提亚·赛安、艾克·冯格/文，夏洛特·瓦格勒/图，谢霜/译
		《我的第一本科学漫画书》	（韩国）洪在彻等/著，林虹均/译
	人文	《成语故事》	李新武/编
		《图说中国节》	大乔/编
		《讲给孩子的中国地理》	刘兴诗/著
		《希腊神话故事》	聂作平/编著
		《儿童哲学智慧书（第一辑）》	（法国）奥斯卡·柏尼菲等/著，乐迈特等/绘，李玮/译

四、教给你怎样读书

1. 合理安排读书时间

应该制订合理的读书计划，早、中、晚各安排一段时间，每天总阅读时间不少于半小时，要严格遵守计划的规定，并长期坚持下去。

另外，早晨是一天中读书的黄金时间，头脑最清醒，可以安排些背诵、复述任务；晚上一般较疲劳，可以阅读一些让人感觉较轻松的书籍。

2. 掌握一般读书程序

读书一般先看封面书名，再看内容提要、目录等，然后逐页阅读，边看边想，不懂之处做上记号，阅读全书后再理清条理，思考不懂的问题，掌握中心，最后写出读书笔记。读报也要讲究阅读顺序，即先要通看所有版面，略知全部内容后，再抓住重点细看，掌握文章内容。

3. 领悟读书要求

要求：①读书要求"眼到、心到、手到"；②读书要求不懂就问，勤于思考；③读书要和"说话"紧密结合；④读书贵在持之以恒。

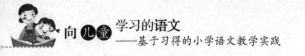

4. 掌握几种最基本的读书方法

精读、略读和浏览是最基本的读书方法。我们的任何一次课外阅读都应该根据实际情况合理地综合运用这些方法，学会在略读中穿插精读，以便提高我们的阅读效率，取得最佳阅读效果。

（1）精读法。精读法即字斟句酌的阅读方法，可以有效地帮助我们牢固掌握知识，提高思维能力，增强语言修养，理解水平达到70%或80%。

（2）略读法。略读就是以尽可能快的速度进行阅读，它不要求对文章的内容深入理解，可以有选择地省略文章的一部分，如某些段落、句子，而只掌握文章的主要意思，从而加快阅读速度。理解方面，只要求理解水平达到50%或60%就可以了。略读的关键是抓住段落的主要意思并尽可能保持较快的速度。

（3）浏览法。浏览法能扩大视野，丰富知识。有些文章不需深钻细研，有些书只需要知道个大概内容即可，有些书只需从中选择一些有用的资料而已，这时候阅读的主要方式是浏览。它的特征是翻看读物，首先看目录、开头或结尾和内容提要等（要养成习惯）；读报先看标题、栏目。在浏览的过程中形成粗略印象，借此选择图书、寻找资料，对于自己所需要的资料，详加研究，其他内容可采用略读形式。然后从头至尾浏览，力求迅速明确主要内容。

（4）速读法。速读法即不发言，不辨读，其特点是快，速读时可采用"扫视法"。学生在阅读一些童话故事、神话故事、语言故事等时常常采用速读，只要知道故事梗概即可。

五、掌握一些基本的积累方法

我们要想在课外阅读中收到实效，就要学会从书中汲取精华，学会积累。

（1）赏读成诵。我们在阅读的过程中对自己喜欢的，文质兼美的短文、片段要出声、入情赏读，直至诵记于心。

（2）做记号。对阅读材料中关键的或特别优美的词、句、段进行圈点勾画，以加深印象。

（3）做读书笔记。俗话说：好记性不如烂笔头。我们要养成写读书笔记的良好习惯。读书笔记包括摘录优美、精彩的语句或片段，写读后感，编写提纲等，这种读书方法，可以提高综合能力。

a. 摘录。阅读时应养成把优美的词、句、段摘抄到笔记本上的习惯，经常翻阅，可以不断从中学到作者遣词造句和描写事物的方法，对自己的写作大有益处。

b. 写读后感。有些文章读后特别令人感动，这时候可以将自己内心的真情实感表达出来，这样既能加深对原文的理解，又练了笔，能有效地提高自己的理解和表达能力。

c. 编写提纲。有些文章篇幅较长，语言文字相对平淡，但结构独具匠心，大家在理解其内容后整理出提纲来，从中可学到作者谋篇布局的方法，供日后参考。

总之，语文之塔不是一朝一夕构建的，没有日积月累，就没有坚实的语文功底，也就更不会有丰厚的语文素养。只要注重方法，勤于积累，持之以恒地阅读，我们就一定会很快地建起属于我们自己的语文之塔！

学生阅读记录表9-3。

表9-3　学生阅读记录表

周次	第　周	日期	月　日— 月　日	时间	
阅读书籍名			阅读数量	从　页到　页	
我收集的好词（至少八个，最好是四字词语）			我喜欢的佳句（不少于50字）		
印象最深的一件事情			最想介绍的一个人物		
读书后最想说的话或者提出的问题			家长评价		

附2：读科普读物

读书闯关我能行
《昆虫记》阅读闯关题

（选对一题得5分，得80分才能闯关成功哦！）

姓名：_____ 班级：_____ 得分：_____

用"√"选出正确答案。（每题5分）

1. 什么节腹泥蜂从不盖房子？

   A. 雄节腹泥蜂　　　　　B. 雌节腹泥蜂

2. "圣甲虫爱吃粪便，腐阎虫爱吃尸体。"这句话对吗？

   A. 对　　　　　　　　　B. 错

3. 阿布用什么捕猎了象鼻虫？

   A. 力气　　　　　B. 翅膀　　　　　C. 尾巴

4. 阿布捕回的象鼻虫是死的还是活的？

   A. 死的　　　　　　　　B. 活的

5. 砂泥蜂把卵产在夜蛾幼虫身上，是因为什么？

   A. 它的宝宝喜欢吃夜蛾幼虫　　　B. 怕宝宝被发现

6. 夜蛾幼虫有多少个体节？

   A. 12个　　　　　　B. 11个

7. 红蚂蚁吃饭要靠谁喂？

   A. 露西　　　　　B. 黑蚂蚁　　　　　C. 法布尔

8. 让苍蝇和食蚜蝇不敢出门的家伙是谁？

   A. 果蝇　　　　　　B. 高鼻蜂

9. 高鼻蜂的头号敌人是谁？

   A. 丽蝇　　　　　B. 麻蝇　　　　　C. 寄生蝇

10. 天牛家族的种类有多少？

    A. 只有几种　　　　B. 多达两万多种

11. 天牛的幼虫有耳朵和眼睛吗？

　　A. 只有眼睛　　　　　B. 只有耳朵　　　　　C. 都没有

12. 天牛幼虫在卧室里睡觉头朝哪儿？

　　A. 头朝里　　　　　B. 头朝外　　　　　C. 随便

13. 螳螂前足有多少根长短相间的锯齿？

　　A. 4根　　　　　B. 8根　　　　　C. 12根

14. 雄螳螂和雌螳螂都会飞吗？

　　A. 不会　　　　　B. 只有雄螳螂会飞

　　C. 应该是雌的会飞

15. 圣甲虫望着牛群，想着的美食是什么？

　　A. 牛粪　　　　　B. 羊粪　　　　　C. 马粪

16. 哪个国家曾经请圣甲虫清理草地？

　　A. 美国　　　　　B. 日本　　　　　C. 澳大利亚

17. 被法布尔称为"倔强的歌唱家"的是谁？

　　A. 蝉　　　　　B. 蟋蟀　　　　　C. 螳螂

18. 蟋蟀的卵像什么？

　　A. 黑点　　　　　B. 小酒桶

19. 蝎子尾巴第五节后面的葫芦里装的是什么？

　　A. 小宝宝　　　　　B. 食物　　　　　C. 毒液

20. 狼蛛、螳螂和虫虫飞虎队都和蝎子进行了比赛，最后得冠军的是谁？

　　A. 蝎子　　　　　　　　　B. 狼蛛

　　C. 螳螂　　　　　　　　　D. 虫虫飞虎队

21. 胡蜂的生命有多长？

　　A. 几个月　　　　　B. 几年

22. 花金龟芭比最喜欢什么花？

　　A. 月季花　　　　　B. 玫瑰花　　　　　C. 丁香花

23. 年轻的蜘蛛糖糖有电报线吗？

　　A. 有　　　　　B. 没有

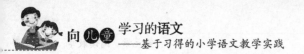

24.蝉的幼虫从树上来到地下，变成了若虫，然后要在阴暗的地下蛰伏多长时间才能长成成虫？

　　　A. 4个月　　　　　　　B. 4天　　　　　　　C. 4年

附加题。（5～100分）

读了《昆虫记》，你觉得最有趣的是什么？

　　　A. 红蚂蚁　　　　　　B. 花金龟　　　　　　C. 胡蜂

　　　D. 蝗虫　　　　　　　E. 圣甲虫　　　　　　F. 天牛

　　　G. 蟋蟀　　　　　　　H. 蝎子　　　　　　　J. 蜘蛛

　　　K. 螳螂　　　　　　　L. 麻蝇　　　　　　　M. 蝉

它最有趣的一点是_____

_____。

附3：读故事系列

《不一样的卡梅拉》阅读闯关题

（选对一题得5分，得80分才能闯关成功哦！）

姓名：＿＿＿＿　班级：＿＿＿＿　得分：＿＿＿＿

用"√"选出正确答案。（每题5分）

1. 卡梅利多、卡门和贝里奥一起去采蘑菇，贝里奥采的蘑菇是好吃的还是有剧毒的？

　　　A. 好吃的　　　　B. 有剧毒的

2. 男爵骑自行车撞到树上，结果怎么样？

　　　A. 自己摔哭了　　　　　B. 忍着疼，仍很有礼貌

3. 追赶三个小伙伴的田鼠普老大后来撞到了什么？

　　　A. 自行车上　　　　B. 大树上　　　　　C. 卡门

4. 公鸡爷爷对卡门等给煎的虫子是什么态度？

　　　A. 喜欢　　　　B. 讨厌

5. 罗西奶奶从小喜欢什么？

    A. 吃虫子   B. 田鼠   C. 吹风笛

6. 谁说的魔法咒语是对的？

    A. 男孩   B. 卡门

7. 刺猬尼克头上的"假发"是什么？

    A. 足球   B. 鸟巢   C. 裙子

8. 绵羊踩着谁的背打开了笼门，放了卡门他们三个？

    A. 胖猪   B. 驴子

9. 卡门、卡梅利多是卡梅拉和谁的孩子？

    A. 皮迪克   B. 雷夫   C. 佩罗

10. 卡门他们找到了克鲁马努鸡的羽毛了吗？

    A. 找到了   B. 没找到

11. 巨大树妖的头儿要找什么？

    A. 奶酪   B. 小刺猬   C. 金羊毛

12. 贝里奥被怪物装在了哪里？

    A. 房子里   B. 麻布口袋中   C. 篮子里

13. 流浪猪为了混进鸡舍做了什么？

    A. 装着被球砸晕   B. 硬冲进鸡舍   C. 装死

14. 被塞在阁楼上的公鸡爷爷是谁救出来的？

    A. 小刺头   B. 小胖墩   C. 卡门

15. 天下第一猪形象出自哪里？

    A.《动物庄园》   B.《三毛流浪记》   C.《小猪唏哩呼噜》

16. 公鸡爷爷说哪一年鸡舍绝不能漏雨？

    A. 狗年   B. 羊年   C. 鸡年

17. 大力士是在谁的指导下做到集中精神、控制力量的？

    A. 卡门   B. 普老大   C. 宙斯

18. 卡梅利多、小胖墩和卡门都爱上了罗西娜，是吗？

    A. 是   B. 不是

19. 小胖墩和卡梅利多为了得到罗西娜的爱想的办法谁的好?

　　A. 小胖墩　　　　　B. 卡梅利多　　　　C. 都不好

20. 小胖墩的特里斯坦之水最后被谁喝了?

　　A.国王　　　　　　B. 小偷豪猪　　　　C.罗西娜

21. 贝里奥看见的六只贼亮的眼睛是谁的眼睛?

　　A. 三只田鼠　　　　B. 天上的星星

22. 爱丽丝梦里的主角先是卡梅利多,后来换成了谁?

　　A. 卡门　　　　　　B. 田鼠　　　　　　C. 贝里奥

23. 小胖墩爬上屋顶是为了什么?

　　A. 好吃的　　　　　B. 看风景

24. 读了那么多本《不一样的卡梅拉》,你觉得这套书中的谁你最喜欢?

　　A. 卡梅拉　　　　　B. 皮迪克　　　　　C.卡梅利多

　　D. 小胖墩　　　　　E. 卡门　　　　　　F.公鸡爷爷

　　G. 贝里奥　　　　　H. 其他

附加题:(5-100分)

读了《不一样的卡梅拉》,我觉得我最讨厌书中(　　　)。

　　A.普老大　　　　　B. 豪猪　　　　　　C.佩罗

　　D. 流浪猪　　　　　E. 克拉拉　　　　　F. 埃及法老

　　G. 其他

你觉得他最讨厌的原因是＿＿＿＿＿＿＿＿＿＿＿＿＿＿＿＿

＿＿＿＿＿＿＿＿＿＿＿＿＿＿＿＿＿＿＿＿＿＿＿＿＿＿。

附4: 用课文教语文

《一件运动衫》课堂实录及点评
(原人教版课文)

师:同学们早上好!

生:老师早上好!

师:真机灵! 昨天我们见过面了,看老师今天跟昨天有什么不一样?

生：老师今天换衣服了！

师：看到老师换了衣服的同学请举手。

生举手。

师：凡是能看到老师换了衣服的都是有爱心的同学。老师这是"皇帝的新衣"，有爱心的同学才能看到（生笑）。当然这是老师说笑话。其实，发现老师换了衣服，就说明在关注老师，有了关注，才会有关心，才会有关爱。生活中，正是这种关爱编织了一个又一个动人的故事。今天我们就来学习一篇课文——《一件运动衫》（板书）。昨天老师没有告诉你们上哪一课，是相信你们能当堂学好这篇课文，齐读课题。

生齐读。

师：请同学们打开书172页，快速读课文，看谁既读得快又记得多。

生默读，师行间巡视。

师（小声插话）：默读是最快的读书方法，而且便于思考。

师：好了，很多同学已经读完了，能坚持读完的同学值得表扬。大家请看站起来的两名同学，他们在读书的时候，手中不仅拿着笔，而且不时在书上画一画、标一标，这种读书习惯很好，很值得大家学习。请这两名同学坐下。

师：下面老师了解一下大家的读书情况。课文写了哪几个人？

生：写了"我"和康威老先生。

师：还有吗？

生：小男孩和他的爸爸。

师：还有吗？

生：还有妈妈和售货员。

师：那么这些人当中，哪两个是最主要的？

生："我"和康威老先生。

师：请你把这两个人的名称写在黑板上，注意把字写好。

生上黑板写。

师：课文还写了哪些东西呢？

生：一件红色的运动衫、小狗。

师：还有吗？

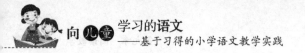

生：还有鞋子。

师：还有吗？

生：还有袜子、车等。

师：真仔细，这些东西中，哪两样是最主要的？

生：运动衫和鞋子。

师：同意吗？

生：同意！

师：请你把这两样东西板书到黑板上，注意和上面同学写的人对齐。

生板书。

师：谁能看着黑板来说说课文的主要内容？

生：课文讲"我"的邻居康威老先生让"我"去帮他修鞋子，"我"在康威老先生家看到一件运动衫非常好看，"我"回家向妈妈要了3美元，到了商店毫不犹豫地买了一件穿上了。可是修鞋的人说康威老先生的鞋坏得不能再修了。我不忍心看到康威老先生没有鞋穿，就用运动衫和康威老先生给的1美元45美分为康威老先生换了一双鞋。

师：只读一次就能说出课文的主要内容，而且说得这样完整，真了不起！请坐，谁还能简单地说一说？

生：课文讲"我"用自己心爱的运动衫为康威老先生换了一双鞋的事。

师：真棒！一下子就抓住了最主要的内容。课文的细节是不是也记得这样好呢？请看投影。

康威老先生　邻居　年事已高

师：能根据这几个词语说一说康威老先生吗？

生：康威老先生是"我"的邻居，他年事已高。

师：还可以怎么说？

生：年事已高的康威老先生是"我"的邻居。

师：非常好！老师是不是年事已高啊？

生：不是。年事已高是指年龄很大的人。

师：再看投影。

"我"　大角麋鹿　毫不犹豫　运动衫

师：说一句话。

生：到了商店，"我"毫不犹豫地买下了那件印着大角麋鹿的红色运动衫。

师：说得有点犹豫。

生：到了商店，"我"毫不犹豫（加重语气），买下了那件印着大角麋鹿的红色运动衫。

师：这次不犹豫了，再看投影。

售货员　和颜悦色　鞋子

生：售货员和颜悦色地说"我见过那位老先生，他常想要双软点的鞋子"。

生：售货员和颜悦色地给"我"拿了一双鞋子。

师（演示图片）：这是和颜悦色吗？

生（齐声）：不是！

师（继续演示图片）：这个呢？

生：这个是！

师：再看投影。

"我"　一本正经

康威老先生　失望

崭新　面颊　泪水

师：这么多词语，好像越来越难了，谁敢挑战自己？

生："我"一本正经地对康威老先生说"吉特勒先生说你的鞋坏得不能再修了"。康威老先生听了并没有失望。当"我"把崭新的鞋子展现在他面前的时候，他的面颊上流下了泪水。

师：不简单，这么难都能说得这样好！老师也说一下，你们看说得怎么样。（嘻嘻哈哈地）"我"回到那间熟悉的小屋，一本正经地对康威老先生说"哈哈，你的鞋坏得不能再修啦！"

生：不能这样说。您前面说了一本正经，下面说话的语气不对。

师：那应该是什么语气？

生：应该是认真、严肃的语气，因为您已经说了是一本正经地说。

师：我们不仅了解了文章的主要内容，而且对细节记得也这样好，说明我们五（5）班的同学很会读书。刚才有同学说"我"是用心爱的运动衫来换鞋的，课文哪里说了这是"我"心爱的运动衫呢？读课文找证据。拿起笔来，把文中说"我"喜欢这件运动衫的句子画下来。一共有四处，注意找全了。

生边读边画。

师：画好的同学练习一下朗读，读出喜欢的感觉。

几分钟后——

师：按顺序来，谁读第一处？

生："这时，小男孩身上的红色运动衫引起了我的注意。这是我见到的最漂亮的一件运动衫，前面印着一只蓝色的、仰着头的大角麋鹿。"

师：不是太喜欢！

另一生再读，强调了"最漂亮"。

师：为什么把"最漂亮"读得这么重？

生：因为"最漂亮""我"才喜欢。

师：第二处谁来读？

生："我大着胆子上前，问小男孩运动衫是在哪儿买的，多少钱一件。"

师：你说说看，这句话中哪些词语能说明"我"喜欢？

生："多少钱一件。"

师：再读读，其他同学可以帮一下他。

生：应该是"大着胆子"。

师：对，你再读读，注意"大着胆子"。

生读。

师：好的。第三处？

生读，突出"一边走，一边想着"和"有多棒"。

师：不错。第四处？

生："到了城里，我先到小男孩告诉我的那家大商店，找到挂着那种运动衫的柜台，毫不犹豫地用3美元买了一件，一出商店我就穿上了，心里充满了自豪。"

师：基本读出了喜欢，注意"先""一出商店就……"齐读。

生齐读。

师：是啊，"我"是多么喜欢这件红色的运动衫啊，可是……

（出示投影："我"是多么喜爱这件红色的运动衫啊！可是……）

生："我"是多么喜欢这件红色的运动衫啊，可是"我"不能看着康威老先生没有鞋穿。

生："我"是多么喜欢这件红色的运动衫啊，可是"我"一想到老先生在家里赤着脚等着这双鞋，"我"就不忍心。

生："我"是多么喜欢这件红色的运动衫啊，可是"我"的邻居康威老先生这双鞋没法修了，他现在正赤着脚在家等着"我"拿着修好的鞋给他穿呢。

……

师：想到这里，于是"我"又一次站到了商店门口。请看投影。

我又一次站在商店的门口，把运动衫脱下来走进了商店。

我向售货员说明为什么要买一双鞋：

看投影上的这两段话与课文中的句子有什么不同？

生：书上的第二句后面是句号，您的是冒号。

师：老师的为什么是冒号？

生：您是想让我们把说明了什么写出来。

师：那书上为什么用句号呢？

生：书上是故意不写的，是想让我们去想。

师：书上是留下空白！

生：书上是省略，因为前文已经说了，一读就明白了，不需要说了。

师：好的，给这两名同学掌声！那么我们来说明一下好不好？谁来做文中的"我"？老师来做售货员，我们来演一下。

师：小朋友，你怎么又回来啦？你不是很喜欢这件运动衫吗？

生：是的，我很喜欢这件运动衫，可是我手里的这双鞋已经坏得不能再修了，他是我的邻居康威老先生的，他现在正赤着脚在家里等我拿着修好的鞋回去，我这样回去他会伤心的。我不能这样做，我想用这件运动衫，加上老先生的1美元45美分换一双新鞋给老先生可以吗？

师：你真是个有爱心的孩子。但是我问你，你换了不后悔吗？

生：不会的，帮助别人怎么会后悔呢？

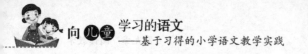

板书设计：

《一件运动衫》

我　　　康威老先生

鞋子　　　运动衫

（本课例发表于《小学教学》2010年第五期，福建省特级教师曾扬明先生对本课例的赏析发表于《语文教学通讯》2018年第十二期）

【相关评价】

上海师范大学教授、著名语文教育专家吴忠豪先生评价这节课：

这是一个很有创意的课例，我很赞赏你的语文教育思想。此课例最大的特点是将课文思想内容的理解与语言表达有机地结合起来，在表达运用的过程中实现对课文内容的理解。整堂课用于学生表达训练的时间非常充分，改变了语文课理解一枝独秀、表达训练被边缘化的不正常倾向，提高了语文教学的有效性，设计很有新意，也值得提倡。

福建省名师、小学语文特级教师曾扬明先生对这节课的评点：

语言习得，拿什么内容来呈现

——著名特级教师许彦达《一件运动衫》教学赏析

语文课让学生学什么？语言习得，这应没有什么争议。语言习得即在广阔的语言环境中无意识地吸收语言材料，潜移默化地发展自己的语言。那如何呈现其教学内容呢？也就是说如何把静态的语言以动态的形式呈现在学生面前呢？我们的阅读课正是要提供这种广阔的语言环境，许老师的"习得"理念让我们大开眼界。我们不妨看看许老师的《一件运动衫》经典课例。

一、以训练的方式呈现内容：拎住关键词

"训练"一词曾被贬为"陈旧、传统"。然而，学生语言能力的提高，不训练怎么实现？

课文是什么？课文写了什么？看似陈述性知识，许老师却突破传统的训练方式，独具匠心，"训"少"练"多。陈述性知识的特点在于"是什么"，"是什么"不是"知道"即可以实现的，必须在"知道"后用它一回两回，才能实现。这里的关键是"用"，即把知识用于实践。这种在知识教示下的

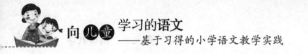

"用"，即训练。

许老师抓住文中的关键词，目的是让学生把零散的"部件"——词语，依学生在脑海里的阅读图示，重新组合后，用自己的语言表达出来。这种训练模式通过实践来把握课文主要内容，是一种最有效率的教学法。它之所以最有效率是因为较之"课文写了谁？做了什么事情"来概括内容，它有明确的定向，较之理性的分析和讲解，它有具体的运用。这种训练使语言实践即刻得到落实，形成能力。

二、以案例的形式呈现内容：扣住语料细节

课文中的每个细节，在教学上都可以把它当作案例。它有两个特点：第一是有"案"，即一定的言语事件；第二是"例"理，这个语言事件是用来说明一个道理的。案例教学既有事件的呈现，也有关于这一事件的规律的提示。

许老师扣住"康威老先生年事已高""买运动衫""送康威老先生鞋子"等细节。显然，许老师不是随意抓取，而是别有风格。一般教师的教学内容呈现方式是出示教学片段—品读片段—体验悟情。许老师没有忘记儿童的语言能力，在处理这几处关键细节时，以习得语言的"语料"呈现给学生，学生读后说，说后又读，"说"中语言实践，"读"中语言理解。如"一本正经""毫不犹豫"，在语境中读出意思，读出感情。

许老师的这三个细节则是教学的三个案例，回避了传统的片段出示，主要目的是学生语言经验的习得和积累。积累不是单纯的孤立的词语积累，而是在学生语言传达中文道统一的、内容和形式一体的成块语言的积累。成块语言的积累不仅积累了语境中的动态词语，而且从语言运用的分寸感、和谐感、情味感方面综合收益，有利于提高语感能力。

三、以体验的方式呈现内容：掘出空白处

以体验为主要途径的内容呈现，关键是创设某种情境，让学生对这些语言事件"有感觉"。这一情境，大多在课文中的空白处，如何处理呢？学习母语最大的特点就是在母语环境中通过使用母语来提高听说读写能力，这一过程在语言学理论中被称作母语习得。学生学习语言，说到底，就是为了运用母语更好地生活。因此，学习语言就要遵循母语的习得规律，在实践中学习，在实践中提高，许老师的这个教学片段就是在实践中的经典演绎。你看，学生明白

"我"喜爱运动衫后，许老师突然来了一个峰回路转——"可是……"诸多空白处，这是学生实践语言表达的时机。许老师明白，老师有责任帮助孩子让这些空白处"死而复活"释放能量，融入学生的血肉，变成学生的财富，于是让学生在想象中表达。许老师让学生情境性接触，学生和老师分别承担角色，表演、体验，在具体的作品中亲身经历过对课文的阅读与理解，而不需要脱离作品对人物的情感进行抽象概括。因此，体验通过直觉的方式，直接把这些语料事实积淀在主体内部。

附5：让学生读出自己的见解

《挑山工》教学实录

一、以学定教

师：昨天我们画了这一课的词语，要求理解并提前抄写，课文读了吗？

生有的说读了，有的说没读。

师：那再认真读两遍。

生读书，教师巡视——督促学生迅速进入读书状态，表扬那些读得认真投入的学生。

师：谁来读给大家听听？（指名分自然段读课文）

生读第一自然段。

师：读得很正确，也很顺，但从你的读中，大家都听出你还不是很理解这一段。你读书的时候不少同学听得很认真，这既是对你的赞扬，也是他们会学习的表现。他们一定在听读中又听出许多新的东西。谁接着读？

生读第二自然段。

师：你读得真好！同学们从你的读中听出你你读懂了这一段。请坐。接下来——

生读第三自然段。

师：几个字的音没读准。像"马""岭"两个字单个出现你一定不会读错，但在文中你读成了第二声，什么原因？刚才两遍没有用心读没把它们读顺，是不是？（生点头）像"咧"是第三声，你读成第二声，是受平时方言的

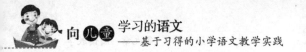
干扰。以后要看准了读，再用点心，好吗？也请坐。接下来——

生读第四自然段。

师：问句读得好。接下来——

生读第五自然段。

师：挑山工说话的语气读得很逼真，说明你很会读书。好的，请坐。你接着往下读。

生读第六自然段。

师：以后读书声音要大点，因为你和你的声音很重要，大家都想听到。最后一段想读的都来读。

全班学生都一齐读起来。

师：味道不对啊！再来一次吧。

生又读，这一次好多了。

师：同学们，我们已经读了三遍课文了，读了课文你读懂了什么？

生：我读了课文知道了挑山工的工作是很辛苦的。

师：是啊！

生：我知道了喝山泉水牙齿很白。

师：是吗？你要是在那里每天就不用刷牙了是不是？（据家长反映该生不爱刷牙）

众生笑。

生：我知道了挑山工走路是怎么保持平衡的，他们是靠一条胳膊甩来甩去保持平衡的。

二、变师问为生问

师：对。我从你们刚才的汇报看出你们还没有来得及触及课文深层的东西。不急，下面再给你们五分钟时间，你们再读一下课文。课文的作者游览泰山，发现了挑山工，完成了一次奇妙的精神之旅，让我们也走进课文，透过语言，去向作者问一问。然后，想一想如果你是老师，来教这篇课文打算提什么问题让学生答？

生读书。

师插话：看谁在较短的时间里读的效果最好。（不少同学很投入）

师：好，时间到了。谁第一个来当老师，向大家提问题？

生：我要是老师，我会问挑山工为什么走的路长又挑着东西，还比游人走得快？

师：这是个很有价值的问题，你这个老师当得好。哪位同学能回答？

生：因为游人走走看看，而挑山工一个劲地走。

师：这个问题课文里有答案吗？

生：有，第二自然段就说了。

师：你读读。

生读。

师：对啊，大家一起读读。除了第二自然段还有吗？

生：还有，挑山工说的话也回答了这个问题。（生读）

师：这个问题弄明白了吗？

生齐：明白了。

师：还有哪位老师要提问题？

生：我要是老师我会问"我"为什么要画下挑山工并把它挂在书桌前，并说需要它？

师：你也是个好老师，你这个问题问到点子上了，很好！哪位同学接受挑战？

生：这很简单，是因为"我"需要挑山工的精神。

生："我"需要挑山工的坚持精神。

生："我"需要挑山工不怕困难的精神。

生："我"需要挑山工坚强的意志。

生："我"需要挑山工说的哲理。

师：已经下课了，下节课再接着研究吧！

三、变问答为书写

师：好上课了。同学们上节课对叶老师的问题都有了自己的答案，很好！那么这个哲理是什么呢？作者没有写出来。我们能不能帮作者一下把它写出来？

生：能！

师：这么有信心？这样，我们每个人把它写下来。写下来的话就不能太随便，要写得美一点，因它是哲理！提示一下（板书：目标快慢），挑山工和游人的目标都是一样的，是什么？

生：登上山顶。

师：那么一个看起来快却慢，一个看起来慢却快。老师只能提示到这儿，写吧！

生写。师巡视中插话：看谁写得独特，写得美。

几分钟后——

师：谁第一个来读自己写的哲理？曾仁亮！

曾：在你认为你做出超过别人的事时，往往已经有人超过你了。

师：真是一个哲理，把它写在黑板上。曾仁亮就是曾仁亮，他往往很独特，有个性，有创造！还有谁写得跟他不一样？梁文杰！

梁：踏踏实实地走，终有一天会走到终点。

师：也写到黑板上。（师转向黑板）写好后写上自己的名字，对，再加上中国，用括号。

（众生笑，一生举手）

师：好，你说。就要这样，写好就要说。

生：不管是谁，不管是走得快还是慢，只要目标明确、坚持不懈就能取得好的成就。

师：也好，写到黑板上。我知道有的同学写好了，不愿与同学分享，大家看看哪位同学会写得好，推荐一位，我也推荐一位，比比看，哪个推荐得好，你们先来。

生（情绪高昂）：张露丹，张露丹！

师：好，有请张露丹！

张：专心致志的人一定比三心二意的人先达到目标。

师：还是你们有眼光，写得真好。也把它写到黑板上，别忘了写上大名。（转向大家）我推荐谁呢？金鸿琨，快快帮老师这个忙，给老师争口气，要比过张露丹。

金：就写好。

师：其他同学也可以自告奋勇。金鸿琨你直接到黑板上写吧。

（一生举手）

师：你要说？

生：老师，写得很长可以读吗？

师：可以！

生：这好比学习，学得慢的人要是能够坚持认真学，就一定能学好。相反，学得快的人如果自以为自己聪明，就一边学一边玩，那也会学不好，学不过学得慢的人。

师：好啊！几句朴素的话却包含着意味深长的哲理。

（部分生笑，师看黑板。有生小声议论金丢字了。）

师：我相信金鸿琨写好后会检查的。

（金写好，师提醒检查，金把"人"补上。）

学生齐读：因为自己基础比别人好，而以为能一步登天时，这往往是失败的关键。（该生学习基础好。）

师：建议把"关键"改为"原因"。黑板上写的都是名言，而这些名言都是根据课文写出来的。（指黑板）

四、变"我需要"为生需要

师：好了，我们一起来读读他们写的这些富有哲理的话。

生齐读。

师：（指黑板）我要把曾仁亮的名言送给杨杰威等同学，因为他们需要，建议你们把它挂在书桌前（众生笑）；我要把张露丹的名言送给金田等同学，也建议你们把它挂在书桌前；我要把梁文杰的名言送给我自己，因为我从中发现了我比较笨但只要踏实，也能走到终点，我要把它挂在书桌前（生大笑）；我要把金鸿琨的名言送给像金鸿琨一样的人，也愿他们把它挂在书桌前。最后让我们再读读这些至理名言。

生读。

师：孩子们，1997年老师在登泰山时就看到了挑山工，而且想到了这篇课文。当我累得气喘吁吁不想再登时，是挑山工给了我启示和继续攀登的力量。我想这也是作者写这篇文章的原因。

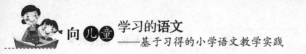

学习的语文
——基于习得的小学语文教学实践

今天我们虽然没登真的泰山，但是我们却登上了精神的泰山，有了这座泰山，我们一定能看到辉煌的日出！

（本课例发表于《小学教学》2007年第九期）

附6：互读见义解疑难

李白三首送别诗的整合教学

教学《赠汪伦》：

师：同学们刚才读了诗，借助注释对诗的意思有了初步的理解，你们说说有什么感受。

生：我觉得李白与汪伦的感情很深。

师：告诉老师，你是从哪里感受到的？

生：我从"桃花潭水深千尺，不及汪伦送我情"这句诗看出来的。

师：坐在下面的同学有和他一样感受的请把手举起来。

全班学生几乎都举起了手。

师：诗是要读的，哪位同学能用读来告诉大家李白和汪伦之间的感情的确很深？

生：桃花潭水深千尺，不及汪伦送我情。

师：深，但还不够。

生：桃花潭水深千尺，不及汪伦送我情。

师：李白和汪伦之间的感情真深啊！你读得太好了。同学们一起读读好吗？

生齐读。

师：李白和汪伦的感情如此深厚，但是细心读读这首诗的前两句似乎有点问题。你们读读看是不是有问题。

生读。一会儿工夫有几个学生举起了手，而且脸上洋溢着发现的喜悦，急于要把自己的发现说出来。

师：你发现了什么问题？

生：李白和汪伦之间的感情那么深，汪伦怎么到李白上船都要走了才来送呢？

132

（说明：这里原本要引导学生抓住"忽"来体会，从而让学生感悟出问题，不想学生一子就提出来了。）

师：你真会读书，一下子就读出了一个很有价值的问题。老师要向你学习。据说李白这次来桃花潭游玩是汪伦请来的。李白在汪伦家住了好几天，汪伦每天以美酒款待，还送钱财给李白花。可见汪伦对李白也是一往情深。那么，到底是什么原因使得汪伦这么迟才来送行呢？书上没写，资料也查不到。下面，就请同学们大胆地猜一猜可能有哪些原因。

生：我想可能是汪伦去买礼物给李白来迟了。

师：嗯，合情合理，有这个可能。就这样想。

生：我想可能是汪伦昨晚和李白饮酒多喝了几杯，早上睡得太沉了，起晚了。

生：我想可能是汪伦想要用这种方法给李白一个惊喜。

生：我想可能是汪伦想通过这种方式给李白留下一个很深的印象，让李白记住他。

生：我想可能是汪伦舍不得李白走，很伤心才来迟的。

生：我想还有可能是李白不想麻烦汪伦，就悄悄地走，汪伦才来迟的。

师：刚才几位同学都是从汪伦的角度来说的，你能从李白的角度考虑，有创意！

生：也可能是李白在汪伦家住得久了，很不好意思，想走，可汪伦又拼命挽留他，他没办法就偷偷地走，结果还是被汪伦发现了。

师：从你们种种猜想中，老师看出了李白和汪伦之间的感情的确比桃花潭水还深。也正因为这样这首诗才成为千古名篇。让我们再次深情地朗读这首诗。

生有感情地朗读。

都说孩子的创造力是惊人的、潜力是无穷的，这种说法在这一教学片段中得到了充分的体现。《赠汪伦》一诗本身文字浅显，情趣盎然，教师的着重点不在如何理解诗句上，而是巧妙设计了一问："细心读读这首诗的前两句似乎有点问题"，便引发了孩子们生动丰富的想象，入情入理，妙趣横生，充分利用了自己的生活经验，将若干年前的一对好友演绎得呼之欲出、活灵活现。李白与汪伦的深情厚谊，不用教师讲解一句，学生便心领神会，"送我情"之深

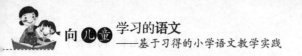

通过"忽闻"的踏歌声尽得风流。（纪诺亚）

教学《黄鹤楼送孟浩然之广陵》：

师：读一读课题。

生读。

师：很好，都读正确了。这是一首送别诗，题目中就有个"送"字。哪位同学能围绕这个"送"提一提问题？想想可提什么问题。

生：谁送谁？

师：真聪明，我把这个问题记下来。（板书）谁接着提？

生：在什么地方送？

师：好的，也记下你的问题。

（板书：在哪儿送）

生：什么时候送？

师：也不错，也记下。

（板书：何时送）

生：怎么送？

师：太好了。这是个最棒的问题。（板书）

生：送到哪？

生：为什么送？

师：同学们真不简单，围绕一个词提了这么多问题。这些问题的答案就在这首诗里，同学们读读诗，把答案找出来。把答案找出来了，这首诗也就读明白了。边读边想边看注释，看谁读得快。

大约6分钟后。

师：都读明白了？

生：读明白了。

师：（指板书上的问题）谁第一个汇报？

生：我弄明白了"谁送谁"这个问题，是李白送孟浩然。

师：其他同学同意吗？（生同意）等会儿坐下，说说你从哪儿读明白的，好吗？

生：我是从题目中知道是送孟浩然的。诗是李白写的，说明是李白送孟浩然。

师：很会读书，做到了边读边想。说得也清楚极了。谁接着来？

生：我读明白了"何时送"这个问题，李白是在三月送孟浩然去扬州的。

师：很好，能说说是什么样的三月吗？

生：嗯，是烟花三月。

师：什么样的三月叫烟花三月呢？老师还不太明白，能告诉老师吗？

生：是百花盛开的三月。

师：百花盛开用得好。谢谢你，我明白了。还可以说是什么样的三月？读明白这个问题的同学可以继续告诉我。

生：我来，是细雨如烟、繁花似锦的三月。

生：是百花齐放的三月。

生：是细雨蒙蒙、花红柳绿的三月。

生：是阳光明媚的三月。

生：是细雨绵绵、柳暗花明的三月。

生：是百花争艳、鸟语花香的三月。

师：老师真佩服你们！你们用了这么多的好词语。你们头脑中的三月这么美，都是从哪个词读出来的？

生：是从"烟花"这个词读出来。

师：你们告诉老师一个读书的好方法就是读书要展开想象。再次谢谢我们芳村小学的同学们。下面继续汇报。

生：我读明白了在哪送，是在黄鹤楼。

师：从哪里读出来的？黄鹤楼又在哪里？

生：我是从题目和第一句诗中知道的。我还知道，黄鹤楼在扬州的西面，孟浩然是从西面的黄鹤楼出发到东面的扬州去，而且是顺流而下。

师：你读得好，注释看得好，想得也好。你是看了第一条注释才知道这么多的是吗？

生：以前我看过地图，与扬州比，湖北在长江上游。

师：你还能调动自己仓库里的知识来学习，好方法啊！谁接着汇报？

生：我读明白了怎么送的这个问题。

师：这个问题最难，说说看。

生：李白是站在那，看着孟浩然乘坐的小船走远了，看不见了才离开。

师：你从哪儿读出来的？

生：从书上的插图可以看出来。还有，第三句诗说"孤帆远影碧空尽"，就是说小船走远了，看不见了。

师：这么难的诗句你都能读明白，老师快下岗了。（众笑）坐下，把机会留给同样读明白这个问题的同学好吗？刚才这位同学说李白看着老朋友的小船走远了，看不见了，那小船到哪儿去了？

生：小船越走越远，最后连影子都走到天空里了。

师：怎么会到天空里呢？

生：因为远处水天相接，给人的感觉就好像小船走到天空里了，其实是不可能的，是走远了。

师：老朋友的船走远了，看不见了，李白也该回去了吧？

生沉默了一会儿后，有人举手。

师：那位同学你有什么想说的？请说。

生：我觉得李白并没有走，因为诗最后一句说"唯见长江天际流"，"唯见"就是只看见的意思，说明李白还看了一会儿长江的流水。

生：对，李白没有马上就走，而是看了很久才走。

师：李白和孟浩然的感情真深啊，我们送一般的朋友，只送到家门外就回去了。李白对孟浩然真是……

生三三两两说出了下列词语：依依惜别、一往情深、难舍难分。

师：是啊，让我们再次读读这首诗体会一下这深情厚谊。

生读。

师：最后两句读得稍微慢一点。

生再读。

师：下面谁能把黑板上这几个问题的答案连起来说说？注意要先想好怎么说，要说得美一点。每个同学在下面先说给同座位听一听。

生与同座位互说。

师：谁第一个来？

生：在美丽的阳春三月，李白在黄鹤楼送孟浩然去扬州。孟浩然的小船已经走远了，看不见了，李白还呆呆地站在那儿，看着长江流个不停。

师：就这样说，建议把第一个"在"去掉，就说美丽的阳春三月。谁再说？

生：花红柳绿、鸟语花香的阳春三月——

师：太好了，用了三个好词，继续说下去。

生：花红柳绿、鸟语花香的阳春三月，李白在黄鹤楼送老朋友孟浩然到美丽的扬州去。孟浩然乘坐的小船已经走远了，最后连影子也看不见了，只能看见长江的水不停地流淌，李白却还站在那目送着。

（此处略去三名同学发言）

师：说得好，更说出了浓浓的惜别之情，老师为你们成为李白的知音而高兴。为了让同学们更进一步了解李白、了解唐诗，老师再补充一首李白的诗。（投影出示李白的《金陵酒肆留别》）这也是一首送别诗，同学们读读，特别要注意这首诗的最后两句，看看这两句对你读前面那首诗有什么启发。

附诗：

风吹柳花满店香，吴姬压酒劝客尝。

金陵子弟来相送，欲行不行各尽觞。

请君试问东流水，别意与之谁短长。

生读了一会儿。

师：这首诗对读前一首有启发吗？

生：我想李白这首诗的最后两句也可以用在前一首诗中。

师：怎么用？

生：因为李白对老朋友孟浩然的深情也像这长江水一样长。

师：是啊，有不少研究李白诗的专家也是这样看的，你也成专家了。下面让我们再深情地读一读前一首诗。

生深情地读诗。

师：同学们，第一首诗汪伦是以歌声送朋友，这首诗李白是以什么来送朋友的呢？

生：李白是站在那里目送朋友的。

师板书：以目光相送。

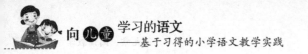

师：这节课我们读了两首李白的诗，你们有什么话要说吗？对李白说、对我说都可以。

生：李白真了不起！

生：李白的诗写得太好了，写得很有味儿！

生：李白对朋友很真诚！

生：老师，您今天让我们读懂了两首诗，我感到我们是把诗读到心里去了。我们谢谢您！

师：老师也谢谢你们！既然这样我们今天的任务也就完成了，下课吧。

苏轼谓摩诘"诗中有画，画中有诗"，李白的这首《黄鹤楼送孟浩然之广陵》又何尝不是一幅色彩绚丽、意境深远的中国画。小学古诗词教学的一个重点便是让学生通过对诗句的理解，能在头脑中浮现诗词所要表现的意境、情景。这节课最大的成功便是教师不但引导学生用优美的语言勾勒出一幅幅美不胜收的图画，听课教师，包括读到此课堂实录的人都由学生的描述仿佛看到了那三月的烟花，那滔滔的长江，那惜别的友人，那远去的孤帆，那江边深情的身影。

此外由一个"送"字引领全诗，由一个"烟花"想象三月，由一个"唯见"体会情深，以及最后的补充、综合感受李白送别诗的特色，都是课堂的精彩之处，教师的匠心独运、举重若轻、精湛的教学艺术，由此可见一斑。（纪诺亚）

（本课例发表于2004年12月22日《中国教师报》创新课堂版，发表时报社加了点评）

附7：最是宁静能致远

《全神贯注》《鱼游到了纸上》《纪昌学射》整合阅读课例赏析

执教：许彦达　　赏析：曾扬明

一、导入

（课件出示隶体书法"宁静致远"图片）

师：请看屏幕，认识这几个字吗？

生：宁静致远。

师：这几个字是繁体字而且是隶书，你都能认识，真不简单。（转换带有红色正楷字宁静致远的图）知道这几个字出自何处吗？

生：不知道。

师：这几个字我们在很多汉语文化圈都能看到，近两千年，影响深远，含义也博大精深。它们出自中国古代最聪明的人之口，知道他是谁吗？

生：诸葛亮。

师：对！诸葛亮在给他儿子的家书里说，"夫君子之行，静以修身，俭以养德。非淡泊无以明志，非宁静无以致远。夫学须静也，才须学也"。

（出示课件）

非宁静无以致远。夫学须静也，才须学也。

——（诸葛亮《诫子书》）

师：今天我们就通过三篇课文的学习来体会这里"静"的含义。

（板书：静）

（课件呈现）《鱼游到了纸上》

《全神贯注》

《纪昌学射》

（赏析："宁静致远"是这堂课的阅读主题。什么是"静"？真正内涵在哪里？教师直接引用诸葛亮的名言导入课题，即以文化的形式转入课题，简单明了，且富有中国特有的母语文化特色。）

二、检查预习

师：课前，大家都进行了预习，现在我要考考同学们预习得怎么样了。

（课件出示一组词语）

学词语

聋哑青年　　金鱼

罗丹　　　　雕像

纪昌　　　　射箭

师：会读吗？

生读。

师：很好，读得很正确。知道罗丹是什么人吗？

生：罗丹是法国著名的雕塑家。

师：对，罗丹是近代世界上最伟大的雕塑家，他的很多作品至今还很受人景仰。纪昌呢？

生：纪昌是古代有名的射箭能手，能百发百中。

师：聋哑青年呢？

生：聋哑青年是爱画画的人。

师：读了课文，大家知道他画什么画得好吗？

生：画金鱼画得好。

师：是的。谁能根据这六个词语分别概括一下三篇课文的主要内容？先在小组内互相说一说。

生小组内自由练说。

师：谁来说？

生：聋哑青年画金鱼，每天坚持画……

师：请用一句话说，先说课文题目，《鱼游到了纸上》主要讲……

生：课文《鱼游到了纸上》讲了聋哑青年学画金鱼的事。

生：课文《全神贯注》讲了罗丹修改雕像的事。

生：课文《纪昌学射》讲了纪昌学习射箭的事。

（赏析：抓住词语让学生品读已成为不少教师的教学锦囊。但许老师胜人一筹，巧妙地把三篇课文中能体现课文核心内容的词语呈现给学生，目的不仅仅是让学生学词，更重要的是让学生概括课文内容，循序渐进，让学生自由说，后来给学生要求说。这才是真正地让学生学语文。）

师：同学们，这种归纳课文主要内容的方法叫抓住主要人物和事件归纳的方法。今后我们在预习课文的时候，不要只顾读书，还要想一想课文主要讲了什么，这样我们会越读越好。

再看这组词语，自由读一读。

（课件出示学词语）

一丝不苟　　旁若无人　　一心一意　　全神贯注

持之以恒　　废寝忘食　　坚持不懈　　专心致志

勤奋刻苦	知难而进	目不转睛	聚精会神
不骄不躁	精益求精	融为一体	如痴如醉
眼力非凡	百发百中	栩栩如生	活灵活现
了然于心	不朽杰作	宁静致远	……

师：都能读正确了，这些词语是老师从三篇课文里找出来的，有一部分是老师读课文时想到的，有不懂的词语吗？不懂要大胆地提出来。

生：不嗯（朽）杰作是什么意思？

师：还不会读？（几名学生在下面小声读，师让学生正确地齐读一遍）朽是腐烂的意思。不朽杰作就是——

生：作品不会腐烂。

师：也就是作品有很高的价值，就像罗丹的雕塑作品，永远值得珍藏。还有不理解的吗？

生：不骄不躁是什么意思？

师：谁来说一说？

生：就是有了成绩不骄傲，失败了也不急躁。

师：说得很好。有了一点成绩就沾沾自喜，是不是不骄不躁？

生：不是。

师：遇到一点困难就不想做了，在那里捶胸顿足，叫不叫不骄不躁？

生：不叫。

师：还有不理解的吗？

生：精益求精是什么意思？

师：你来告诉他。

生：就是没有最好，只有更好的意思。

师：说得非常好。也就是好上加好，好了还要更好的意思。还有不理解的吗？没有了吗？我来问你们栩栩如生是什么意思？

生：就像活的一样，就是画得很像。

师：学过这个词语吗？

生：学过。

师：那了然于心呢？

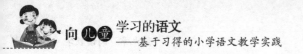

生：就是心里明白。

师：对了，就是明白的意思。有个词叫明了。

师：我还想问宁静致远你们懂了吗？

生：（举手）就是很远的地方都很静。

师：她说得对吗？

生：应该是静下心来能把事情做得很好。

师：你的理解是对的。不过这位同学能根据字面意思猜也很好，很会动脑筋。这个词语是说只要我们静下心来，就能达到很高的目标。再读这些词语。

生齐读，有点拖音。

师：停，这样读很难听。我们读词语要读出词语的内涵。怎么读一丝不苟？

生读，没有到位。

师：仔细体会，这个词讲很认真，应该注意读好"一丝"。（师范读）像老师这样练习读一读这些词语。

生练习读。

（赏析：第二学段中，要让学生理解词语在文中表情达意的作用。毋庸置疑，这个教学片段就体现了这一点：不仅仅理解词语本身的意思，更重要的是改变语境，让学生明白不同词语、不同的语境，会有不同的表达意图。）

师：齐读——（这次读得好多了）我们四（3）班的同学一教就会，真聪明！下面老师把词语的顺序变换一下，请大家再读，看看有什么发现？

（课件显示）

一丝不苟	旁若无人	全神贯注	持之以恒
一心一意	目不转睛	废寝忘食	知难而进
坚持不懈	精益求精	专心致志	聚精会神
勤奋刻苦	栩栩如生	眼力非凡	了然于心
不骄不躁	如痴如醉	百发百中	融为一体
活灵活现	宁静致远	不朽杰作	……

生朗读。

师：这次朗读还是这些词语，你觉得读起来有什么不同？

生：比较顺口。

师：调整后的词语互相押韵，读起来朗朗上口，也比较容易记。这是一种有效的学习词语的方法。大家读一读，看看能不能把这些词语记下来。

学生都在读记。

师：由于时间关系，课上就不要大家记住了。但是大家在学词语的时候可以用这种办法，尽快积累词语。

（赏析：品读词语，浮现形象，品读词语，读出味道。简简单单，但又出于设计的精致——押韵。）

三、学习做批注，品味课文重点句段

师：刚才我们检查了预习，大家词语学得不错。今天我们要学习一种新的学习方法叫作批注。（板书）做批注是我们古人常用的读书方法，最著名的就是金圣叹批注的《三国演义》，经过他的批注我们读《三国演义》就很容易读懂了。什么叫批注呢？就是我们抓住文章的句段，甚至一个词语、一个标点，把自己的疑问、理解、感受和想到的写在旁边。先看老师做的批注。

（课件出示例子）

"哟，金鱼游到了他的纸上来啦！"

（注：金鱼怎么会游到纸上？这里是说"他"把金鱼画得活灵活现、栩栩如生。"哟"，是惊奇，是赞美。这句话是对聋哑青年的赞扬，赞扬他金鱼画得传神、画得逼真。他为什么能画得这么棒呢？）

师：请同学朗读句子。

生：哟，金鱼游到了他的纸上来啦！

师：读出惊叹的语气。

生：哟，金鱼游到了他的纸上来啦！

师：下面我们拿出自学单。

读句段，做批注：

第一组：

说他"特别"，因为他爱鱼到了忘我的境界。他老是一个人呆呆地站在金鱼缸边，静静地看着金鱼在水里游动，而且从来不说一句话。

他告诉我，他学画才一年多，为了画好金鱼，每个星期天都到玉泉来，一

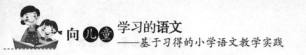
看就是一整天，常常忘了吃饭，忘了回家。

"先游到了我的心里。"

第二组：

茨威格不禁拍手叫好，他向罗丹祝贺，祝贺又一件杰作的诞生。罗丹自己端详了一阵，却皱着眉头，说："啊！不！还有毛病……"

大约过了一小时，罗丹才停下来，对着女像痴痴地微笑，然后轻轻地吁了口气，重新把湿布披在塑像上。

茨威格见罗丹工作完了，走上前去准备同他交谈。罗丹径自走出门去，随手拉上门准备上锁……"哎哟！你看我，简直把你忘了。对不起，请不要见怪。"

第三组：

纪昌回家之后，就开始练习起来。妻子织布的时候，他躺在织布机下面，睁大眼睛，注视着梭子来回穿梭。两年以后，纪昌的本领练得相当到家了——就是有人用针刺他的眼皮，他的眼睛也不会眨一下。

纪昌记住了飞卫的话，回到家里又开始练习起来。他用一根长头发，绑住一只虱子，把它吊在窗口。然后每天站在虱子旁边，聚精会神地盯着它。那只小虱子，在纪昌的眼里一天天大起来，练到后来，大得竟然像车轮一样。

师：我们先看一下自学要求。

（投影出示）

（1）认真读每组句段，边读边在作业纸上做批注，批注时注意体会加重的词语，注意选用投影上的词语。

（2）小组互相交流所做的批注，评出最优秀的批注，准备展示。

（3）展示时，先读批注的句段，再汇报自己的批注。

学生自学了大约10分钟。

师：第一次学习做批注，大家就做得这样认真，这样好，了不起。各组组长召集大家在组内交流一下，评出小组内比较好的批注。

学生组内交流。

（赏析：什么是学真语文？这个教学片段实为最好例证。批注，应是学阅读的一种重要的技能。如何引导学生真正走进批注式阅读，许老师按示范—举例—展示的步骤，教学程序简略而精当。教学既有教师引领，又有学生小组合作；既是个性阅读，又是合作阅读，此谓妙也！）

四、展示交流与分享

指名一名批注得好的学生讲台展示汇报，其他学生补充分享。投影出示这名学生的作业纸。

生读第一组句段的第一段话。

生：这段话我的批注是"旁若无人、专心致志"。因为这里说他到了忘我的境界，看得很专注。

生读第一组句段的第二段话。

生：这段话我的批注是"持之以恒、废寝忘食"。因为这里说了他一年多的时间每个星期天都来，而且忘记了吃饭。

生读第一组句段的第三句话。

生：这一句我的批注是"了然于心，一心一意"。

师：你的批注非常棒！下面的同学有跟她不同的请与大家分享。

生：第一段话我还批注了"宁静致远"这个词语，因为说他"静静地""而且从来不说一句话"。

生：第二段话我还批注了"勤奋刻苦"这个词语。他很坚持，说明他勤奋刻苦。

生：第三句话我还批注了"融为一体"这个词语。青年对金鱼观察得很仔细，金鱼所有的动态他都清楚了，他好像和金鱼融为一体了。

师：这些同学都补充得很好，很有道理。同学们，我们全班就是一个互相学习的集体，大家把自己的意见拿出来一起分享，我们就会收获更多。我还看到有的同学没有用老师给的词语做批注，写了自己的感受，说一说。

生：我读了第二段话我的感受是，他每个星期天都来，一年多，无论风吹雨打都不放弃，不半途而废。

师：对啊，这个青年就是这样，一年多，下雨天他来观察金鱼吗？（生答来）艳阳高照，太阳晒得他头上冒油，他来吗？（生答来）这就叫静啊！继续说第二组。

生读第二组句段的第一段话。

生：这里我的批注是"精益求精"，因为茨威格都说很好了，罗丹还说有

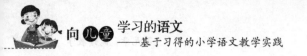
毛病。

生读第二组句段的第二段话。

生：这里我的批注是"全神贯注、聚精会神"。一个小时，他没有开一下小差，完全沉浸在修改作品中。

生读第二组句段的第三段话。

生：这里我的批注是"旁若无人、一心一意"。

师：对她的批注有补充吗？

生：第一段话，我还批注了"不骄不躁"，罗丹不是因为已经很好了，就满足了。

生：第二段话，我还批注了"如痴如醉"，罗丹一边修改，一边好像在跟雕像说话，还痴痴地微笑。

师：同学们，做批注没有什么标准答案，只要你想得有道理都可以。这几位同学的补充都很有道理。好，请继续。

生读第三组句段的第一段话。

生：这段话我批注了"知难而进、不骄不躁、眼力非凡"这些词语。两年，这么长的时间，一定有很多困难，但是他还是坚持着练习眼力。

生读第三组句段的第二段话。

生：这里我批注了"目不转睛、知难而进、持之以恒"。

师：两段话，第一段话说两年，古文里有说三年，同学们，在古文里，三年就是很多年，很多年他就躺在那里看，天冷得不行，他看不看？（看）（看）夏天天很热，苍蝇蚊子叮在他的鼻子上，很难受，他看不看？（看）这就是知难而进、持之以恒。同样，第二段话，古文里说是看了两年。其他同学还有补充吗？

生：我觉得第一段话应该加个"聚精会神"，因为他看得很认真。

生：我觉得第二段话要注上"不骄不躁"，因为他练习眼力，遇到很多困难也不急躁，练不眨眼已经练得很好了，他在练把东西看大时，还是那样认真，一点也不骄傲。

（赏析：从批注什么到怎么批注，又到学生实际批注了什么，这是一个实现课程内容的过程，也是学生习得"批注式学习"的过程。你看，学生的批注

146

从零散到集中，"目不转睛""不骄不躁""知难而进""持之以恒"这些学生的阅读批注无不集中在"宁静致远"这一文化内涵上。另外，学生阅读后的表达实现书面化，学生把平时积淀的语词真正在阅读的语境中再次外化。）

五、点拨指导

师：非常好！正因为纪昌这样做，他才能练得百发百中。请坐。谢谢你！

请看这两段话。投影出示：

说他"特别"，因为他爱鱼到了忘我的境界。他老是一个人呆呆地站在金鱼缸边，**静静地**看着金鱼在水里游动，而且从来不说一句话。

他告诉我，他学画才一年多，为了画好金鱼，**每个星期天都到玉泉来**，一看就是一整天，常常忘了吃饭，忘了回家。

读读看。

生自由读。

师：请一个小组读。

一个小组朗读，不是很理想。

师：哪个小组能比他们读得好？想想怎么读才能读好。

另一个小组朗读。

师：两个小组读得差不多。我们朗读是要把这段话的意思告诉大家。注意把加重的词语读好。听老师读。

师范读。

生齐读。

师：静静地，还不够静。再读得静一点。

生读。

出示两段话：

纪昌回家之后，就开始练习起来。妻子织布的时候，他躺在织布机下面，睁大眼睛，注视着梭子来回穿梭。**两年以后**，纪昌的本领练得相当到家了——就是有人用针刺他的眼皮，他的眼睛也不会眨一下。

纪昌记住了飞卫的话，回到家里又开始练习起来。他用一根长头发，绑住一只虱子，把它吊在窗口。然后**每天**站在虱子旁边，聚精会神地盯着它。那只小虱子，在纪昌的眼里一天天大起来，练到后来，大得竟然像车轮一样。

147

师：请大家注意这两段话里表示时间的词语。以后我们在读文章时，要注意这些表示时间的词语，时间里包含着很丰富的内容。

（赏析："教是为了不教"。学生在批注式阅读后，已经习惯关注文本中最能体现表达意图的核心词语。有时，可以让学生通过朗读来体会关键词的表情达意作用，从而让学生习得语感。）

六、总结提升

师：下面请大家再回过头来看刚才的词语。

投影出示：

一丝不苟	旁若无人	一心一意	全神贯注
持之以恒	废寝忘食	坚持不懈	专心致志
勤奋刻苦	知难而进	目不转睛	聚精会神
不骄不躁	精益求精	融为一体	如痴如醉
了然于心	眼力非凡	百发百中	栩栩如生
活灵活现	不朽杰作	……	宁静致远

生读。

师：这次又发现了什么？小组议论一下。这次老师要板书一个字了。（板书：远）

生：（几乎异口同声）上面这部分词语都讲的是静，中间是讲远。

师：是啊，静，就是一丝不苟；静，就是一心一意；静，就是不骄不躁，静，就是知难而进……

诸葛亮把宁静致远这四个字告诉他儿子，意义深不深远？

生：（齐）深远！

师：今天我们理解了宁静致远的意思，学习了抓主要人物和事件归纳课文主要内容，学习了读书做批注，同学们表现非常好。今天的课就上到这里，下课。

（赏析：什么是"宁静致远"？学生在课文的语境中学了词语之后，理解了课文中的人物，包括聋哑青年的人生态度、罗丹的工作习惯、纪昌学射的精神，无不展现"远"的内涵。许老师没有局限于课堂上展示的核心词语，而是让学生自由说、自由表达，从而发掘更多的词语。）

板书设计：

做批注

静————————远

本课例一出，《小学教学》《语文教学通讯》《小学教学设计》都希望发表，后在《小学教学》2015年第七、八期合刊发表。

在主题文化的语境中"习"语言
——特级教师许彦达阅读整合课例赏析

拜读完许老师的经典课例，深切感受到许老师"致远"的一种教学境界。透过"宁静致远"这一阅读主题，整合三篇写人物的文章，采用批注的方式进行阅读，围绕着表情达意的关键词，实现"宁静致远"这一文化内涵的教学。细观这堂课，至少有以下两个方面值得我们讨论：

一是用什么把三篇课文整合成一个整体？——主题串语文。

许老师巧妙地整合了三篇课文作为学材，把阅读的主题定为"最是宁静能致远"，渗透在每篇课文的血液中。这样巧妙地串成一个整体，实属不易，一是要有提炼主题的功夫。主题不仅仅是内容，更重要的是课文整合阅读所体现的"宁静致远"的文化核心。二是要有提炼内容的功夫。以"教什么"来体现主题。这两者，许老师兼备了。特别是"教什么"，让主题串起课文来更显教师的课程意识。三篇课文针对第二学段学生，把词语的表情达意的作用作为教学内容，这是教师预设的，而这些词语在课堂的语境中又恰好体现了"宁静致远"的文化内涵。这一点是需要功夫的，不是花拳绣腿，更不是肤浅作怪。

因此，我把它定为"主题串课文"的一种课程理念，即依一个主题，寻找相关的文章，如珍珠似的，把它们串起来。这与当前的"人文主题单元"有区别，它不是依据课文的内容来整合，而是依据"文化主题"寻找相关文章的契合点，进行学生文化构建，从而让学生习得中国母语背后的民族文化。这种解读，需要教师深厚的文学素养，又能了解学生的阅读心理，顺藤摸瓜，架起文化与学生的桥梁。

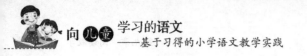
二是学生在整合阅读中用什么办法来学习？——批注习语言。

我一直以为，有什么样的课程观，就有什么样的教学观。课程内容确定后，即教什么明白了后，就要确定与之相适应的教学方法了。这堂课，许老师确定了"宁静致远"这一文化主题，他选择了批注式阅读方法，何谓批注式阅读？它是一种学生在阅读过程中，把自己的所感、所想、所思、所疑以批语和注解的形式，即时写在书页的天头、地脚等空白处，以帮助理解、深入思考的一种读书方法。"注"是指以圈点、勾画的方式对文中关键处、疑惑处标示或解释；"批"是指于文中奇妙处、动情处进行点评，注明自己思维的轨迹，打上自己认识的烙印，抒写主观感受，表达自己的阅读理解。阅读学原理告诉我们，阅读是由阅读客体（文本）、阅读主体（读者）和阅读本体（读者阅读书本的实践活动）三者组成的，当阅读主体与阅读客体之间不是通过阅读本体，而是通过第三者的阅读实践（教师）来联系时，其效果是低效的。批注式阅读方法正是连接阅读客体、阅读主体和阅读本体的桥梁，教师通过指导学生运用批注式阅读的方法学习，发挥学生的主观能动性，能让学生有效地习得语言。

实际上，在这堂课中，学生的批注相当于鉴赏式阅读，其主要是以联想的方式批上自己的阅读感悟。我们说，阅读教学的一个重要任务就是培养学生的联想能力，让他们能够由此及彼，能够自觉地由文内迁移到文外。这种批注有助于学生知识的迁移、信息的归类整合。

这堂课中，学生批注阅读主要采用以词换词的方式，恰巧，学生批注出来的词语都能体现"宁静致远"这种不为杂念所左右，静思反省，才能实现目标的文化内涵。同时，也体现了学生的个性化阅读。

三是整合阅读中学生到达了哪种境界——整合显文化。

许老师以"宁静致远"为文化主题，回到真实的课文情境中和学生的生活情境中，打破书本与生活的墙垛，让语文的教与学成为充满奇妙感觉、想象、思考、领悟的过程，让学生在丰富的文化熏陶、传承、感染和建构中进行全方位的精神塑造，感受真善美，形成正确的世界观和价值观，培养学生高尚的人生情怀、高雅的审美情趣和高卓的心灵境界。

纵观整堂课，我们不难看出，学生先学后教、合作学习、师生一起去探寻、体验和理解"宁静致远"的丰富意义，将文化本身的精神、人文内涵分娩于学生主体之中，激活、唤醒和培育学生的价值感和人生情愫。

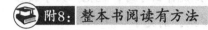 **附8：整本书阅读有方法**

捕捉饱含爱的文字

——《爱的教育》整本书导读

（适合第二学段，两课时）

点评：深圳市福田区明德实验学校　毛健薇

课堂实录：

一、导读《卡罗纳》

师：孩子们，今天我们一起来读两个动人的小故事。请同学们先读第一个故事《卡罗纳》。

给足时间让孩子们通读。

师：孩子们，卡罗纳是不幸的，他的母亲过早地去世了，但是他又是幸运的，因为在他的学校，在他的周围，许许多多的人用爱为他搭建了一条通向未来的长廊。请你们找一找，课文依次讲了哪些人给了他爱，找到标上序号。

孩子们开始读书，寻找。

（点评：紧扣"爱"来提问，突出这本书的情感主线。）

孩子们在我的建议下，仔细读书，相互补充，一共找到了九处（汇报过程冗长，为节省篇幅，以重点概括呈现。下同）：

（1）老师：卡罗纳的母亲去世了，这个可怜的孩子遭到了巨大的不幸。他明天来上课，孩子们，你们要庄重严肃，热情地对待他。任何人都不许跟他开玩笑，不许在他面前放声大笑！

（2）"我"：我心里不由得泛起一阵同情和怜悯。

（3）大家：都屏息凝神地望着他。

（4）老师：哭吧，痛痛快快地哭吧，可怜的孩子！但你要坚强！你母亲已不在这个世界上了，但她能看见你，她依然爱着你，她还生活在你身边。孩子，你要坚强哟！

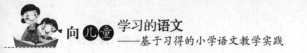

（5）老师：暗示大家暂时别管他，开始上课。

（6）"我"：我本想跟他说几句话，但不知说什么才好，就把一只手放在他的肩膀上，脸贴在他的耳朵上，对他说"卡罗纳，别哭了"。

（7）大家：放学的时候，大家围在他身边，谁都没有说话，只用关切的目光默默地看着他。

（8）母亲：母亲把我推开了，她目不转睛地望着卡罗纳。

（9）"我"：我恍然大悟，没去拉母亲的手，却拉起卡罗纳的手，和他一块儿回家去。

师：孩子们，从这九处，我们不难看出，这条爱的长廊做工相当精细！下面让我们拿起笔来，写一写什么是爱。

我先写：

爱是在别人不知道时说几句关心他的话

爱是一种同情和怜悯……

孩子们接着写：

爱是大家屏息凝神地望着

爱是当面的几句安慰鼓励的话语

爱是一种宽容

爱是一只放在肩膀上的手

爱是贴在耳边的一句简单的悄悄话

爱是默默的关切的目光

爱是推开的动作

爱是拉着的手……

最后我加上一句：

爱能让不幸的人回到温暖的家

课件出示这首诗，全班学生齐诵这首合作的诗。

（点评：为了加深对所选文段的理解，教师在引导学生读书、讨论、充分交流的基础上，动笔写出自己的感受，动笔写出自己的感动，让学生和作者的情感共振、共情。教师先写，起到了示范、降低难度和引导的作用。）

二、导读《小抄写员》

师：刚才我们通过抓细节的方法，读懂了《卡罗纳》这个故事。从你们的诗作中，我感受到你们被这种同学之爱感动了。孩子们，付出爱，有时只需要一句话、一个眼神，比如我们对同学的爱，但有时却需要做出巨大的牺牲和百倍的坚持。接下来，我们读另一个故事《小抄写员》。请同学们拿出印发的文章，认真读一读，画出其中饱含爱的文字。

孩子们埋头读书，边读边画。师提示他们可以把自己读书时想到的记在书上，即时做批注。

孩子们读完课文汇报：

课文用下面的文字写出叙利奥对父亲的爱：

语言：

爸爸，我来替您写吧，我能写得和您一样好呢！

行动：

（1）只好暗自想办法……悄悄下床……轻轻走进……仿照父亲的笔迹……提提精神再写……侧着耳朵听……写了一百六十张……蹑手蹑脚……

（2）仍旧每夜起来抄写……

（3）他半夜又起来了……

（4）继续夜夜工作……

（5）于是他忍不住仍旧爬起来……

（6）吓得坐也坐不稳了……屏住了呼吸静听……接着工作。

心理：

（1）爸爸不知道我在替他写，还以为自己没有老呢。好！继续做下去吧。

（2）不能做下去了，非停止不可。

（3）还是继续下去……

（4）还是一直瞒下去，帮爸爸做事吧。

（5）对，这样做对。

（6）从今夜起，真的不再起来了。

（7）……好像睡着不起来，就是逃避了自己的责任，偷用了家里的两角钱一样。

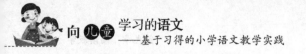

（8）……啊，这一次我真下决心了！

（点评：对人物的语言、行动、心理进行分类梳理，紧扣文本的叙述方法，是读书方法的指导，也是写作方法的渗透。）

师：这些都是写叙利奥的文字，这些文字里饱含了叙利奥对父亲深深的爱。这种爱让叙利奥一次又一次地战胜了疲倦，战胜了被责骂的委屈，传递出强大的力量。但是课文里仅仅是这些文字里饱含了爱吗？

孩子们继续读书，接着汇报：

课文里写父亲的文字也让我们感受到这位父亲深深地爱着自己的孩子。主要是语言：提醒—动怒—责骂（直接写了三次）—不管—懊悔—慈爱。

还有简短的写母亲的文字：母亲的话"叙利奥！你不舒服吗？"

孩子们思路打开，做补充发言：

生：老师，我觉得课文中一些表示时间的词语，如"每天晚上到了十二点钟""第二个晚上、第三个晚上""过了两个月""又过了两个月"等，也饱含了叙利奥对父亲深深的爱。

生：老师，我觉得课文里很多感叹号里也饱含着这种爱，如父亲的语言"喂，用心，用心！做你的功课！"如母亲的话"叙利奥！你不舒服吗？"

（点评：语语悟其神，一字未宜忽。虽然父亲动怒、责骂是因为爱叙利奥，但是也应该选择更温和的语言和行为方式。）

师：是啊，课文字字句句，甚至每一个标点符号都渗透出深厚的满满的爱。孩子们，让我们接着写上面的那首诗：

爱是分担

爱是隐瞒

爱是一天又一天的抄写

爱是疲惫

爱是委屈

爱是一次又一次的坚持

爱是关心

爱是懊悔

爱是一个又一个感叹号

三、导读整本书

师：刚才我们抓住人物的语言、行动、心理，捕捉到那么多走心的文字，感受到了叙利奥爱父亲的强大力量。知道这两个故事出自哪里吗？

《卡罗纳》和《小抄写员》都摘自《爱的教育》一书，而且都被选进了我们的语文课本。《卡罗纳》是人教版四年级上册第六单元的一篇略读课文，《小抄写员》是人教版六年级上册的选读课文。《爱的教育》用平实而饱含爱的文字，为我们书写了一个又一个动人的故事，教我们如何去爱父母、爱同学、爱老师、爱祖国。

课件呈现书评：

这是一部献给九岁到十三岁小学生的书，是由意大利作家亚米契斯撰写的，内容新颖，情节感人至深。凡是读过这部书的人，都将无法抗拒它的魅力，它是无可争议的"爱"的典范。它激荡的情节无不使人流下动情的泪水。

——一位不知名的读者

生齐读。

师：通过刚刚我们读的两个故事，你认同这位读者的评价吗？

生：认同！

（点评：看似简单的追问，却体现了教师对学生主体地位和阅读体验的尊重。同时，有了前面的故事的阅读，也水到渠成。）

课件呈现这本书的封面及书的《原序》。

原 序

此书特别奉献给九岁至十三岁的小学生们。

人们也可这样题写此书：一个意大利市立小学三年级学生写的一学年之纪事。——然而我说：一个三年级的小学生，我不能断定，他就能写成恰如此书所印的一般。他是以自己的能力，慢慢地记录在校内校外之见闻及思想于一册而已。年终他的父亲为之修改，仔细地未改变其思想，并于可能内保留儿子所说的这许多话。四年后，儿子入了中学，重读此册，并借自己记忆力所保存的新鲜人物而添了些材料。

亲爱的孩子们，现在读这本书吧，我希望你们能够满意，而且由此得益！

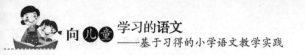

师：《原序》告诉我们什么？

生：《原序》告诉我们这是一个三年级学生写的。

生：《原序》告诉我们这本书里的故事他父亲曾帮他修改过。

生：《原序》还告诉我们，这个三年级学生上了中学后又添加了内容。

师：是啊，可见一本好书，不是一下子写成的。孩子们，我们读这本名著，不仅能学会如何爱我们身边的人，还能向这位三年级学生学习如何把我们的日常生活记下来。

整本书导读的重点在于激发学生的阅读兴趣，消除学生对厚厚一整本书的畏惧感；指导读书方法，教给学生读书的密钥。这一导读案例很好地实现了这一目标。

通读整篇导读，处理自然、巧妙，教师选取了书中的两个小故事，把厚厚的书简化为短短的很容易读的小故事，这个切入点妙在：首先，这两个故事来自教材，用教材中的课文来导读名著，读懂了课文又打开了通向名著的大门，一举多得；其次，名著也是故事串编，每个故事既互相关联，也互相独立，选两个故事作为导读内容，符合这本书的编写特点。

首先，从教学过程来看，许老师从"捕捉饱含爱的文字"一个小点切入教学，引导学生分别读了其中两个动人的小故事。学生一边读，一边勾画批注，寻找爱的痕迹的文字，行为目标清晰，方法指导到位。在此基础上，许老师让学生尝试用自己的语言表达"什么是爱"，这无疑是给学生提供了从"语言输入"到"自我意义建构"再到"语言输出"的宝贵实践机会。教师的示范也起到了搭桥的作用，学生在相互分享碰撞中，不断加深对爱的认识，可谓是水到渠成，生发自然。

其次，许老师两个故事的呈现顺序及问题的设计也相当有梯度：第一篇《卡罗纳》文字比较简单，第二篇《小抄写员》选自六年级教材，情节相对复杂。许老师让学生先从细读《卡罗纳》开始，捕捉众人对卡罗纳的爱，再进入第二篇《小抄写员》，同样去捕捉爱的表达，但这一次的难度明显加大。学生读懂了叙利奥对父亲的爱后，许老师又引导学生转换角度，多维思考，从探索父母是怎样深爱着孩子，到文中时间描写和标点符号的表达效果，都让学生去关注和体验。一则故事读完了、吸收了、表达了，再进入下一篇，再来捕捉、吸收、表达。学生阅读能力在不断提升的同时，对爱的认识是也在逐步丰满和深入，非常有层次。

再次，许老师课件呈现整本书的书评，引导孩子们去读书评，读序言，从中提取有用的信息。书评里强调的"情节感人"，本书是无可争议的"爱的典范"与前面的教学相互印证，浑然一体，有利于进一步激发学生阅读整本书的兴趣。

最后，许老师鼓励学生不仅要好好读本书，还要学习作者拿起笔，写身边平凡而动人的故事。这样的设计既是"立足于眼前"——学生学到了一种和这本书的特点高度契合的阅读方法，那就是"抓细节，捕捉表达的爱文字"，阅读的指向性将更加明确，有效性将大大提升；又是"放眼未来"——提升了学生阅读整本书的兴趣，降低了学生阅读整本书的难度，提出了努力的方向。有了这样精巧、务实的导读，相信学生阅读《爱的教育》这本名著将会更加从容自信，对于什么是爱，如何表达爱，也会有更深的认识。精神的成长、心灵的成长也会随之而来！

总之，许老师的这一整本书导读的课例设计非常扎实、简洁、高效。

（本课例发表于《小学教学》2018年第四期）

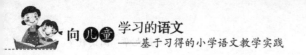
第十章　习作教学

本章将讨论习作教学。根据"课标"安排，习作教学应该包括第一学段的写话，第二、三学段的习作两个内容。

中华人民共和国成立以后，我们国家就小学语文教学先后出过10个纲领性文件。小学写作，2000年前所出的文件中一直叫"作文"，从2000年《九年义务教育全日制小学语文教学大纲（试用修订版）》开始改叫"习作"。此后，2001年的《全日制义务教育语文课程标准（实验稿）》和2011年的《义务教育语文课程标准》都沿用"习作"这一名称。从作文到习作，不只是名词的简单变化，实质反映的是理念的进步，体现的是人的回归、儿童立场。所谓习作，就是练习写作之意。既然是练习，可长可短，不拘泥于形式，不求一定要成篇，体现了习作教学目标的梯度。小学习作第一学段叫写话，第二学段叫习作，为的是提醒广大教师重视培养学生写作的兴趣和自信心。

一、习作与习得

我们知道，儿童天生是有自己的语言的，在他们没有学会约定俗成的统一用语之前，他们的语言就是咿咿呀呀，只不过很多情况下我们听不懂。他们用自创的简单的发音表达自己的想法、感受，与外部世界（主要是身边的人）进行沟通。随着环境的影响和身边人的不断示范、修正，他们的表达越来越接近身边的人，最终掌握了共同的词汇和表达方式。这一过程就是母语口语习得过程。应该说，是强烈的表达需求，才促使儿童在没有教材、没有专人训练的情况下，靠无师自通习得母语口语的。也就是说，儿童天生有表达的需要，他们有自己的表达方式，而且是会表达的。正是在这种不断的、大胆的表达中，儿童在3岁前成功习得了母语口语。

进入小学以后，儿童要学习书面语表达。和学前学说话一样，从写话到习作，书面语的表达能力也一定是在不断地、大胆地、反复地尝试练习中才能获得的。据《东坡老材》记载，有人向欧阳修请教如何写好文章，欧阳修回答说："无它术，唯勤读书而多为之，自工。"鲁迅先生在一封书信中说："文章应该怎样做，我说不出来，因为自己的作文，是由于多看和练习，此外并无心得或方法的。"在第一章里我们提到的斯温提出的可理解性输出，又叫作"被迫输出"，"被迫输出"就是指学生面临的情境需要他们表达。斯温的研究结论是：当学生有机会进行可理解性输出时，他们便能够掌握这门语言。古今中外的研究和实践都告诉我们，书面语表达能力不全是学得的，主要是习得的。

儿童一来到这个世界上，就是有表达需要的，而且他们也有自己的表达方式。每个孩子童年都会经历涂鸦期，很多孩子涂鸦期喜欢到处乱涂乱画，这就是他们乐于表达和会表达的见证。当然，他们的表达不完全是借助语言符号。此时，很多孩子不会写字，但是他想说"妈妈我爱你"，他会自创符号，写下来，然后读给妈妈听。这也就是为什么有人会提出儿童写作先于阅读的原因。但是，为什么儿童进入小学以后，他们的表达积极性没有了，而且怕习作了呢？一是因为他们在涂鸦期成人没有正确引导地喝阻，如他们在床单上画符号，父母看到后大声说"不可以"；二是因为进入小学后他们的自由表达受到了限制，老师总是给他们的表达提出这样那样的要求；三是因为进入小学以后，他们的表达离开了自己的需要，是为了完成作业。从有利于书面表达能力习得的角度来考量，其中的第三点是他们不想表达、怕表达的最主要的原因。其实，儿童学前的表现和美国语言学家斯温的研究已经告诉我们，当表达成为儿童的需要时，他们才会乐此不疲。因此，基于习得的小学习作教学提倡真实的写作。所谓真实的写作，包含四个真实，即写作任务的真实、写作环境的真实、写作对象的真实、写作成果的真实。换句话说，真实的写作就是学生有内心需要的写作，有真实读者的写作，写出来的文字能对读者产生影响的写作。

基于习得的小学习作教学从儿童学前成功习得母语的原理出发，倡导真实的写作是必然的。也只有真实的写作，才是有内在动力的写作，才是多多益善

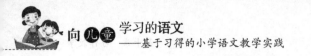

的写作。虽然小学生习作要求不高，只是练习写作，但道理是一样的。

习作，既是促进书面语习得的手段，也是学生书面语习得水平高低的反映。

二、习作课程及教学现状

我国古代的蒙学里应该是有习作教学的，因为课表里有三项，即习字、读经和作文。作文就是我们今天的习作。有习作教学就应该有习作课程，只是那时的课程都在教授的老师那里，没有全国统一的习作课程。至少中华人民共和国成立以后，习作课程是与阅读等内容混编的。这种混编带来了很多问题，"阅读-写作双附庸""两败俱伤"都是对这种体例的批评[①]。刚刚全面使用的统编版义务教育小学语文教材仍然采用混编体例，但有了明显进步的是增加了习作单元，三到六年级，每册都有，共八个单元，而且习作训练的能力序列比较清晰、简明（表10-1）。

表10-1 统编语文教材小学三至六年级习作单元安排一览表

册次	习作训练要素	册次	习作训练要素
三年级上册	留心观察	三年级下册	展开大胆想象
四年级上册	把一件事情写清楚	四年级下册	按一定的顺序写景物
五年级上册	运用说明方法介绍一种事物	五年级下册	学习描写人物的方法
六年级上册	围绕中心意思写	六年级下册	表达真情实感

这种设计使"课标"对小学习作教学的要求落到了实处，对小学语文习作教学来说，也无疑是一件大好事，教师明确知道了三到六年级习作应该教什么，课程的意识更强了。

1. 习作量

"课标"规定，小学第二、三学段，每学年的习作次数是16次。那么，整个小学阶段，每个小学生只要进行64次的习作练习，划分到每个学期，练习8次。

我不知道这一练习量有什么科学依据，单与我们很多成功的小学语文教学实验所提供的习作次数相比就相差很多，也比我们广大一线教师为了提高小

---

① 裴海安.写作教学的秘妙［M］.上海：华东师范大学出版社，2019：3.

学生习作能力所实际操练的量少很多。韩兴娥的"海量阅读"实验，学生平均4天练习一次习作；烟台的"双轨"实验，每周学生都要写600～800字的读书笔记。我们很多一线教师，每学期除了完成8次规定的习作，还要备一本所谓的"小练笔"，这个"小练笔"平均每周要写一篇。教师心里都明白，这个"小练笔"才是他们真正觉得有效的习作练习，才是他们提高学生习作能力的"杀手锏"。可见，大家都有一个共识，这个共识就是没有多写，就没有习作能力的提高。

2. 习作课

习作课是习作教学的主阵地。原先习作叫作文的时候，我们的课表里每两周会安排两节连排的作文课。大概是课改以后吧，课表里只有语文课，没有单列的作文课了。课程计划这样改从逻辑上来讲是正确的，但是实际效果却发生了变化：变化之一，习作课的意识淡薄了，因为课表里没有习作课，所以听课检查的时候，也就检查不到习作课；变化之二，习作课的时间不固定，只凭教师随意安排，甚至不安排，要学生习作了，布置个题目，随意指导几句，任由学生去写，习作指导也不到位，习作指导不到位自然就影响到了质量。

意识淡薄、教学随意，固然有课时安排的原因，而更深层次的原因是教师怕教习作，学生怕学习作。教师怕教习作，一是不少语文教师自己就怕写东西、写不好东西，自身缺乏这方面的素养；二是我们的习作课程设计太简单，原先的人教版教材除了题目，就是一大堆限制学生自由表达的难以达到的要求，具体怎么教即使有心的教师用他人设计好的教学方案来教，也还要能看懂他人的设计意图、能根据自己学生的实际进行再设计。刚刚全面使用的统编版教材，习作课程设计丰满一点了，我们希望随着它的使用和教师培训的加强能改变这种状况。学生怕写，一是习作本身就难，不要说一篇佳作，就是一篇文从字顺的习作，往往都需要学生有良好的表达基本功，从立意、选材、构思到下笔成文，认识能力、思维能力、表达能力一样也不能少；二是老师要求写的和学生自己想写的经常不一致，很多习作都是学生被老师要求写的，而习作主体内在没有写的需要，更没有非写不可的冲动；三是我们对小学生的习作要求过高，过去总是站在成人写作的角度去审视小学生的习作是否"有意义"，是否能做到起承转合、滴水不漏……

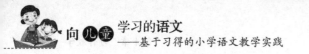
习作教学"两头怕"应该是老大难问题了。目前，也有一批名师凭着一腔责任感和热情自觉主动地去开掘习作这片天地，他们的研究和实践都结出了硕果，但是这些成果惠及广大一线教师的还很少。总体而言，我们的教研部门对习作教学，特别是习作课的教学研究相比阅读教学太少了，对习作教学研究和实践的成果推广介绍的也不够多、不够全面。

三、基于习得的小学习作教学

小学习作教学要基于习得。我们坚定地认为：小学生天生有表达的需要，而且在表达上有无穷的潜力和创造力；小学习作教学最重要的还是让小学生充分理解为什么要习作，让他们切实感受到习作对于他们自身的意义，从而让他们喜欢习作，爱上习作，在大量的持续的习作中习得表达能力，养成良好的表达习惯；小学生习作能力的培养不能以牺牲学生的习作兴趣为代价，不追求能力训练的体系化，应该让习作能力的培养渗透在促进爱写、多写的实践中。

基于习得的小学习作教学致力于将上述认识落地的新认识和新实践，强调习作的意义建构，注重让学生感受习作对于自身的真实意义。它强调"以我手写我口，以我口述我心"，记录学生的日常生活，表达学生的真情实感，使习作成为学生精神生活的一部分，成为学生自由驰骋、张扬个性、展示自我、体验语言创生快乐的美好天地。

基于习得的小学习作教学，在习作的表达上，以清楚明白为基本指标。所谓清楚明白，即让人一读就知道说的是什么就可以，不做过高要求。小学生习作，能让绝大多数学生清楚明白地写好一件事、清楚明白地写好一个人、清楚明白地写好一处景、清楚明白地介绍一样东西，功莫大焉。对一部分习作表现突出的学生，可以在不伤害其习作兴趣的前提下提高点要求。习作的评价尽量做到及时，即写即评，以鼓励为主。

（一）习作教学设计

基于习得的小学习作教学，低年级以听记、写话为主，中年级以记录自己的生活及想象为主，高年级增加实用文写作。以此框架落实教材中的习作训练任务，达成"课标"对习作教学的要求。

1. 听记

"听记"是指老师读（说），学生笔录。听记是学生接收语言信息，积累知识，通过思维活动进行加工、理解、储存、再现语言信息和知识运用的学习方式，不能把它简单化。随着信息社会的到来，通过"听"来获取信息的机会越来越多，因此听的能力越来越重要。"课标"对学生听记能力的培养非常重视，各学段都有明确的要求：第一学段（一至二年级），要求学生认真听，了解讲话的主要内容；第二学段（三至四年级），要求学生认真倾听，听出不理解的地方，向人请教，与人商讨，听人说话能把握主要内容；第三学段（五至六年级），要求学生认真耐心地倾听，能尊重、理解对方，能抓住要点。三个学段，要求逐步提高，螺旋上升。

一年级，我们几乎用一个学期的时间来进行听记训练，让学生听记一些句子和简短的故事。考虑到便于学生对照修改，这些句子大多从课文中来，故事也多是学过的和听过的，字词比较简单。通过听记，使学生掌握行文规范和常用标点的用法，养成认真倾听的习惯。例如，听记《永远讲不完的故事》：从前有座山，山上有座庙，庙里有个老和尚。老和尚给小和尚讲故事。讲的什么故事呢？讲的是从前有座山……通过这样的听记，让学生掌握习作的行文规范，同时让学生掌握逗号、句号、省略号的用法。《永远讲不完的故事》实在讲不完怎么办？用六个小点，不用讲别人就知道了，这就知道了省略号的基本用法。具体设计案例见本章附1。

2. 每周发布

低年级学生一到校就会叽叽喳喳，教师很有兴趣地听，然后让他们轮流到讲台前发布。主要发布他们昨天做了什么，看到了什么。有兴趣的学生可以先写下来，练习讲几遍再上讲台讲，也可以读。这个过程中，教师要及时鼓励，有些表达小错误，及时提供正确说法，不过分追究，保护学生表达的兴趣。

3. 写博客

中年级结合现代信息技术，鼓励学生写博客。有条件的建立自己的博客，教师经常去看他们的博客，经常评点，并发动家长协助，还不时地把他们的博客拿到班里晒一晒，提高学生的积极性，使他们坚持写下去。学期末教他们把一学期的博文编成小集子，一方面促进他们修改完善，一方面提高他们的成就感。没有条件的就在班级博客上写，班级博客上有积分榜，写一篇10分，评论他人的习作，一次2分。分数积累到100分，给一个"小作家"的称号，再多就是"大作家""赛鲁迅"……形成竞赛氛围，让他们乐此不疲。在内容上，教师要引导学生关注自己的生活、周边的人和事，关注自己内心的烦恼，把这些通过博文真实地表达出来。写法上，教师要指点他们：写自己的生活可以直接写，如果写心里话有点不好直接写，可以把自己虚拟成另一个人来写，大家也可以接龙写故事……为了引发他们接龙写童话故事或生活故事的兴趣，教师可先在博客上开个头。有学生接着写下去，教师就及时鼓励，故事就写下去了。只要写，就好办。教师再从想象的创意和合理方面去做适当引导。当学生忘了的时候，教师接上去写几行，一个有趣的故事就延续下去了。学生看着自己写的长长的故事，自豪感油然而生。有些学生受到启发，自己开始写起了较长篇的故事。具体安案例见本章附2。

4. 写专题日记

写专题研究日记就是让学生持续关注某一事物。例如，科学课让大家养蚕，一个学生就把每天蚕的生长变化情况记了下来。再如，有些学生很关注空气质量，他把每天的空气质量记下，并把自己对如何改善空气质量的研究收集到的资料都简要记录下来。我们还鼓励学生写一天的反思，就是把自己在学校的学习情况、和同学的交往情况如实地记下来，然后总结得失，写下来……有心，学生感兴趣的习作话题比比皆是。

5. 写实用文

基于习得的小学习作教学重视实用文写作，因为它指向语言的实际功用，能让学生充分感受到习作有用，感受到学好语文给自己带来的成功感。实用文一般都有特定的写作对象，容易激发写作动机，而且目的明确，就是要让写作对象信服。所以，实用文写作要注意说话的语境，要言词得体。我们从三年级开始安排演讲稿、解说（导游）词、邀请函和研究报告等实用文的写作。这与刚使用的统编版小学语文教材的实用文写作安排不谋而合。

我们将实用文的写作与活动课程的开展结合起来，一般谁写得好，就用谁的稿子。演讲稿的写作一般和国旗下的讲话结合，升旗仪式安排到哪个年级，就安排哪个年级进行一次演讲稿的写作指导；还有，新书推介会，发动学生读新书，写新书发布会的演讲稿，并真的让写得好的学生到全体同学面前去做发布这些新书的演讲。解说（导游）词与接待来人参观的年级结合，或解说同学的作品，或解说学校的一处景观。邀请函和负责读书节、体育节、艺术节、科技节外围服务的年级相结合，或向家长发出邀请，或向社区名人、民警发出邀请，请他们来参与活动、维持秩序等，谁写得好，就选谁的邀请函发给被邀请对象。研究报告与综合实践活动课的小课题研究结合，三至六年级都有综合实践活动课小课题研究，每学年都要写研究报告，写得好就参加成果报告会宣讲。

在实用文写作方面，有些教师还打起了组合拳。举行运动会，老师们让学生先写一个班级运动会的筹备方案，进行评选，然后写一个项目报名通知。运动会需要家长参与怎么办？给家长写邀请函。运动会开始，写开幕词。运动会当天，写报道稿，报道一项激烈的比赛。运动会结束，写闭幕词，写班级情况总结，写信向远方的朋友或长辈报告这次运动会的开展情况等。运动会前后用两周时间，打好这套组合拳。学生应需而写，教师应境而导，因目标明确，彼此心灵相通，指导效果倍增。

实用文写作的加强完全改变了学校习作教学的面貌，让习作教学呈现出勃勃生机。

6. 跨学科习作

基于习得的小学习作教学还注重让语文走进其他学科的教学，让学生在其他学科的学习中运用语言，为其他学科的学习增光添彩，让学生充分感受语言的功用和魅力。前面提到的习作与体育、与综合实践活动学科的结合就是例子。这里着重说一下我们是如何将习作与美术学科结合在一起的。我们的美术学科一直在开展软陶教学，我们的习作就与软陶发生了故事。学生要用软陶做玩偶，做什么呢？我建议他们做三只小猪。三只小猪各是什么样子呢？介绍他们读《三只小猪》绘本，一共有两个版本，读哪一本？都找来读。读完了，他们每个人的心中都有了自己的三只小猪。把它们用软陶制作出来，别忘了让学生一并做一个大灰狼。四个小动物都做出来了，比一比，各有特色，每个学生都很开心。这时候，教师引导：三只小猪和大灰狼之间接下来还会发生什么故事呢？大家发挥想象力，想一个属于自己的三只小猪的故事，并把它们画下来。这一画就是连环画。连环画没有文字说明，有的地方看不懂怎么办？大家

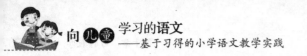

形成共识，加上文字描述。于是，每个学生都有了一本有文字描述的自己的连环画册。大家交换着看，令人捧腹不已。有的学生生怕别人看不懂，用了近两千字来描述他的故事……

这种跨学科习作是学生最投入、最开心的事情。很多学生为了完成自己的故事，放学了还在美术教室里忙碌，赶也赶不走。

（二）习作教学策略

开展基于习得的小学习作教学，要用好六大策略。

1. 建立真实意义，促进乐表达

"课标"建议：第一学段的习作评价要把是否有写话兴趣作为最重要的评价指标，而这一指标也是贯穿整个义务教育阶段的。建立真实意义就是让学生感觉习作对他自身有意义。这是让学生对习作产生兴趣的根本途径和要求。这是解决为什么写的问题，也就是习作动机问题。当前，交际语境写作很好地解决了这一问题，但是，交际语境写作不能全部涵盖我们的探索。交际语境写作立足写作的交际功能，而写作有时候并不是为了交际，还有自我释放、自我愉悦等功能。我们的习作教学如果起个名字，应该叫意义习作。我们是这样做的：一是让学生有明确的表达对象，如下文提到的开运动会的系列习作；有时，也可以创设表达对象，如写《我的老师》，我们可以这样设计："小明想转学来我们班，他在老家的爷爷想知道老师的情况，你能不能帮小明给爷爷介绍一下？"二是表达自己的内心，倾诉自己的心声，帮助排解不良情绪，如写《老师，我想对您说》，写《小孩子也不容易》这样的习作。三是结合综合性学习活动，让学生展示习作的本领。四是增加实用文的写作，因为一般实用文都是有明确的表达对象和表达目的的。五是跨学科写作，如上文提到的习作与美术学科教学结合的例子。

2. 密切师生关系，牧养敢表达

敢表达就是敢说自己内心的话、敢抒真情，自由大胆地表达自己的内心，让表达成为心灵放歌。儿童天生是敢表达的，但是被后天的生活环境逐渐消解了。"课标"把大胆习作作为第二学段习作评价的重点指标，就是要还儿童自由表达的天性。儿童成功习得母语的特点告诉我们，建立亲密的关系是儿童敢表达的前提和基础。用言语生命动力学的创建者潘新和的话讲，这是牧养儿童言语表达的"野性"①。建立亲密师生关系，首先是让学生喜欢老师。在实践中我们研究探索出这样一些方法：一是做一个始终对每一个学生都充满期望的老师，相信他们能写好习作，这种期望渗透在老师的每一个行动细节和每一个眼神中。二是做一个很棒的老师。多才多艺、博览群书自不必说，老师经常写作，发表作品，不在黑板和习作本上写不规范的字，学生自然佩服老师。三是做一个关心学生冷暖的老师：天冷了把带的衣服给需要的学生披上；有学生病了，给他倒上一杯热水……诸如此类。四是做一个宽容的老师，对学生的错误不要揪着不放，相信他们能改正。五是做一个幽默的老师，用幽默调节教学气氛、化解学生之间的小尴尬和小矛盾等。我们的老师在总结中写道："孩子是最有灵性的，谁真心对他好他心里跟明镜似的，所以亲密、良好的师生关系的构建无须深奥的技巧，无非就是把最坦然的心胸、最朴素的真情流露出来，让学生感受到你的真诚与关怀。教育是向美而生的事业，孩子在美好的关系中能更快、更好地成长。"

3. 引入积分竞赛，激励多表达

给全班学生建立一个表达积分榜，每个学生在表达上所做的一点努力都有相应的积分，都会被及时记到积分榜上。我们通常把这个积分榜和班级博客结合起来。学生每天关注自己和同学的积分，比照、竞争、表达的氛围很快形成。除了利用博客等平台，记录个人习作的积分进行个人之间的竞赛外，我们还以小组为单位，开展小组习作积分竞赛。结合"五学课堂"，我们对全班学生进行异质分组，每组努力做到按习作水平高、中、低搭配均衡。每次习作，以小组为单位计算各小组的积分，然后张榜公布，表扬积分多的小组，一个月一小结。每次习作每个组员的分数按等第设定，我们把A+定为100分，然后A95分、A-90分……每5分一个档次，直到55分，设为D等。只要是学生自己写的，就是写一句话也是D，只有抄袭的习作和一个字没有写的习作设为0分。这些做法既使竞赛氛围浓郁了，又促进了小组成员之间的互帮互助。

---

① 潘新和.语文：表现与存在［M］.福州：福建人民出版社，2004：703-718.

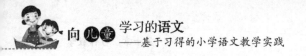

4. 提供各种平台，方便常表达

教室后面的班报、学生办的小报、班级门口的展示栏、校园内的橱窗，校园的每一处都是学生的舞台，都可以"发表"学生的佳作。开展语文综合性活动，如我们开展课本剧表演，指导学生将课文改编成剧本，寓习作于其中。最受学生欢迎的是班级博客，学生上班级博客记录自己生活中的点滴，教师每天上去点评鼓励，家长也经常上去点评鼓励，激发出学生的习作热情；久而久之，部分学生还会自己建立个人习作博客，自发地把自己的心里话写在上面。博客建立习作积分榜，定期拿出来比一比，在班级里晒一晒，学生就会经常到这些平台上一试身手。家长对这种将电脑与习作结合起来的方式很支持。因为这样做使一部分迷恋打游戏的学生把注意力转移到了习作上。上博客写东西和上网打游戏有很多相似的地方，他们写一篇作文也是有积分的，他们点评同学的作文也有积分，看着自己的积分在增加，他们会生出成就感，进而迷上上博客看同学的习作，看老师、家长、同学的点评，自己有故事也写上去，也获得别人的指点和赞美。

从下面学生的短文中，我们也可以看出学生写博文的积极性，老师的及时点评对保持学生习作的热情多么重要。

他一直在我们身边

深圳市福田区园岭小学三（5）班　林思亮

同学们，你们知不知道是谁让我们练习作文的？是谁在博文上帮我们评分的？是他——我们敬爱的许老师。

许老师，个头不高，一头黑发，如灯一般的大眼睛，大大的鼻子，一张能说会道的嘴巴。

有一天晚上10点了，我写完博文，发了出去，那个时候已经10点20分了，还没等到许老师评分，我就睡着了。第二天一大早7点36分，我马上起床上博客看分数，"33分变成43分啦！"我大叫一声，开心极了！原来许老师这么晚了还在给我评分。

虽然现在是寒假，我们离开学校，离开老师，但是仍然能感觉到许老师天天在我们身边，一直在关注着我们。

谢谢您，许老师！

5. 及时讲评赏析，引导会表达

对学生的习作，好的地方多表扬、多欣赏，以这种方式引导他们表达得越来越好。讲评赏析的依据是"文从字顺、清楚明白"。习作内容是学生觉得"有意思"的生活和所感所想，而不是成人强调的"有意义"，反映的是学生眼中的真实，而不是事物的真相。讲评赏析要渗透必要的习作知识点和技巧，如标点符号的用法、把话说清楚等，具体围绕"拟题、选材、条理、词句"来赏析。比如"词句"，我们可以采用对比的方法赏析。

比较下面甲、乙两学生的作文。

甲：我们一进公园大门，就去儿童乐园，我和弟弟看到了滑梯，爬上去滑了好一会儿才下来。

乙：刚进大门，我和弟弟就飞一般地跑进儿童乐园。啊！滑梯，我们三、四步就奔上了滑梯的上端，一、二、三！我们一起滑，呕……我们滑下来啦！

这两段话，前者写得语言死板，没有变化，后者语言活泼，把当时的情景写活了。

讲评赏析要有侧重点。紧扣年段习作要求，一次或一周围绕一点，不要面面俱到。讲评赏析不拘泥于形式，习作课、早读课可集中讲评赏析，课间等课余时间可个别面批赏析。讲评赏析要及时，不能过了一个星期才将习作改出来发下来，这就是我们为什么不强调精批细改的原因；我们提倡即写即评，当堂写、当堂评，第一天晚上回家写，第二天一早就到班上讲评，及时满足学生对习作成功的期待。讲评赏析要照顾全班学生，特别是对习作有畏惧心理、写不好习作的学生，哪怕他们的文中有一个词用得好，也要在全班学生面前进行表扬。讲评赏析要注意场合，尽可能在全班学生面前读学生的佳作、表扬他们写得好的地方，因为这样才能让学生充分感受到成功的喜悦，所讲评的要点才能入心。

6. 积累成功体验，习惯自表达

我们在习作教学中强调激励机制的建立，如作文积分制。我们引导老师积极将学生的习作推荐到报刊发表；组织学生参加各种作文竞赛；结合读书月定期开展学生作文竞赛，让学生展示自己的作文才华。我们为每班订阅《七彩语文》《小作家》等刊物。我们还定期约一些刊物出学校学生习作专号等，为学生发表习作提供平台，帮助学生积累习作的成功体验。这种体验多了，学生的自信心就有了，自觉动笔也就成了可能。我们期待像周国平先生说的那样，让表达成为学生"生命情感的抒发，生命特质的展示，生命心态的调整，生命感悟的宣泄"，让表达成为学生"关注人生和交流思想的助手"，成为"提高生活质量和进行自我教育的有力武器"。

基于习得的小学习作教学将这六大策略贯穿整个习作教学的始终和课内外，努力让每个学生找回表达的快乐和自信，将会表达融在多表达、常表达之中，把学生带进表达的自觉天地和自由王国。

附1：听故事教学指南

一年级（上学期）听记故事教学指南

一、背景分析

（一）听记故事

听记故事就是指老师讲故事，学生听后记录。苏霍姆林斯基说过："小学生往往用形象、色彩、声音来进行思维。"一年级学生思维非常具体形象，善于机械记忆。听记故事是针对一年级学生语言和思维特点采用的作文训练形式。

（二）故事的要求

1. 故事情节简单，有多处反复

一年级学生正处在学习语言阶段，理解和表达能力都不强，他们的无意识记忆占优势，他们不可能一下子就记住故事内容。所以应选择情节简单、有多处反复的故事。学生对部分情节和语言进行反复，加强了记忆，领会和掌握了情节内容和新词汇。这时再让他们复述故事，他们能很快地把故事讲出来。这样，学生就对复述故事增强了信心，提高了积极性，对发展记忆力，提高表达能力都有好处。

2. 选择篇幅短小的故事

所选择的听记故事篇幅要短小，主题要突出，词句要简明，便于学生记忆和记录。篇幅比较短小的故事还有利于学生注意力的集中。

3. 故事按照时空顺序发展

事物的发展变化离不开时间、空间。一年级听记的故事主要选择按照时空顺序发展的故事，以时间前后为顺序，如早上—中午—晚上，春—夏—秋—冬；以空间为顺序，如远处—近处，上—中—下，前—后等。

（三）怎么听记故事

1. 听

（1）听故事提信息：初步感知故事。想想故事的名字，故事里有谁，他们在干什么。

（2）听故事答问题：记故事的主要内容。给学生提出问题，让学生带着问题有目的地听。这样有助于学生听得细心，记得清楚。

（3）听故事记细节：找到认为应该让学生学习或记住的词语描写、景色描写、人物外貌描写、动作描写等精彩的地方，在读故事时有意识地多提醒学生注意。

2. 讲

讲即老师说一段话，学生听后复述老师讲述的内容。这种练习可以使刚刚接收到的信息引起的暂时神经联系得到强化，加深印象，防止遗忘；同时也可以调动学生有意识听记的积极性，是提高倾听专注程度的有效方式之一。

3. 记

记的形式也可以有多种，初期因为学生掌握的生字有限，可以让学生复述由家长代写。慢慢过渡到记下故事自己写，不会写的生字可以用拼音代替，或者由老师事先提供生字。

二、内容安排

（一）原则要求

1. 兴趣第一

听记故事的目的是激发学生写的兴趣，让学生感受到写文章是一件愉快而简单的事情。

2. 导之以法

加强听说方法的指导：

（1）听清句子的主要意思和句子中各个词的先后次序。

（2）听清楚几个主要词语之间用什么词连接起来。

（3）如果这句话比较复杂，由几个小分句组成，那么还要听清这段话中各个句子的顺序。然后通过"说"的过程来检查学生听话的成绩。

3. 发展思维

重视时空顺序的理解。

（二）一年级（上学期）听记故事计划（表10-2）

表10-2　听记故事计划表

序号	单元标题	单元重点
1	我的故事讲不完	学习写作文的格式和标点的运用
2	小猫钓鱼	按照开始—后来的时间顺序写
3	太阳	按照早—中—晚的时间顺序写
4	寒号鸟	按照春—夏—秋—冬的时间顺序写
5	乌鸦喝水	按照事情发展的顺序写
6	采蜜本	综合性学习

三、教学示例

一年级（上学期）听记故事教学

导语：小朋友们，你们一定听过许多好听的故事，如《小兔乖乖》《三只小猪》《小马过河》……这些有趣的故事一定给大家留下了深刻的印象。今天老师给你们讲一个好听的故事，看看你们谁听得最认真，还能把听到的故事用笔记下来。

故事一：

龟兔赛跑

兔子向动物们夸耀它的速度，"我从来没有失败过，"他说，"当我奔跑时，没有人比我更快。"

乌龟平静地说："我要与你比赛。""真是笑话，我可以边玩边和你赛跑。"兔子说。

比赛开始了，一眨眼工夫，兔子已经跑得不见了踪影，但是它觉得自己跑得快，对比赛掉以轻心，躺在路边睡着了。

乌龟慢腾腾地却持续不停地走。当兔子一觉醒来时，他看到乌龟已经快到终点线了。兔子输了比赛。

1. 我会想

兔子跑得快输掉了比赛，乌龟爬得慢，却赢得比赛。这是为什么呢？快跟同伴说一说吧。

2. 展示台

小朋友，《龟兔赛跑》这个故事一定不陌生吧。把这个故事讲给你的爸爸妈妈、你的小伙伴听。比比谁讲得最完整、最流利。

故事二：

小兔的生日

六月二日是小兔的生日，许多小动物都前来向他祝贺。（一句话说完了要用上句号）小山羊送青菜，小牛送牛奶，小猴送桃子，母鸡送鸡蛋……（省略号表示除了小山羊、小牛、小猴、母鸡，还有很多很多的小动物给小兔送来了生日礼物）大家一起唱歌，祝小兔生日快乐。小动物们玩得真开心啊！（表示强烈感情用上感叹号）

1. 写一写

小朋友你们注意到了吗？在故事中，有许多的标点符号，有了这些标点符号文章就通顺了。如果标点使用不恰当，就改变文章的意思了。你认识这些标点符号吗？来试着写一写。

逗号（　　）句号（　　）感叹号（　　）省略号（　　）

2. 标一标

按照故事内容，给故事加上标点符号吧。注意，标点符号占一格哦。

六月二日是小兔的生日□许多小动物都前来向他祝贺□小山羊送青菜□小牛送牛奶，小猴送桃子□母鸡送鸡蛋□大家一起唱歌，祝小兔生日快乐□小动物们玩得真开心啊！

故事三：

狼和小羊

（标题写在一行的中间）

☐ 狼来到小溪边，看见小羊正在那儿喝水。

（每一段前面空两格）

☐ 狼非常想吃小羊，就故意找碴儿，说："你把我喝的水弄脏了！你安的什么心？"

☐ 小羊吃了一惊，温和地说："我怎么会把您喝的水弄脏呢？您站在上游，水是从您那儿流到我这儿来的，不是从我这儿流到您那儿去的。"

☐ 狼气冲冲地说："就算这样吧，你总是个坏家伙！我听说，去年你在背地里说我的坏话！"

☐ 可怜的小羊喊道："啊，亲爱的狼先生，那是不会有的事，去年我还没有生下来呢！"

☐ 狼不想再争辩了，龇着牙，逼近小羊，大声嚷道："你这个小坏蛋！说我坏话的不是你就是你爸爸，反正都一样。"说着就往小羊身上扑去。

1. 我会标段

每一段话前都要空两个格。这个故事一共有几段呢？给这个故事标上段落吧。

2. 小练笔

学习了写故事的格式，想不想动手写一写？大胆试试吧。可要注意了：文章的题目占中间，每段开头空两格，标点符号占一格。（写题目和第一、第二段）

写话园地：

我会说：

一（座）山一（座）庙一（个）和尚

我会写：

我的故事讲不完

我给你们讲个故事好吗？

从前有座山，山上有座庙，庙里有一个老和尚和一个小和尚。老和尚讲故事给小和尚听。讲的什么故事呢？

从前有座山，山上有座庙，庙里有一个老和尚和一个小和尚。老和尚讲故事给小和尚听。讲的什么故事呢？

……

温馨提示：

（1）题目写在第一行中间。

（2）每段开头空两格。

（3）没有说完的话用省略号，省略号占两格。

附2：班级童话故事接龙

蜗牛一家与蜜蜂一家

张奕娴

一天，小蜗牛慢慢慢和小蜜蜂嗡嗡在花园里玩，嗡嗡突然对慢慢慢说："明天我爸爸请客，来一个吃蜜比赛，你也来参加吧！"这个邀请让慢慢慢的眉毛皱成一个大疙瘩，它对嗡嗡说"我爬得慢，去你家要一个月呢！明天你请客，我可能到不了！再说，你们组织的是吃蜜大赛，又不是慢爬大赛，我去了也没什么劲，再说……"嗡嗡是个急性子，没等慢慢慢把话完，就像砍木头一样，把他的话打断了，说："慢慢慢，好慢慢慢，求你了，你爬得慢没关系，可以叫邻居蚂蚁姐姐推你一把，这样你就能快一些到我家了。"没办法，慢慢慢只好答应了，但打心眼儿里还是不愿意去。

慢慢慢接受嗡嗡的邀请时是早上九点钟，可回到家里已经下午五点了。它回到家后，进了自己的小房间，算了算今天回家所用的时间，眉毛又皱成了一个大疙瘩，自言自语地说："哎呀，像我这样的速度，明天怎么能到得了嗡嗡家呢？不去行吗？""不行！做蜗牛要守信用，听说你要参加嗡嗡家的吃蜜大赛，爸爸特地给你弄了一双溜冰鞋来，穿上这双鞋用不了一小时你就能到嗡嗡家了。"这时，爸爸在门外听到慢慢慢说的话，就着急地打断他的话："再说你小时候拿过溜冰比赛冠军呢，连这点距离也溜不过去吗！？""爸爸，谢谢你给我出的好主意！"慢慢慢欢呼雀跃起来，立即夺过爸爸手中的溜冰鞋，穿在脚上围着爸爸滑了一圈。

第二天，慢慢慢起了个大早，一看才六点钟，心想：虽然起得早，可千万不要起个大早赶个晚集，要抓紧时间，赶紧准备去嗡嗡家。他急忙爬到客厅，从鞋柜里拿出溜冰鞋，穿好鞋子，系好鞋带，一看时间，已经七点了，心想：爸爸给我起名叫慢慢慢不是没有道理的，穿个鞋子都要一个小时。它和爸爸道别后，匆匆溜出了家门，过了好长一段时间，到了嗡嗡家的小区，他又看看自己手腕上的手表，惊呼起来："八点半了！"心想：太慢了。"慢慢慢，等我一下！"慢慢慢突然听到有人叫他，他转头一看原来是邻居蚂蚁姐姐，"蚂蚁姐姐，你怎么在这儿？""你忘了，嗡嗡妹妹不是告诉你让我接你去参加吃蜜大赛吗？"慢慢慢一拍脑门，说："我这慢脑子，怎么把这事给忘了！"只听见蚂蚁姐姐"呵呵"笑了两声，说："没关系，我们走吧！"

下面谁接着编——

蚂蚁姐姐和小蜗牛慢慢慢一边走，一边说着话。小蜗牛说："蚂蚁姐姐，你要是累了就爬到我背上，我驮着你走。""那怎么行，别人看到会笑话我的。"蚂蚁姐姐在前面跑着说。

他们走啊，走啊，终于到了小蜜蜂嗡嗡家。

推开门，看不见一个人。桌上到处都是蜜，是怎么回事呢？（老师续）

（接上）这是怎么回事呢？小蜗牛和小蚂蚁在门口仔细看，看仔细！啊，他们发现了一个一个大大的脚印！这是谁的脚印呢？是大黑熊？

他们俩……

他们刚要出门突然看见了黑熊。他俩不知道该怎么办，眼看大黑熊就要进门了，他们灵机一动便躲在了门后面。（袁硕续）

"咚咚！"大黑熊的脚步声像隆隆的雷声，他走进小蜜蜂嗡嗡家。慢慢慢发现，大黑熊身后还跟着一群大黑熊！原来，大黑熊先是进嗡嗡家品尝了嗡嗡酿的蜜，觉得好吃，便叫一大群黑熊来偷蜜吃。

"嗷！"慢慢慢学老虎叫，谁知，胆小的大黑熊以为是大老虎来了，连头都不抬一下，就逃出了嗡嗡家。只有大黑熊首领黑黑呆呆地站在那儿。

黑黑张望了一下，却连大老虎的影子也没见到。

"是谁在学老虎叫？"黑黑壮着胆子问道。

"嗷！"慢慢慢又叫了一声。

黑黑再也不敢停留，逃到了森林深处，慢慢慢和蚂蚁姐姐也追了过去，黑黑听见自己身后有脚步声，以为是大老虎，便更加快速地跑向森林深处了。由于黑黑跑的时候头也没抬，结果，跑到大老虎身边了。

"好在大老虎睡着了。"慢慢慢和蚂蚁姐姐说道。

黑黑傻傻地站在那儿，不知道是怎么回事。"明明大老虎在我后面，怎么一下子到我前面来了？还在睡觉？"黑黑天真地问。

这时，蚂蚁姐姐对慢慢慢："哎呀，对不起。我妈妈在手机上呼我了！"他拿出他的手机，啊！他妈妈已经在手机上呼叫他一百九十九次了！"我得赶快回家。"蚂蚁姐姐说完，就离开了，只留下慢慢慢在那里。

慢慢慢灵机一动，捡起一块石头，向大老虎扔去。

"嗷！"石头砸中了大老虎的脑袋，"黑黑，你干吗砸我？"大老虎怒吼。

"我……我没有啊。我……"黑黑吓得说不出话来。

"还没有！看我怎么收拾你！"大老虎扑了上去，与黑黑大战一场。

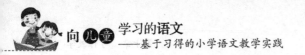

学习的语文
——基于习得的小学语文教学实践

慢慢慢把头缩进壳里，向嗡嗡家里滚去。

（汪玉涵续）

......

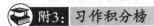

附3：习作积分榜

班级博客积分榜

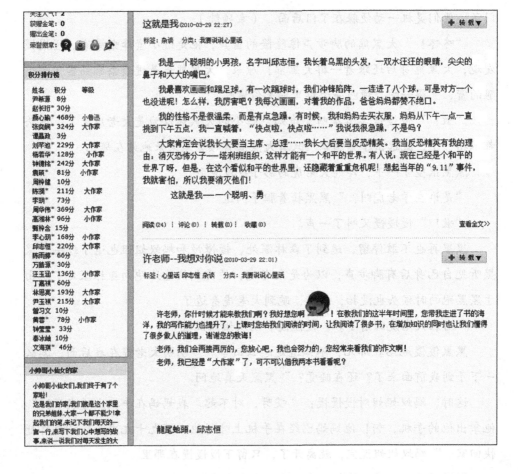

关注人气：2
获赠金笔：0
赠出金笔：0
荣誉徽章：

积分排行榜

姓名	积分	等级
尹梓源"	8分	
赵长珏"	30分	
颜心渝"	468分	小鲁迅
张奕硕"	324分	大作家
谭晶政	3分	
刘宇池"	229分	大作家
杨若华"	128分	小作家
钟雅烩"	242分	大作家
袁硕"	81分	小作家
周钟健	10分	
陈颖"	211分	大作家
李玥"	73分	
周华伟"	369分	大作家
高湘林"	96分	小作家
甄村含	15分	
李心玥"	168分	小作家
邱志恒"	220分	大作家
陈雨源"	66分	
万循茶"	30分	
汪玉迢"	136分	小作家
丁嘉祺"	60分	
林思亮"	193分	大作家
尹玉琳"	215分	大作家
曾习文	10分	
黄蓉"	78分	小作家
钟雪莹"	33分	
秦冰岫	10分	
文海琪"	46分	

小帅哥小仙女的家

小帅哥小仙女们,我们终于有了个家啦!
这是我们的家,我们就是这个家里的兄弟姐妹.大家一个都不能少!拿起我们的笔,来记下我们心中想写的故事,来说一说我们对每天发生的大

这就是我 (2010-03-29 22:27)
标签：杂谈　分类：我要说说心里话

　　我是一个聪明的小男孩，名字叫邱志恒。我长着乌黑的头发，一双水汪汪的眼睛，尖尖的鼻子和大大的嘴巴。

　　我最喜欢画画和踢足球。有一次踢球时，我们冲锋陷阵，一连进了八个球，可是对方一个也没进呢！怎么样，我厉害吧？我每次画画，对着我的作品，爸爸妈妈都赞不绝口。

　　我的性格不是很温柔，而是有点急躁。有时候，我和妈妈去买衣服，妈妈从下午一点一直挑到下午五点，我一直喊着，"快点啦，快点啦……"我说我很急躁，不是吗？

　　大家肯定会说我长大要当主席、总理……我长大后要当反恐精英。我当反恐精英有我的理由：消灭恐怖分子——塔利班组织，这样才能有一个和平的世界。有人说，现在已经是个和平的世界了呀，但是，在这个似和平的世界里，还隐藏着重重危机呢！想起当年的"9.11"事件，我就害怕，所以我要消灭他们！

　　这就是我——一个聪明、勇

阅读 (24) | 评论 (0) | 转载 (0) | 收藏 (0)　　　　　　查看全文>>

许老师--我想对你说 (2010-03-29 22:01)
标签：心里话　邱志恒　杂谈　分类：我要说说心里话

　　许老师，你什么时候才能来教我们啊？我好想念您　　！在教我们的这半年时间里，您带我走进了书的海洋，我的写作能力也提升了，上课时您给我们阅读的时间，让我阅读了很多书，在增加知识的同时也让我们懂得了很多做人的道理，谢谢您的教海！

　　老师，我们会再接再厉的，您放心吧，我也会努力的，您经常来看我们的作文啊！

　　老师，我已经是"大作家"了，可不可以借我两本书看看呢？

　　　龍尾蚴頭：邱志恒

178

第十一章 综合性学习

综合性学习是在社会发展对复合型、创造型人才迫切需求的背景下产生的，因此，它是一种新趋势。它与分科学习相对，又与分科学习相互补充，是一种综合运用各种知识和技能解决实际问题的学习方式。

语文综合性学习，"课标"在"课程设计思路"部分里指出：提出综合性学习的要求是为了加强语文课程内部诸多方面的联系，加强语文与其他课程以及生活的联系，促进学生语文素养全面协调发展。这些要求体现了语文综合性学习的特点和旨归。

一、综合性学习与习得

综合性学习是促进学生非自然习得的重要平台。

综合性学习是以生活主题或问题架构课程的。学习这种课程，需要学生发现问题、聚焦问题、拟订学习计划，然后带着问题，走进生活，去阅读文献、调查研究、走访参观、活动体验、动手实践、梳理分析、形成成果，最后还要对学习全程进行自我评价和反思。这一学习过程离不开听说读写活动，而这样的听说读写活动是任务驱动的，是为了完成计划中的任务开展的，就像儿童学前成功习得母语口语一样，是出于需要。因此，综合性学习的过程就是语文能力非自然习得的过程。

语文综合性学习是指向语文的学习活动，是学生形成和展示自己语文能力的平台。从这个意义上说，学习的过程会更加重视听说读写活动，更加重视语文知识和技能的综合运用。所以，语文综合性学习又是师生一起参与设计的语言能力非自然习得的平台。在开展语文综合性学习的过程中，学生遇到不认识、不会写的字会主动学习，遇到不懂的词语会主动去查、去问，遇到不会写的文本会一起去学习、主动请教老师……因为只有这样，他们才能完成学习计划。语文综合性学习能让学生更好地理解语文知识、技能的意义，帮助学生建立正确的语文学习观，养成良好的语文学习态度，体验语文带给自己的无穷力量，更加热爱语文学习。因此，语文综合性学习能加快学生语言能力的习得，使他们体验到语文学习过程的乐趣，掌握语文学习的正确方法，形成语文学习的良好态度。如果把语文综合性学习中的习得比作一座漂浮在水上的冰山，那么，露出水面的部分便是语文能力，沉在水下的部分便是与语文能力相辅相成的过程中的乐趣、正确的方法和良好的态度等。

基于习得的小学语文教学高度重视综合性学习，这是由综合性学习的特点决定的。综合性学习的重综合、重学习过程、重实践体验、重主体全员参与、重多方合作及开放性的特点都是我们重视其的原因。但是最直接的原因有三：一是语文综合性学习能让学生在解决问题的过程中发现知识与技能的意义；二是语文综合性学习让听说读写等语文活动成为学生的内在需要，解决问题的过程就是学生主动听说读写的过程，这一过程是最好的语言能力的习得过程；三是语文综合性学习是师生共同参与的学习活动，在师生共同发现问题、探索问题、解决问题的过程中，师与生、生与生、师生与校外人员之间建立起良好的关系。

二、综合性学习的教学

综合性学习是为了克服分科课程的弊端而产生的。我们国家2001年第八次课程改革开始重视综合性学习。而具体到语文学科的综合性学习，"课标"指出：主要体现为语文知识的综合运用、听说读写能力的整体发展、语文课程与其他课程的沟通、书本学习与生活实践的紧密结合。

（一）专题的选择

原人教版实验课本和刚刚全面使用的统编小学语文教材都安排了综合性学习的内容。刚刚全面使用的统编版小学语文课本在三年级下册、四年级下册、五年级下册、六年级下册各安排了一个专题（表11-1）。

表11-1　统编小学语文教材综合性学习安排一览表

册次	专题	册次	专题
三年级下册	中华传统节日	五年级下册	遨游汉字王国
四年级下册	轻叩诗歌大门	六年级下册	学习整理资料

这四个专题，四年级下册和五年级下册的专题来自语文学科本身，主要是以活动的形式，融合听说读写等多种方式聚焦诗歌和汉字的再学习；三年级下册的专题来自学生感兴趣的日常生活，让学生走进传统节日，感受传统文化的魅力；六年级下册的专题"学习整理资料"既是一种学习方法，又是研究某一问题要做的基础工作，有为将来开展研究性学习做铺垫的意思，安排在六年级下册，还有与初中综合性学习衔接的意图。

综上所述，语文综合性学习，教材只在二、三学段安排了这四个专题，但是"课标"对第一学段的语文综合性学习也提出了三条要求：能就感兴趣的内容提出问题，结合课内外阅读共同讨论；能注意观察大自然，用口头或图文等方式表达自己的观察所得；热心校园、社区活动，用口头或图文等方式表达自己的见闻和想法。这些要求怎么落实？很显然，没有安排专题，并不是低年级语文不要求开展综合性学习，而是留下空间，让广大教师自己根据实际情况，相机安排。同样，二、三学段只安排了四个专题，我理解也并不是只要求开展这四次综合性学习，少统一安排，也是为了留给教师校本实施的空间。

如果说语文综合性学习是一条河，那么学生在语文课上学到的技能、积累的语汇等则是水，开展的学习活动则是让水按照一定的方向流动起来，而这样流动的水才是活的水，才是有用的水，才是有力量的水。所以，开展语文综合性学习意义重大。

（二）综合性学习的开展

"课标"在实施建议里指出：综合性学习要紧贴现实生活，突出学生的自主性，重视学生主动积极的参与精神、合作精神，培养学生的策划、组织、协调和实施能力。综合性学习的设计要开放、多元，有利于与其他课程相结合，有利于跨学科学习；综合性学习还要积极构建网络环境下的学习平台，拓展学习和创造的空间。这些建议为我们开展语文综合性学习指明了方向，拓宽了视

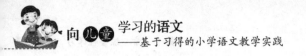
野。只要我们有心，语文综合性学习随时随处都可以发生。

综合性学习综合性、开放性和自主性的特点决定了它需要经常打破教室甚至校园时空的限制，走向更广阔的学习天地，采取灵活多变的教学方式。但是万变不离其宗，无论是何种类型的综合性学习，都需要经历以下环节。

1. 方案设计

方案设计即对即将开展的综合性学习做活动预设，计划好学习的全程，以便按计划开展学习。这一步要求老师和学生共同研究，一起商讨计划的制订。可以以学习小组为单位，先让各学习小组自行制订学习方案，然后再拿出来全班讨论、修改，形成最佳学习方案。

2. 自主探究

自主探究是学生按照学习方案，自行完成计划中的学习任务：要查资料的查资料，要调查访问的调查访问……各展其能，各显神通，并做好过程记录。

3. 问题研讨

学生在自主探究的过程中会遇到各种问题，对完成学习任务造成了影响，提交上来，然后大家一起讨论，发挥集体的力量，集思广益，找到解决问题的办法，然后再回到各自的小组里去解决，继续完成下一个任务。这一步有时需要经历多个回合。

4. 总结展示

总结展示即各小组展示自己的学习成果。展示的方式各小组自己选择，可以是图文并茂的小报，可以是诗文，也可是研究报告……需要注意的是，总结展示不能只停留在成果报告上，一定要引导学生反思学习过程，全面总结得失。所谓全面，指不仅要总结知识的运用、方法的选取、成果的表达等情况，还要总结与人交往沟通、合作等情况，并反思做得好与不好的深层原因，促进学生各方面素养的全面提升。

（三）可以经常开展的综合性学习活动

下面介绍我们一直以来坚持开展的几种综合性学习活动。

1. 戏剧表演

这里的戏剧主要指课本剧和经典童话剧。"引导年幼的孩子去体会故事、诗作的最佳方式就是将其变成剧本，让他们演出，或者让孩子们创作属于自己的故事角色。"①对语文综合性学习而言，可能没有比戏剧表演更好的方式了。我们引导学生将文本改编成剧本，然后分配角色，熟悉剧本台词，进行动作设计，一起揣摩人物心理和相互之间的关系，弄明白人物角色台词怎么说，琢磨其语气、音高、缓急、断续……这样反复排练，听说读写、角色意识、社会认知、道德情感等全在其中了。本章附1《课本剧〈唯一的听众〉》就是学生集体编写的一出剧本。

2. 演讲活动

什么是演讲？百度里这样说：演讲又叫讲演或演说，是指在公众场合，以有声语言为主要手段，以体态语言为辅助手段，针对某个具体问题，鲜明、完整地发表自己的见解和主张，阐明事理或抒发情感，进行宣传鼓动的一种语言交际活动。演讲分有准备演讲和即兴演讲两种。有准备演讲的准备过程实质上是一次综合性学习过程。演讲者要事先了解听众构成，要选择演讲主题，要撰写讲稿并熟背。这种演讲必须做好充分准备，语言尽量口语化，表达自然，切忌有表演的痕迹。即兴演讲是指演讲者预先没有充分准备而临场生情动意所发表的演讲，它是一种难度最大、要求最高、效果最佳的演讲方式，要根据实际情况，针对听众的心理和需要，灵活机动，迅速调动语言的一切积极因素，感染听众，说服听众，鼓动起听众的昂扬情绪。

基于习得的小学语文把举办演讲活动定性为综合性学习，更多是指有准备演讲。每个学年，一至六年级都要在读书节举行一次演讲比赛活动。活动期间，在各班开展比赛的基础上，选出优胜者，到全校展示。评价标准紧扣"课标"口语交际的各学段教学目标。比如，第一学段的评价标准有三条：一是说普通话；二是演讲有主要内容，有让听众感兴趣的意识；三是自信大方、对听众有礼貌。其中第三条给分最高。每学年评出"小演说家"数名，发给证书并张榜公布。

3. 问题研究

我们的身边有很多问题，选择自己身边的问题进行研究，开展语文综合

---

① ［英］艾登·钱伯斯.打造儿童阅读环境［M］.许慧贞，译.海口：南海出版公司，2007：78.

性学习，也是我们经常选择的学习方式。例如，节日怎么过更好？肯德基是垃圾洋快餐吗？……还有像身边的环境问题，有的学生会选择校园里种什么植物好去研究。我们要充分发掘教学资源，选择各种学生感兴趣的专题开展语文综合性学习。

低年级学生怎么开展综合性学习？春天来了，下雨了，校园里蜗牛很多，低年级的学生对它们产生了兴趣，老师因势利导，带领他们开展了一次综合性学习。本章附2《跟着蜗牛去旅行》就是我们在二年级开展的一次综合性学习活动的全程回放。

4. 学科融合

将语文学习融入其他学科，开展综合性学习，让学生充分感受语文学习的快乐和力量。

我们将语文学习与美术结合起来。比如，第十章里提到的"三只小猪"的例子。

学校班级足球联赛开始了。学生因足球运动而热情空前高涨。我们把语文学习融入其中，让他们策划联赛方案，写开赛致辞，组织开展"我与足球"手抄报和征文比赛，写闭幕词，写给家长的邀请信，让他们来观看联赛最后的决赛……让语词伴着足球一起运动，让我要学好语文与比赛的加油助威声在学生心里一起呐喊。

语文综合性学习因时、因地、因人而异，空间无限广阔。上面列举的只是我们经常开展的几种样式。只要我们思想上重视，认识上到位，实践上创新，语文综合性学习就会如春天的草木，蓬蓬勃勃，充满生机，为学生语文能力的习得装上动力强劲的助推器，为小学语文教学插上腾飞的翅膀！

三、综合性学习与口语交际

基于习得的小学语文教学将"课标"中规定的口语交际教学内容纳入语文综合性学习。这有点冒天下之大不韪。我们的理由是：

（1）学生在开展综合性学习的过程中，与学校、家庭、社会各方面的人交流沟通，让口语交际教学不再纸上谈兵。应该说，综合性学习为口语交际教学提供了鲜活的实际生活情境。为了完成综合性学习任务，学生必须认真选择话题，学会与来自不同层次、不同文化背景的人互动，倾听他人的意见，接受他人的指导，表达自己的看法，应对他人的询问和质疑。他们"文明和谐地进行人际交流的素养"会在其中得到培养。

（2）我们认为：口语交际本质上就是一种综合性学习活动。"课标"指出：口语交际应该培养学生倾听、表达、应对的能力，使学生具有文明和谐地进行人际交流的素养。文明和谐地进行人际交流是一种综合素养，既要有很好的口头表达能力，要懂社会规则、道德规范，还要看实际场合、看交际对象的身份背景等，这样才能保证应对得体，才能和谐。一些重要的人际交往活动，还要事先做好功课，了解交际对象的文化层次、个人喜好、人生经历、民族习惯等，这些需要丰富的知识和较好的理解能力；同时，在交往中，还要事先做好自己的形象设计，做好各种情况的应对预设……这些都具有综合性学习的特质。

基于上面的认识，我们把"课标"中口语交际教学的年段目标渗透到综合性学习活动中，并纳入综合性学习的评价中。具体情况参见本章附3。

附1：课文改编的剧本

课本剧《唯一的听众》
深圳市福田区下沙小学六（1）班

人物：小男孩（孩）、老妇人（妇）、父亲（父）、妹妹（妹）。

布景：家中，练琴房里。为小男孩设一个小提琴架。

（小男孩专心致志地拉着小提琴。）

妹（边敲门边说）：哥哥，求求你，饶了我吧。

孩：别烦我。

父（打开门，走进练琴房）：你怎么能这样对妹妹说话？你也不想想，你拉出来的是什么。难道你不觉得你拉出的《小夜曲》是锯桌腿的声音？

孩：不是这样的。

妹（也进入练琴房）：哪里，你不知道吗？邻居们经常抱怨，说你一拉小提琴，他们就别想睡觉。

孩（很生气地指着父亲与妹妹）：你们太过分了。

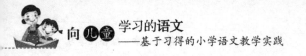
父：在我看来，这一点儿也不过分。

孩：好吧，既然这样，我以后就不在家里练琴了。（放下小提琴，走出练琴房。）

布景：树林中，地上满是落叶，树边，有几张木椅。

画外音：第一天。

（小男孩拿着小提琴蹑手蹑脚地来到树林。）

孩（架起小提琴，拉起曲子）：我真是个白痴，我干吗把"锯子"给带到林子里。不过，我还是继续拉吧。（正准备再次拉琴，感到身后有人，转身）啊！（看见一位老妇人，脸红，准备溜走。）

妇：是我打搅你了吗，小伙子？不过我每天早晨都在这里坐一会儿。我猜想你一定拉得很好，只可惜我耳聋了。如果不介意我在场的话，请继续吧。

孩：（指指小提琴，摇摇头。）

妇：也许我会用心去感受这音乐。我能做你的听众吗？就在每天早晨。（微笑）

孩：（又拉起了小提琴。）

画外音：第二天。

妇：嗨！可以开始了吗？

孩：（架起琴，点点头，拉起了曲子。）

妇：（悄悄打着节奏）真不错，我的心已经感受到了。

孩：（高兴地笑）谢谢。

画外音：第三天。

妇：今天你来得可真早啊。

孩：（微笑，拉琴。）

妇：你的琴声能给我带来快乐和幸福，你知道吗？

孩：是吗？（不好意思）

布景：家中，练琴房，为妹妹设一把椅子。

（小男孩又在练琴，很投入。）

妹（鼓掌）：太美了，这音乐太美了。哥哥，《月光曲》你拉得这么好，是不是受了名师的指点？

孩：是一位老太太，住在十二号楼，很瘦的那一位，不过——她是一位听力障碍者。

妹（一惊）：听力障碍者！

孩：对。（脸上流露出伤感）

妹：听力障碍者？你竟说她是听力障碍者！多么荒唐！她是音乐学院最有声望的教授，曾经是乐团的首席小提琴手。

孩（惊讶，立刻又平静下来）：哦，是吗？

布景：世界上最大的舞台，下面坐着千千万万的观众。

（小男孩穿着礼服，站在舞台上，投入地演出。）

父（坐在观众席上）：太棒了。

妹（坐在父亲身边）：哥哥，我爱你。

孩：（脑中浮现出老妇人的样子，落下了眼泪。）

——幕落·剧终

附2：低年综合性学习案例

跟着蜗牛去旅行
——二年级综合性学习实践与思考
深圳市福田区下沙小学　欧阳美娴

活动简要计划见表11-2。

表11-2　简要计划

活动策划	学科整合点与具体实施策略
主题生成，充分准备	雨后蜗牛，学生感兴趣，主题生成。讨论交流，构建主题网：蜗牛的生物属性、文化属性、蜗牛与我。充分准备
搜集整理，合作探究	各小组根据学习的方向，在语文、音乐、美术、品德、科学、体育等科任教师的指导下，积极开展活动，教师相机指导
学科整合，成果展示	在各科任教师的指导下，整理资料，完成作品，成果展示
评价总结，拓展延伸	交流收获，多元评价，拓展延伸

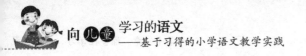

学习过程记录：

雨后的校园气息清新扑鼻，花叶间一尘不染。下课铃一响，孩子们就三三两两在花草间嬉戏。"哇，有蜗牛！"一声惊呼传来，其他孩子蜂拥过去，低头伏在花叶间，细细地观察这神奇的小虫。

"蜗牛吃什么呀？"

"怎么看这只蜗牛几岁了呢？"

"老师，为什么蜗牛喜欢下雨后出来？"

一个个小问号填满了孩子们花一样的脸蛋。这一刻我很感动，泥土、野草、小虫曾是我们童年最好的玩伴，可这些在大城市的钢筋水泥包围下长大的孩子亲近大自然的机会实在是太少了，他们的大多数自然常识都是从类似于《探索自然奥秘》这样的书本上获得的。我怀念童年的美好，也希望孩子们能和我童年时一样在大自然母亲的怀抱里快活玩耍。转瞬一想，何不摒弃所谓的教学进度，带着孩子们跟着蜗牛来一场说走就走的综合性学习之旅呢？

上课了，趁着孩子们对蜗牛的浓厚兴趣还滚烫着，我再次通过视频和图片的方式创设情境，并抛出问题：关于蜗牛，你最想知道什么？孩子们叽叽喳喳，提了一堆问题，大多是关于蜗牛的生物属性的，如蜗牛的身体构造、生活习性等。但我想，这次博物之旅不应仅仅教会孩子们认识生物意义上的蜗牛，更重要的是陪着孩子们来一趟有意义、有意思的文化之旅，让他们去感受、体验蜗牛在文化中的意义。和孩子们一商量，大家炸开了锅，恨不得马上开始行动。

孩子们根据兴趣结组，开始饲养蜗牛、收集资料、合作探究。经过一系列的资料整合和实践体验之后，孩子们与蜗牛建立了深厚的情谊，迫不及待地想展示自己的活动成果。成果展示会上，孩子们兴奋地分享了自己饲养蜗牛、观察蜗牛的感受。大家展示的蜗牛书签一张比一张精美，吟唱的蜗牛歌曲一首比一首动听，跳的蜗牛舞蹈一支比一支欢快。热爱表达的孩子为大家讲述了《蜗牛快递》《蜗牛一家上剧院》等故事，孩子们在故事中体会着蜗牛的文化寓意。孩子们还用图文并茂的形式表达对蜗牛的喜爱之情，从找蜗牛、喂蜗牛、让蜗牛举行爬行比赛到把蜗牛放回大自然母亲的怀抱里，童心童趣跃然纸上。心思细腻的孩子还给蜗牛写了小诗：世界像迷宫，大大的，小蜗牛你会不会迷路？我用一片叶子牵着你，慢慢地，送你走上回家的路。可见科学探究大大提升了孩子的图文表达能力。在蜗牛辩论会上，孩子们就"蜗牛是害虫，要保护吗？"这个辩题自由辩论，不时迸发出精彩的观点。比如，"蜗牛有眼睛、有牙齿，和人类一样有生命，生命应该受到保护""害虫是人类给它定义的，对自然界其他生物来说蜗牛不一定是有害的，不应该消灭它"。我非常欣喜地看到，关怀生命这颗种子已经在孩子们心中萌芽了。

活动结束后，孩子们意犹未尽，正在计划下一次综合性学习之旅是和蚂蚁去还是和萤火虫去。看着孩子们快乐地体验着、收获着、成长着，我也开始反思自己对于教育的理解。作为一个年轻教师，对待接受能力比较差的学生，不能急躁，要有蜗牛般的精神。张文质先生说："教育是慢的艺术，慢就需要平和、细腻，更需要耐心。"这次跟着蜗牛的博物之旅让我慢慢产生了变化，我开始不再催、不再赶孩子，开始学着用牵着蜗牛去散步的心态对待孩子，给予孩子足够的时间和空间，让他们去成长。

低年级综合性学习的过程在于有趣，在于在一草一木中追求简单的快乐。大自然是个生动的课堂，身旁高树、脚边野草、水中游鱼、枝头落鸟，这些都可以成为我们的教育资源。我将继续和孩子们一起去探索自然，对话天地，并在学习过程中找回自己、找回最简单的快乐。

附3：六年级语文综合性学习设计方案

<h2 style="text-align:center">感受水的灵性——古诗词中的水</h2>

深圳市福田区下沙小学 许彦达

一、课题背景、意义及介绍

1. 背景说明

仁者爱山，智者爱水。水，作为万物的精灵，从古到今，人们对它情有独钟。中华民族是诗的民族，古诗词是我国的文学瑰宝。在古诗词中，人们对各种各样的水都有吟诵和妙用。作为一名学生，应该了解有关水的文化，了解人们赋予水的各种意义、精神，形成水一样的灵性，从而爱古诗词、爱水。

下沙小学地处大海边，学生每天都能看到水，水给了他们无限的遐思。六

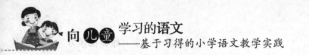

年级上册语文教材中设立了综合性学习单元——轻叩诗歌的大门，其中重点安排了古诗词的综合性学习，设计相关的专题进行研究。正是为了配合这一单元的教学，确保教学目标的达成，我设计了本次综合性学习活动。

2. 选题的意义

通过查阅文献，在读诗词、解诗词、唱诗词、诵诗词、赏诗词的活动中，让学生自主探究古诗词中的水及其意义；了解相关的名人名家的品格及其与水的故事，了解水的自然性质，增长水的科学常识；提高学生收集、处理信息的能力，与人沟通、合作学习的能力；让学生体验综合性学习的过程与方法，培养学习能力；激发学生爱古诗词、爱水的情感，学习水文化中的人文精神，感受水的灵性，从而形成健康进取的生活态度和高雅的生活情趣。

3. 专题介绍

专题学习活动分成"诗海漫游""探寻水迹""品味水性"和"水美我心"四个步骤。首先是分小组搜集带有水字的古诗词，选择自己感兴趣的诗人或作品确定学习方向。然后根据学习方向，进一步探究学习相关诗人名作赋予水的意义，进一步了解诗人与水的故事。在此基础上，开展实践研究活动，写出研究报告，举办关于水的主题演讲报告会、诗词赏析会，制作小报并展览等。

二、综合性学习的教学目的和方法

1. 知识与技能

（1）搜集古诗词中有关水的名作，了解水的各种形态特点以及诗人赋予水的各种意义。

（2）了解相关诗人与水的故事。

（3）查阅资料，了解水的自然形态及相关知识。

（4）会处理有关水的信息，学习写古诗词中关于水的研究报告的知识及简单技能。

2. 过程与方法

（1）学习通过多种途径（图书馆、网络、调查访问等）搜集有关水的古诗词。

（2）按照一定的类别，对搜集到的内容进行整理、归类，掌握简单的研究方法。

（3）通过列表格、做手抄报、主题演讲、写研究报告等形式呈现自己的研究性学习成果。

3. 情感态度和价值观

（1）激发学生爱古诗词、爱水、热爱自然的情感，学习水的人文精神，感受水的灵性，从而形成健康进取的生活态度和高雅的生活情趣。

（2）引导学生在活动中发现问题、研究问题，培养良好的探究意识、团结合作精神和永不言弃的生活态度。

（3）展示学习成果，让学生体会到探究、合作、成功的快乐。

三、参与者特征分析

参与本专题的是六（3）班的学生，他们平时有良好的阅读习惯，阅读量较大，喜欢诗词吟诵，记诵过《小学生必背古诗词70首》和《打开通向经典的门——古诗词名句245句》。学生上进心强，乐于接受挑战。部分学生缺乏胆量与主动性，对于新知识的学习比较依赖老师，习惯接受性学习，主动探究的意识不够；部分学生内向，不敢当众表达自己的观点，表现自己的才艺。

学生平时在教与学的方式转变中经常开展小组合作学习，已开展过多次综合性学习，具备学习基础。

四、学习目标与内容

1. 学习目标

通过专题学习，自主探究古诗词中的水及其意义，了解相关的名人名家的品格及其与水的故事，了解水的自然知识，培养学习能力，激发爱诗词、爱水、爱自然的情感，学习水文化中的人文精神，感受水的灵性，形成健康进取的生活态度和高雅的生活情趣。

2. 学习内容

（1）探寻古诗词中写水的名作、名句。

（2）探究古诗词中水的各种类别。

（3）探究了解名家名作中水的故事以及精神品质。

（4）重点探究古诗词中水的自然形态及其比喻意义。

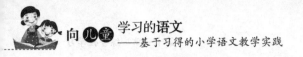
五、学习的预期成果及其表现形式

本次综合性学习的成果将以表格、手抄报、幻灯片、主题演讲、研究方案、研究报告等形式展现出来。另外，学生将通过自我评价、相互评价以及老师的评价获得学习经验。

六、资源准备

1.老师准备

（1）了解有关网站，阅读有关书籍，有选择地向学生推荐，如《诗经》《楚辞》、唐宋诗词，以及元明清诗词等。

（2）设计各阶段学习的各种问题及表格。

（3）设计一份名家或名作（如"李白与水"或"《诗经》中的水"）关于水的研究报告或小报范例供学生参考。

（4）设计评价量表。

2.学生准备

（1）电脑、U盘、笔记本。

（2）书籍。

（3）A3纸、卡纸。

七、研究性学习的阶段设计（表11-3）

表11-3 "感受水的灵性——古诗中的水"综合性学习计划表

研究性学习的阶段	学生活动	教师活动	起止时间
第一阶段：动员和培训	（1）接触、讨论问题。 （2）了解本次活动的学习目的。 （3）学习了解本次研究性学习活动的步骤、方法、要求	（1）呈现各种水的图片，激发学生的学习兴趣。 （2）组织学生就问题谈感受，提问题。 （3）利用演示文稿介绍本次综合性学习活动的步骤与方法	1课时

研究性学习的阶段		学生活动	教师活动	起止时间
第二阶段：课题准备	提出和选择专题	（1）观看水的图片，朗读有关水的诗词名句。 （2）谈谈自己所知道的人们赋予水的一些比喻意义。 （3）了解中国诗词发展的脉络。 （4）与老师一起确定学习课题	（1）幻灯片出示搜集的水的图片，激发学生对水的喜爱，相机出示一些含有水的古诗词名句。 （2）出示人们关于古诗词学习体会的话，激发学生研究的兴趣。 （3）提供网络和古诗词学习的重要作品和重要名家。 （4）与学生一起确定学习的专题	2课时
	成立学习小组	（1）学生根据自己喜爱的名家名作确定选题，并根据选题形成小组。 （2）各小组成立后，选定组长，学习讨论小组合作学习评价量规。 （3）根据自己的选题，进行小组分工。小组内分工可以分为收集资料小队、动手实践小队、编写报告（演讲报告或研究报告）小队等	（1）帮助学生选出8个学习专题，分配给8个学习小组。 （2）制定合作学习规则（或者合作学习评价量规），提供给学生。 （3）组织、指导学生进行小组讨论、小组成员分工	
	形成小组实施方案	各小组根据分工制订研究计划、分配研究时间、细分研究内容、制作调查表、预定成果等	（1）设计"学习方案"模板，为学生制订学习方案提供指引。 （2）设计"学习过程记录表"为学生记录学习过程提供指引。 （3）设计成果展示模板，为学生展示学习结果提供指引	

续 表

研究性学习的阶段	学生活动	教师活动	起止时间
第三阶段： 专题学习实施	1.收集资料 采取上网下载、上图书馆查阅、请教师长等多种方式和途径收集有关水的古诗词作品。 2.整理资料 将收集到的资料按一定的标准分类，如按水的形态、水的作用、水的妙喻等分类。 3.形成成果 各小组根据自己的特长分工形成研究成果：设计成果展示方式；古诗词中的水学习报告；制作PPT。 4.展示交流 在班级展示活动中交流小组学习成果。 5.评价总结 在小组内总结评价。个人评价参照"评价表1"。小组评价参照"评价表2"。教师评价参照"评价表3"。综合评价参照"评价表4"	（1）给学生一些资料收集的重点提示。 （2）给组长发放"活动记录表"，以用作每次小组活动后收集整理信息。 （3）及时跟踪了解各小组活动进行情况，为学生出谋划策，当好参谋，让学生随着活动的开展，不断修改活动方案，调整活动方式，保证活动的顺利进行。 （4）组织开展班级成果展示交流会，如研究报告会、主题演讲会、有关水的古诗词赏析会。 （5）根据各小组成果展示情况评选出优秀成果予以表彰，将优秀成果推荐给学校	一周

八、总结与反思

本次综合性学习以自主、合作、探究的方式让学生走进古诗词中水的世界，开展诵读诗词、诗词赏析、研究报告会、主题演讲会、制作小报等综合性活动，让学生了解古诗词中的水及其妙用，了解相关的名家名作及其品格和水的故事，了解水的自然性质，增长水的科学常识，培养学生研究性学习的能力，激发学生爱诗词、爱水、热爱自然的情感。同时通过学习水文化中的人文精神，让学生感受水的灵性，形成健康进取的生活态度、高雅的生活情趣。

班级学生参与面广，许多小组的成员发挥了自己的特长、优势，成果比较显著。另外，在全班交流和展示会上，许多学生锻炼了胆量，提高了自信心，品尝了成功的快乐。

本次综合性学习也存在着问题，如个别小组分工合作不太理想，资料占有不全面等。这其中有客观原因——学生住处相隔比较远（这是今后分组要考虑的一个因素），也有主观原因，如个别孩子没有时间观念、缺乏合作意识，同伴间的互助体现得不够等。

专题学习计划书见表11-4。

表11-4 专题学习计划书

学习专题			
小组名称			
小组成员及分工	姓名	分工	主要任务
学习内容	学习方法	预期成果	展示方式

资料收集记录见表11-5。

表11-5 资料收集记录表

诗词题目	出处、作者及相关名句	水的自然形态	水的作用	水的喻义	备注

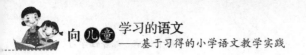

"评价表" 4份（表11-6～表11-9）：

表11-6　评价表1：个人评价

自评内容	打"√"或描述	
1.你是否一直对本专题的学习感兴趣？	是	否
2.你是否参加过活动主题的选择和活动计划的制订？	是	否
3.你对活动成果是否满意？	是	否
4.你收集信息、资料的途径有哪些？（报刊、书籍、图书馆、书城、网络、访问等）		
5.你在活动中遇到的最大问题是什么？你是通过何种方式解决的？		
6.本次活动中，你最感兴趣的是什么？		
7.本次活动中，你发现了什么？		
8.本次活动中，你最大的收获是什么？		

　　说明：每一阶段活动结束后自评一次，填写"评价表1"中相关的项目。

表11-7　评价表2：小组评价

互评内容	打"√"或描述	
1.小组成员合作是否愉快？	是	否
2.你们在活动中遇到过哪些困难或问题？通过何种方式解决？		
3.你们是怎样合作克服困难的？		
4.你们认为下次活动还应从哪些方面加以改进？		

　　说明：每一个主题活动结束后，小组成员集体讨论，组长执笔用描述性评价对以上内容进行评价，完成后经指导教师审阅后收入档案袋。

表11-8　评价表3：教师评价

评价内容	评价指标	等次（星级评定）
1.活动态度方面	A.态度是否积极，是否主动组织或参与活动？B.与小组同学合作是否良好？C.活动是否认真、善始善终？D.是否勇于克服困难	
2.知识技能方面	A.查阅资料技能B.采访记录能力C.调查研究能力D.整理材料能力	
3.完成活动任务综合情况方面	A.运用工具能力B.交往与表达能力C.分析总结能力	
4.创新意识和实践能力方面	A.学习内容的丰富性B.学习态度的积极性、学习方法的多样性C.解决问题的灵活性D.成果展示的质量	

表11-9　评价表4：综合评价

"感受水的灵性——古诗词中的水"综合性学习成果评价量规					
评价指标	评价内容	得分			
		自评	互评	家长评	教师评
参与态度	1.认真参加每次活动				
	2.努力完成自己承担的任务				
	3.主动提出自己的设想				
	4.乐于合作，能和同学交流，尊重他人				
	5.善于提问，乐于研究，勤于动手				
	6.能对自己进行反思				
	7.实事求是，尊重他人的想法与成果				
	8.不怕吃苦，勇于克服困难				
	9.有求知的好奇心、探索的欲望				
	10.积极实践，发挥个性特长				
学习能力	1.能通过多种途径获取信息				
	2.会收集、整理资料				
	3.能运用已有知识解决问题				
	4.独立思考，自主学习，主动发现问题，提出问题，寻求解决问题的方法				
成果展示	1.资料丰富，分类清楚				
	2.演讲大方生动，有感染力				
	3.研究报告完整规范				
	4.古诗词名作赏析有条理，有见解				
	5.小报制作新颖、独特				
	其他				
总评	（星星总数）÷3				
	（总自评+总互评+总师评）÷4				

注：（1）评价结果分五个星级。

（2）五星表示优秀，四星表示较好，三星表示一般，两星表示尚可，一星表示仍需努力

第十二章　学习环境建设

环境与人的健康成长关系密切。所谓"近朱者赤，近墨者黑"说的就是环境的作用。中国很早就发现了儿童健康成长与环境的关系，《孟母三迁》的故事就是例证。语文学习也一样，学生处在有利于语文学习的环境之中，学习成效就好；反之，则一定不会好。

一、学习环境与习得

在母语习得理论中，学习论者把儿童学前能无师自通习得母语完全归功于环境的作用，相互作用论者把环境作用与儿童先天基础、认知发展放在同等位置，辨认整体特征论者认为先天禀赋能力是通过环境起作用的，足见环境作用的重要。就连先天论者也没有完全否定环境的作用。因此，语言学习环境建设非常重要。语言学习环境建设对小学生而言更为重要。因为，他们从幼儿园进入小学，书面语学习是很重要的任务，良好的书面语学习环境对他们尽快习得母语书面语会起到助推的作用。

这里的书面语学习环境是非自然习得的必要基础。

1. 理想的语言学习环境

一个理想的语言环境能让我们的小学语文教学既轻松又高效。我曾把这种环境比作学生的语文游乐场。这个游乐场，地面是用写着3500个常用字的砖铺成的，墙壁是用古今中外的经典书籍砌成的，天花板上有中国几千年来历代的语言大师的头像和名字。学生走进这个游乐场就会被吸引。

这个游乐场分这样几个部分：

第一部分是可以上课的地方。这里的课桌就是海量的语文学习资源库，里面有电子图书馆，学生想看什么书，只要说一下书名，或内容关键词，书就会出现在桌面上。这个课桌还能将学生讲的话、写的文章变成电子文档，保存下来。如果某个学生想测试一下读完一本书的效果，课桌上马上就会出现该书的测量工具；如果学生想知道自己的演讲水平，只要对着课桌模拟演讲一次，就可以知道结果，而且它还会告诉学生今后努力的方向……里面还有根据课程标准编制的听力等级评价标准、写字等级评价标准、习作水平评价标准等，只要把学生的作品往桌面上一放，就能知道结果和需要努力的地方。

第二部分是制作区。在这里，学生可任意制作自己想要的语言作品，甚至书籍，一段朗读、一篇读书心得、一篇习作……都可以。这里有他们想要的任何学习工具。学生在这里制作的任何作品都会受到尊重，制作中犯了错误也不会受到嘲笑和批评。

第三个部分就是讨论区。学生将自己的作品拿到讨论区来，让别人讨论，以便知道得失。

第四个部分是展示区。学生在这里展示自己的成功作品，听说读写演都可以，个人展示、小组合作展示形式自由选择。

……

过去，由于我们没有认识到环境建设对儿童母语二次习得的意义，再加上，有时候条件有限，我们对语言学习环境建设不够重视，甚至连图书馆都成了学校的摆设，没有起到它应有的作用。其实，就语文学习而言，我们的学校就应该是一个语言学习的游乐场。

2. 自然的语言环境与人为的语言环境

语言学习游乐场就是我们前面说的人为创设的语言环境。我们知道，儿童学前习得母语的环境是日常生活语言环境，我们把它叫作自然的语言环境，进入学校以后学校创设的语言环境，我们把它叫作人为的语言环境。

自然的语言环境是原汁原味的生活环境。相对于自然的语言环境，学生进入学校后，为了促进他们语言的非自然习得而创设的人为的语言环境，则具有以下特点：

（1）目的性。人为的语言环境是为了促进学生的语言习得，帮助学生尽快形成语言能力，目的非常明确。

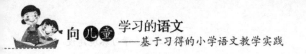
（2）规范性。与自然的语言环境相比，在人为的语言环境里学生的语文活动都是经过精心策划的，学生所接触到的语言材料与参与的听说读写活动都符合语言规范。

（3）系统性。从目标上看，人为的语言环境既以学生的语言能力为核心，又使学生通过语言学习获得德性修养、情感熏陶、精神成长。从纵向上看，在人为的语言环境里，学生的语文活动是根据学生心理发展规律和语言习得规律有序开展的，不同年级有不同的活动。从横向上看，学生听说读写的能力共生共长，协同发展。

（4）审美性。与自然的语言环境相比，人为的语言环境无论是物理环境的布置还语文活动的设计，都依据美的标准来创设。学生置身其中有一种美的享受。

二、学习环境建设

儿童语文学习环境建设包括硬环境建设和软环境建设两个方面。目前条件下，儿童语文学习环境创设的最低标准应该有以下一些硬件。

1. 图书馆

每一所学校都要有一个强大的图书馆，除了藏书足够多以外，还有低、高年级两个阅读教室。低年级阅读教室要充满温馨和童趣，书架也是低低的，好书尽量放在低年级学生站立时眼睛平视的高度；高年级阅读教室一走进去，满是书，还配有电子图书馆，以蓝色为主色调，让人进去不得不静下来。

图书管理员很重要，我们安排了一名优秀的语文教师来担任。她以专业的眼光规划图书馆里的各类图书，及时添置新书，用心考虑绘本、文学书、科技书以及教师用书等配备是否均衡，以满足全校师生的个性需求；她有爱心，有热情，对来图书馆的每个学生都投去欣赏的目光，鼓励他们到图书馆来，找到自己喜欢的书；她能发动学生和家长一起来参与图书馆的管理，这样才能把全校每个角落的图书管理好，定期更新，假期还要收回、清点；她还定期组织新书发布会，给不同班级的学生上阅读课，引导他们热爱阅读……

2. 阅读教室

在图书馆里有两间分开的阅读教室：一间供一至三年级上课用，一间供三至六年级上课用。一般中等规模的学校有两间就可保证每个班每周一节的阅读课可以在图书馆的阅读教室上。教室里有功能强大的教学平台，还配有供展示用的舞台及可向全校直播的系统。学生可以在这里读书，也可以通过直播系统发表读书演讲或感言，推荐自己读的一本好书。教室的墙壁上挂着好看的时钟，还有评比栏和读书积分榜。

低年级阅读教室的四周全是卡通造型的书柜，里面放满了适合他们读的书。书柜多彩的颜色和从窗帘透进来的阳光让教室显得宁静而温馨。地面上配有彩色的造型不同而有趣的坐垫。所有这些布置，目的是要让这里成为学生最喜欢的地方。

高年级阅读教室的四周也是摆满了书，只是这里的书柜抽象了许多。这个阅读教室有点像个小剧院。除了教学的空间，这里的舞台很大，而且舞台设置在大电子屏的前面，这个电子屏覆盖了舞台后面的整面墙，学生可以自己组织表演自己根据名著改编的剧本，并发挥信息技术特长，通过大电子屏幕为表演配上需要的背景、音乐等。

3. 书吧

学校是读书的地方，读书的地方没有随处可见的书吧，那是不可想象的。各个楼层空间可以做成书吧，每个教室里有书吧，甚至楼梯间都改造成书吧。有了这些书吧，就总能看见有学生来这里读书，即使有时候放学很久了，也能看见爱读书的学生。这些书吧里的书由稍高年级的学生读书义工负责管理。学校图书馆管理老师负责指导他们。书吧里的书，开学前一天就放好，学期中途保持一个月更换一次，放假了就收回图书馆去。

4. 班级教室

班级教室是学生最常待的地方。学生只要在学校，绝大部分时间都在班级教室里学习、嬉戏。因此，班级环境建设尤为重要。

班级的物理环境时刻保持窗明几净，一切细节都按照美的标准和卫生要求来设置。装饰品不多，但搭配合理、色彩温馨和谐。教室最前面的教学平台整洁干净，不会像有的学校那样成为杂物堆，课桌椅是学生喜欢的形状，两侧的墙壁除了窗帘都是洁白的。卫生用具集中摆放到外面，不放在教室里。天花板上照明灯和风扇精心布置，不会给人以凌乱的感觉，而且经常清洁。教师经常教育学生要像爱护自己的家一样爱护教室的环境。

与物理环境相匹配，班级的文化环境更要有特色。教室的前后墙壁应该是物态文化的阵地。前面的黑板两侧有班级共同追求（如班风、学风等）、班级公约，还有班级读写榜或日常表现积分表，后面墙壁有优秀学习成果展示区，还有吸引人的书吧。各科教师要在班级里营造乐观、文明、向上的班级文化氛围。

5. 校园读写氛围的营造

学校的全体教师都要做出表率，做勤于读写的人。校园网上开设教师的博客，定期进行教师读书心得评比，举行最佳博客评比，在全校营造良好的读写氛围。同时，教师要胜任辅导学生读写的工作，自己也要跟上时代的脚步，读写应该成为他们经常的活动。

为了让学生爱上读写，每学年学校都会举办丰富多彩的读写活动。我们用周五中午时间请喜爱讲故事的学生给全校同学讲故事；利用升旗时间让爱读书的学生向全校同学介绍他们读的新书。各种让学生一展身手的比赛应有尽有：亲子讲故事、课本剧表演、经典诵读、校园十佳文学少年评比、读书嘉年华系列活动、古诗词考级……每学期末，我们鼓励学生编写自己的作品集，将一学期的习作编成一本书，然后配上自己喜欢的图画，设计精美的封面，举行作品集展览……我们把学生的优秀习作推荐到公开出版的报刊上，定期组织他们开展与知名作家的见面活动……让这些海量的读写活动涌进校园，让所有的字词句篇——这些过去我们一点一点教给学生的东西，都流淌在活动中，使它们都变得生动起来，都变得有意义起来。校园充满了书香的气息，弥漫着表达的兴奋。

家庭在学习环境建设中的地位也很重要。每一届新生入学前，我们都会把新生家长召集起来，给他们宣讲学校的主张，告诉他们阅读的重要性、学校阅读的计划，提前让他们了解孩子写作可能遇到的困难。希望他们在家里给孩子准备较好的学习空间，为他们准备合适的学习资源。希望他们利用空余时间关心孩子读的书，与他们聊一聊所读的书、聊一聊习作。也希望家长自己能和孩子一起读书、一起写一写。我们还定期进行书香家庭的展示，把家长在家和孩子一起阅读的情况向全体家长发布。每年的读书节，让家长参与其中，做读书义工，和孩子们一起讲故事、表演童话剧。

基于习得，改变小学语文教学生态

我们把基于习得的小学语文教学界定为基于儿童学前无师自通习得母语原理的小学语文教学新认识和新实践。从2011年开始到现在，我们在这条路上已经走九了个年头。九年来，我们的课题"基于习得的小学语文教学理论与实践研究"先是在区里立项，并获得研究资助，后又被深圳市立项为教育科学规划课题。在研究的过程中，我们发现对习作教学的研究偏弱，我们又申报了课题"基于习得的小学习作教学研究"，并申请了区教育科学规划课题立项资助经费。几年来，我们的研究得到了杨再隋、吴忠豪等国内知名语文教育专家的认可，《小学语文教学》《语文教学通讯》《小学教学》《中国教师报》等主流报刊先后发表了我们多项研究成果。学校的语文教学面貌一新、蒸蒸日上。

我们曾对学校四年级学生的习作兴趣进行了调查，数据显示：四年级的学生喜欢习作的比例高达86.3%，而同年级其他学校的学生喜欢习作的比例仅达52%。学生喜欢习作的原因很简单，就是他们可以在习作中写内心想说的话。我们也曾对期末测试中的习作成绩进行了调研分析，按满分100分折算，我们的四年级学生习作成绩高于其他同等学校同年级4.3分。2017年5月，《语文报》为我们出版了佳作专号；区校园文学刊物《遇见》自创刊以来每期都发表我们学生的作品，第二期还设专栏介绍了我们学校的嘟嘟文学社及社员的作品。全校有多篇学生习作发表在《晶报》《小作家》等报刊上。学生在区级以上多项比赛中多人次获奖。在深圳读书月现场作文竞赛中，温紫晴同学代表福田区参加市赛荣获全市仅七个一等奖的第二名。

九年来，学校语文学科在区里的质量调研中成绩不断提高。

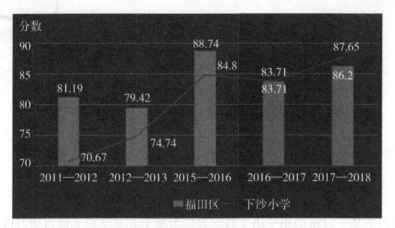

福田区近年教学质量抽测情况——语文

一位三年级的学生在我不教他时，在博客里留言："许老师，你什么时候才能来教我们啊？我好想您啊！在教我们的这半年时间里，您带我走进了书的海洋，我的写作能力也提升了。上课时您给我们阅读的时间，让我阅读了很多书，在增加知识的同时也让我们懂得了很多做人的道理，谢谢您的教诲！"

且看这位学生与我的QQ聊天记录：

脆弱的剑锋08：37：08

我是杨恺恒。

脆弱的剑锋08：37：38

您不记得了吗？

许特08：37：57

怎么会呢？

脆弱的剑锋08：38：05

没有就好。

脆弱的剑锋08：38：52

这次期末考试我还是语文有把握一点。

许特08：39：37

那说明你有进步了。

脆弱的剑锋08：41：04

是吗？不过这学期语文单元测试还考得不错呢。

脆弱的剑锋08：41：41

都是90～95分。

脆弱的剑锋08：42：51

老师，同学们都想您回来教我们。因为孙老师留那么多作业。

一位姓王的学生初中毕业后，回顾语文学习，他对我说："一到五年级，我对语文学习一点兴趣也没有，是您的单元整体自主学习点燃了我学习语文的热情。"

这里再贴出三篇学生写单元整体自主学习的短文。

拼出美好的明天

蒋杨阳

今天是9月17日，距离开学已有很长一段时间了。语文课自从"转型"之后变得多姿多彩了，8个小组之间互相竞争，几乎每一节课都拼得你死我活，同学之间的互相学习、互相比拼、互相帮助在语文课上就显现了出来。

我被分配到了第八学习小组，当我一看组员、所在位置，我就惊呆了！怎么全班学习最差的都到我们组来了！而且全班8个组，每个组都有一个（至少）学习成绩好的同学，而且组长都是学习好、品德优秀的同学，而我们组不仅不团结，连组长都是8个小组长当中最差的，且我们组基础弱、底子薄，这可怎么办？

开学后的第二个星期的一个晚上，我躺在床上，静静地想着：我们无论如何都不能在比拼当中拿最后一名，争取往前冲，我们要团结、要努力，这样才能拼出一个美好的明天。

我按照"无论如何都不能拿最后一名"的方针，帮助组长和组员渡过难关，有时竟然能拿几次小小的奖励！学习最差的先新不负众望，在作业方面取得了很大的进步！我们正努力地朝前冲着。请相信，我们一定会拼出那美好的明天！

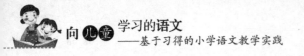
新学期的语文学习

徐亦捷

这个学期，我们的语文老师换了，老的教学方法也换了。不再像以前那样实行"灌输式"教学，而是要发挥我们的主动学习精神，提倡自学、互学，把每一节语文课都变成一节语文自学课、讨论课。

按照老师的布置，我在自学课前先把自己的自学笔记做好。我在自学笔记里写了自己不懂的生字词，还有我对课文层次的归纳和对课文内容的感受，我还根据课文内容收集了一些和课文相关的课外知识，供第二天上课时讨论。

第二天的语文课上，老师让我们在小组内讨论。同学们把前一天的自学笔记拿出来，针对笔记里各种各样的内容和观点，展开了激烈的讨论。我们还在课堂上进行讲课比赛和背书比赛。比赛是在小组之间进行的。每个小组基本分满分100分，还可以加分。它的评分机制是这样的：形象5分，正确30分，全面30分，创新15分，效果20分。老师根据各组的表现来评分。昨天比赛，还给了第七组一个125分。

这就是我们新学期的语文学习情况。

学习的新境界

李依珊

新来的语文老师许老师一到我们班上就烧了三把火。

这第一把火显然就是他独特的教学方法了。听妈妈说，这叫归纳总结法。归纳总结法是时下非常流行的一种教学方法。具体就是先让我们做自学笔记，然后让小组成员之间相互交流，最后，把小组成员都不懂的问题，再拿到讲台上，由老师来逐一讲解。课后，再把老师讲的东西消化，巩固自学笔记，第二天到讲台上展示。

第二把火虽不如第一次猛烈，但也大有"火光冲天"之势。我们在班里组成了语文学习小组。为了方便我们交流，老师还特地把各个小组组员的位置调在了一起。为了培养我们的团队精神，许老师经常组织各种各样的比赛让我们参加。例如，上次作文比赛我们小组拿了班级第一，而第一次的单元测评分数比赛，我们小组却"名落孙山"了。诸如此类的比赛真是多如牛毛，让我们获益匪浅。

第三把火有些与众不同。许老师要用他热情的火焰彻底击碎我们对学习毫无兴趣的那颗冷冰冰的心。每当我们上课不专心时，他会严厉地警告我们，并且还会用更加热情的声音讲课，原因是怕我们不专心。当然，我们的学习质量也得到了质的改变。

总而言之，新来的老师来到我们班，带来了三个火把。我们则将用更炽热的火焰去燃烧它，让它带领我们的学习达到一个全新的境界。

对于经典名句诵读，请看一位QQ名叫"小张"的家长与我的聊天：

小张10：59：28

许老师现在没在二部吗？孩子很想念您。

许特11：00：37

我这学期调到本部办公室了。没关系的，有什么问题可以找我。

小张11：04：27

丁有斐很喜欢许老师上的课，常常提起您，说很久不见您了。

小张11：05：03

您让孩子们背的经典古诗词，对孩子有很大帮助。

听说您听力有点问题，不知现在好了没有？

许特11：05：40

本来想继续做大一点的，后来身体不好工作又调整了。

许特11：06：10

谢谢关心，只是左耳有点耳鸣。

许特11：06：36

不能长时间大声说话。

小张11：07：14

真可惜，孩子们不能经常聆听您的教诲了。

许特11：07：30

现在的老师也很好的。

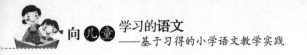
小张11：07：48

经典朗读应该多推广一下。

她的女儿叫丁有斐。我当时的学校叫园岭小学二分部。从这位家长的话语中，我们可以看到经典诵读的魅力。

我们再看看让学生写博客，几位家长是怎么说的：

·感谢许老师对黄蓉的悉心教导，老师培养孩子阅读的兴趣，背诵名句、博客作文等做法均有利于孩子养成良好的学习习惯及爱上学习。祝老师工作顺利！

·许老师您好！听到这个消息真是很舍不得您离开三（5）班，您的教育方法别具一格，您很会赏识孩子。就像您为三（5）班开设的博客，小儿德铭就很喜欢，让他在玩中学会了很多知识。希望您能一如既往地关注小儿德铭的学习。谢谢您！

·衷心谢谢许老师！您是我所接触到的最有才华，最负责任，最有爱心，最能从长远发展出发，关心、体贴、帮助孩子全面成长的好老师！

我还记得您教孩子们背诵的经典名句，我还记得您鼓励孩子的小礼物，我还记得您利用业余时间创建、维护博客，把鼓励孩子们写作的种子撒播在他们心田，并精心照顾、施肥浇灌每一字、每一句……今天，在您离开这个班的时候，我又看到了您热情洋溢的话语，更让我感动的是，您对孩子们成长中的点点滴滴竟能如数家珍，仿佛历历在目！您真是一位把孩子们装在心里的好老师！

向您致敬，许老师！

……

从学生和家长这些鲜活的文字中，我们不难看出，基于习得的小学语文教学改变了整个小学语文教学的生态。从上面的聊天中可以看出，学生对于语文学习的自信溢于言表，对于基于习得的小学语文教学"作业少"的肯定。用家长的话讲：基于习得的小学语文教学，教学方法"别具一格""对孩子有很大帮助""培养了孩子们的阅读兴趣""有利于孩子养成良好的学习习惯及爱上学习"。用学生的话讲："不再像以前那样实行'灌输式'教学，而是要发挥我们的主动学习精神，提倡自学、互学""语文课自从'转型'之后变得多姿多彩了"。他们从内心发出要"拼出美好的明天"的呼喊，生发出对语文学习"新境界"的向往。

一位优秀教师的成长之路

——记深圳市福田区下沙小学许彦达老师

作者简介：

吕庆燕，西北师范大学教育管理专业本科，课程与教学论专业硕士，陕西师范大学发展与教育心理学专业博士。2002年7月至2013年9月，在西北民族大学任教，2013年10月调入深圳市福田区教育科学研究院，主要负责科研管理工作。主持并完成教育部2012年度人文社科青年基金项目1项，深圳市2014年度教育科学规划课题1项，福田区2014年度、2016年度教育科学规划课题各1项，广东省2017年度教育科学规划课题1项。在核心和省级刊物上发表论文近20篇。

许彦达，从教30年，深圳市下沙小学副校长，特级教师，其教学实录曾在《中国教师报》《小学教学》上发表。曾获江苏省淮安市教师教学基本功十项全能大赛"全能标兵"的称号。2017年12月26日至2018年1月13日，以教育叙事的方式在个人博客中连续撰写了17篇博文，主题为"基于习得的语文教学——且行且思话语文"，叙述了自己从教30年来关于语文教学的思考、感悟、体会。

一、学习是名师发展的根本

（一）向书本学习，了解学科前沿，关注学科发展

《墨子》曰："资之深，则取之左右逢其源。"许老师1987年参加工作，那是一个信息较为闭塞、资料较为匮乏的年代，但许老师没有放弃学习，工作

之初就坚持读专业期刊、报纸和自己感兴趣的教育著作。他阅读学校里订阅的每一本杂志，并摘抄做笔记。"为了教好孩子们，我一边阅读学校订阅的每一本杂志，将好的做法抄下来（那时只能抄）""我读书时一直在读两本杂志，一本是《读书》，一本是《名作欣赏》，从这两本杂志里，我学会了解读文本""学校订阅了二十多种教学杂志，每期我必看，遇到好的做法和实验还会介绍给学校老师，并思考自己应该研究一个什么课题"。

通过持续不断的大量阅读，许老师丰富了自身的知识体系，拓宽了视野，也持续不断地提高了思考能力与专业发展潜能。

（二）向有经验的老师学习

工作之初，许老师经常去听其他老师的课，尤其是有丰富教学经验的老师的课。许老师不是简单地听课，机械地照搬他人的经验，而是听课后进行反思感悟，将所获得的经验与自己的教学相结合，灵活运用经验、不断更新经验；除了学习他人的教学方法、技巧之外，许老师更深刻地理解了教学的目标及如何围绕目标设计教学方案。

"一有空就拎上小板凳到别的语文老师的课堂听课。现在想来，也不知道那些老师是否反感。反正，当时我没有多想，也没有任何顾虑。"

"我从他们的课上学到了很多，悟到了一些语文教学的理念，如目标要明确，围绕目标，根据教材特点设计教学方案等，也学到了很多至今不忘的教学技巧。"

"逐渐地，我对学校的语文教学的样态也有了一些认识。"

优秀的教师在学习他人的基础上将自己作为一个自觉的反思者，把教学作为一种开放的、能够与自己的领悟进行交往的过程，并且能够从本身的教学问题出发进行研究与评估，从而提升自我的专业素养。

二、参与教学实验，重视教学研究

反思是名师成长的有力武器，许老师也不例外，许老师很注重在教学过程中不断反思并从中发现问题。许老师从站上讲台的第一天就在思考"怎样将语文教好？"这个问题，并且且行且思，从未停止。

"记得我第一天站上讲台，'怎样将语文教好？'就成了我思考的问题。"

许老师当时所在的盱眙县实验小学非常重视教研，受学校大环境的影响，工作之初，许老师结合自己语文教学的实践与思考，根据教学大纲的精神和要求，为教研组拟订了"整体入手、部分突破、读写结合"的研究主题。

在工作的前10年，许老师参与了"注音识字提前读写"的教学实验及学校情境教学推广实验指导工作，加入了中央教科所主持的"小学语文自学辅导"实验课题。在每一个教学实验的过程中，他都努力把握实验的精神，研读实验的各项要求，并结合自己的教学实践与对语文教学的思考，撰写教学反思、教学总结、教学论文。10年间，他在公开刊物上发表了《整体入手、部分突破、读写结合》《略谈学法指导的整体性》《探索省时高效的语文训练新体系》《浅谈电教场景阅读》《浅谈作文训练的优化》等多篇论文。在实践"小学语文自学辅导"的实验中，许老师对自学辅导实验如何突出学生的主体地位进行了探索，提出了自己对自学辅导实验课堂教学五环节的看法，并在该实验举办的全国研讨会上提出了"小语自辅自主性实验教材建设"的思路。

"……我对'注音识字提前读写'实验进行了反思，也对整个语文教学进行了反思。'怎样教好语文？'这个问题再一次成为我思考的中心。"

1997年取消小升初考试，没有了升学压力，如何引导学生学好语文成了许老师当时重点思考的问题。

"……没有了升学这个家校高度一致的共同目标，我们如何引导学生学好语文？一连串的问题摆在我的面前。"

"小学语文自学辅导实验开阔了我语文教学的视野，使我对教材做了较为系统的思考。关于教材是教本还是学本？至今我觉得还是个值得思考的问题。我们目前的教材仍然还是教本性质的，学生拿到手后，仍然不知道学什么、怎么学。同时，这项实验也让我更加关注学生如何学这一问题。学生是如何学习的？每个学生的学法都不一样，每个学生都有适合自己的学法，这绝不是一刀切的事。"

许老师除了积极参与教学实验，结合日常的学习、教学，进行探究、钻研、反思外，还及时了解学科发展动态，并将学到的新理论与自己的教学实践相结合，逐步渗透到教学过程中。20世纪90年代中期，山东"双轨"教学实验进入了许老师的视野，"当时的《小学语文教师》几乎专刊介绍了这项实验"。这项实验以大量听、说、读、写为前提，构建"双轨"教学的运行机制，确立学生的主体地位，引导学生主动发展，这给许老师很多启发。

"这项实验的很多做法，和我之前的探索是不谋而合的，这给了我继续探索的信心……学习环境建设、听记训练、课堂拿出一定时间给学生进行读写等做法，让我脑洞大开，使我在追寻教得更好的路上看到了继续前进的方向。"

三、上公开课、参与教学比赛提供专业发展的平台

公开课、教学比赛给教师的专业成长提供了一个的平台。"从1993年到1996年，我上了很多公开课，有时面向全县，有时被请到各个乡镇去上。这些课都收到了较好的反响。"

每一次公开课，他都认真准备、精心设计，力求在内容和方法上有突破、有创新。在上《十里长街送总理》的公开课时，他找准了阅读课文的切入点，进行了课程重构，改变了就课文讲课文的老套路，拓展了写周总理的很多故事，丰富了课程内容，丰满了人物形象，同时帮助学生读懂了课文的难点。

在一次劳动课的公开课上，他创造性地将语文教学中的说话写话训练融入劳动课，赢得听课老师的一片称赞。

"1998年，我被选中代表我们县参加市教委搞的教师教学基本功十项全能大赛……这次基本功竞赛，我获得了'全能标兵'的称号。"

上公开课，参加教学比赛，通过对授课内容的钻研，体会教学，琢磨教法，以点带面，举一反三，可以大大提升对整个教学的认识，同时倾听专家及同行的点评也是获得进步、提高水平的重要途径。

2001—2002年许老师在广东参加小学语文骨干教师国家级培训，专家的培训使许老师站在一个新的高度去看待教学工作，在教学之路上迈上了一个新的台阶。在培训会上，他认识了十几个省市的小学语文教学名师，听新课标，研究专家的报告，读一些专家的语文教学专著，"使我对语文教学的方方面面有了系统的盘点。理论方面，对什么是语文、语文学科的性质等一系列重大问题有了自己的思考；实践方面，对自己过去的语文教学进行了全面深刻的反思"。

四、扎实的教育学和心理学知识

　　要成为一名优秀的教师，扎实的教育学、心理学知识必不可少。在许老师自述的专业发展中，没有谈及对教育学、心理学知识的专门学习，但不难发现，在其公开发表的文章中均渗透着教育学、心理学的理论观点及这些观点在实践中的运用。例如，他在《略谈学法指导的整体性》中论述了在教学中要注意学法指导的整体性，并从宏观上规划和微观上优化两个方面谈及了学法的具体指导。在宏观规划上，"遵循学生的年龄特点和语文学科的特点，循序渐进地进行学法指导。具体说来，一、二年级是学法指导的渗透阶段，三、四年级是学法指导的掌握运用阶段，五、六年级是学法指导的综合运用阶段"。微观优化具体体现在科学性、普遍性、易记性和可操作性上。以科学性和普遍性为例，"科学的学法应是符合儿童认知的学法，我们在研究学法时要时刻注意学法的科学性，否则是不能帮助学生完成学习内容的""作为一种学法，必能迁移到同类问题的解决上，而非仅能解决某一个具体问题，这就是学法的普遍性"。

　　许老师在《探索省时高效的语文训练新体系》一文中提到了三点改进语文教学的体系，这三点的提出是基于小学生心理发展规律的。"……低年级学生年龄小，有意注意的时间短，没有生动有趣的内容吸引，他们很难较长时间集中注意力去注意周围的事物，而抄写生字要求小学生必须做出较大的意志努力去观察字形、记忆笔顺，这是必要的。但是大量抄写是与儿童心理发展规律相违背的。我们知道很多低年级学生喜欢听故事、说故事，因此，针对儿童的这些特点，让他们进入低年级后去朗读、背诵，去听故事、说故事、写故事，有利于激发学生的学习兴趣，有利于学生健康学习心理的形成。"

五、尊重、关爱孩子，因材施教

　　没有爱就没有教育。许老师在教学生涯中始终践行着对学生发自内心的真正的关爱。他在博客中用约2万字、28篇教学日志记录了班上一个叫"陆丹"的得了白血病的特殊孩子的故事。日志中详细记录了这个孩子的性格特征、因生病产生的心理变化、学习不适应等状况。为了让这个孩子战胜疾病、渡过难关、融入班级，许老师多次与孩子的家人沟通，与孩子单独谈话，让班上其他孩子帮助、接纳这个孩子，肯定孩子的优点，帮助孩子克服坏习惯，设法走进孩子的内心世界，触动孩子的心灵。为了不伤害孩子，他与孩子的谈话时，反复斟酌用语……这点点滴滴均反映了一位优秀教师对孩子的耐心、细心、爱心和负责的教育智慧。下面是一些摘录：

"家访从晚上8：40开始到12：22结束。这是我做教育工作这么多年来最长的一次家访，也是最不同寻常的家访。去之前我给自己确定了两个目标：一与陆丹取得心理沟通，让她重新走近我，消除她对我的恐惧感，和我做朋友；二动员陆丹到学校里来。"

"我很想重重地批评陆丹昨晚迟睡觉的事情，但是我不能断定这样做的效果是否好。从陆丹来到这个班我还没有批评过她，万一她接受不了这样的方式，事情会更糟，所以，我不敢贸然下这个赌注。一个下午，我想来又想去。"

"开学的第一天，陆丹来了，我宣布这学期由陆丹做语文科代表，暑假作业全部交给陆丹。她听了先是一愣，继而就坐端正了。我决心这学期把她当作一个正常的孩子对待。但是我又在心里担心她要强的性格会使她吃不消。"

"陆丹妈妈的要求可以理解，但是这样做对不对？如果孩子有一点压力就帮她卸掉，而不是帮她正确认识，她什么时候才能成长起来呢？是的，孩子生了病，她目前还不能承受太大的压力，但是，我们可以根据她目前的情况让她正确地对待自己的上进要求，也许这才是更正确的做法。"

"'她能走上正轨，就是换了班主任我也放心。'我说，因为我下学期可能不做班主任了。"

"陆丹现在上中学了。我已将我写的故事送给了她妈妈。这个苦难的孩子正在摆脱不幸，憧憬着美好的未来。"

许老师的爱心和智慧还体现为能够根据孩子的特点，因材施教，采取有效的方法。在遇到班上两个聪明又不肯写作文的孩子时，他没有强迫孩子写作文，而是给了孩子充分的空间、自由。"要求写500字以上，他们决不写501字……我就找他们聊，问他们为什么不认真写作文，他们就是不想这样写来写去，并希望我可以让他们少写作文。后来，我就同意了他们的要求，很多别人要写的作文，他们两个可以不用交。由于有了这种'默契'，平时阶段性考试，他们的作文似乎写得更好了。"

　　一位优秀的教师在30年的教学生涯中形成了自己独特的教育思想和育人智慧，不是外人的一篇文章就可以概括得了全部的。除了上面提到的几个方面，许老师在班级管理、阅读与作文教学等方面的做法都是值得我们学习和借鉴的。

且行且思话语文

一

我已有30余年教龄了。记得我第一天站上讲台，"怎样将语文教好？"就成了我思考的问题。一是因为我是南京市晓庄师范学校（现为南京晓庄学院）毕业的江苏省第一届大专起点的小学语文教师，我直接被分到了盱眙县实验小学。这是当时全县唯一的教育局直属小学，也是全县教学质量最好的小学，全县小升初，县里最好的中学招180名初一学生，这所学校每年可以考进110名左右。二是因为我接的三（2）班是当时全校的重点班，数学由全县公认的名师、学校教导主任任教。这个班上还有9名本校教师的子女及多名教师亲属、全县各大局领导的子女等。三是因为刚来不到一个星期，学校就对我委以重任——三年级语文教研组长。于是乎，我每上一节课、每布置一道作业，这个问题都会跃上我的心头。

为了教好孩子，我一边阅读学校订阅的每一本杂志，将好的做法抄下来（那时只能抄）；一边一有空就拎上小板凳到其他语文教师的课堂听课。我记得我听过李铺老师的课，李老师是我们校长的夫人。她的课娓娓道来，思路异常清晰，课堂自然，没有一点庞杂的东西。孩子们也很喜欢她，都很听她的话。我听得最多的是杨新富老师的课，我被分配到这所学校时，他刚从教导主任被提拔为副校长。这是一位多才多艺的老师，吹拉弹唱样样精通。唱歌很专业，音色像蒋大为，他也基本唱蒋大为的歌；写得一手好字，能用毛笔写出非常标准的新魏体；学生看图作文，图画自己画，然后刻印在试卷上。我从他们的课上学到了很多，悟到了一些语文教学的理念，如目标要明确，围绕目标，根据教材特点设计教学方案等，也学到了很多至今不忘的教学技巧。例如，记字形是生字教学的一个重点，如何让学生对"非"这个字的字形有深刻的印象呢？一位老师听从杨老师的建议，在课堂上请来十名学生，排成两排，站在教室中央空隙处，其他学生齐读"非"，每读一次，左右两排学生中间的三个学生就向两边伸出一条胳膊，组成"非"字的形状，非常形象。还有一次，听杨老师教《翠鸟》，在讲翠鸟外形这一段时，为了突出翠鸟的颜色，杨老师手持彩色粉笔，学生读课文里的句子，他随手画出了一只立在芦苇上的颜色鲜艳的翠鸟。这是我第一次感到彩色粉笔的用处，对教学法里的直观性原则有了具体而深入的理解，同时也感觉多才多艺对于一个小学语文教师的重要性。过了这么多年，教学技术在进步，这些似乎电脑都可以做出来，动画也可呈现，逼真程度和色彩都可能更好，但是，我觉得这种教师在课堂上的现场展示，随手而来，应该更有意义，也因此，30多年了，这两个教学例子还留存在我的记忆中。

渐渐地，我对学校的语文教学的样态也有了一些认识。我所在的实验小学不仅是一所教学质量高的学校，还是一所重视教学研究的学校，它引领着全县的小学语文教学，县教育局教研员与学校联系很紧密，也经常在学校开展各种面向全县乡镇的教学研究活动。作为三年级的语文教研组长，我结合当时教学大纲的精神和要求，也为我们教研组当时的教研活动定了个主题，叫作"整体入手、部分突破、读写结合单元教学研究"，即围绕单元训练重点，单元各篇课文确立教学重点，重点导读，然后进行读写结合，单元结束再写好"基础训练"里的作文。

当时，学生可读的书很少，学校也没有像样的阅览室，所以，多读课外书只停留在口头上，实际也不怎么好抓。我就把主要精力放在写上。我给教室两边的墙上挂了四张画，一边两张。所谓画，实际上是请美术老师画的简单的小写意，对语文学习而言，我看重的是写在上面的十六个字：读读想想、读读说说、读读写写、读读记记。当时的想法只是为了让教室有个氛围，并没有想达到"读写一体"的高度，也不知道这些对学生有什么影响。记得我让学生写日记，让他们写家里的东西（这是个序列）是受到课文《三味书屋》的启发，让

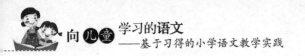

他们先从自己的小书房写起。可是有些学生说家里没有独立的书房，我就让他们写家里的物件，如小闹钟、收音机，甚至一个小笔筒、小玩具都可以。今天写这个，明天写那个，只要家里有的，都让学生写到日记上。

一年后，学校要求上交教研组工作总结，我根据自己对这个专题的理解，结合教研组内、学校里其他教师的一些做法，以"整体入手、部分突破、读写结合"为题，写了教研组工作总结，上交了，学校也没有什么反馈。但是，我个人觉得我写得还算顺畅，自己比较满意，所以就改了改，寄给了南京市晓庄师范学校的叶树明老师。我1987年8月参加工作，到了1989年春节过后，刚开学，我收到一本杂志——《晓庄学报》，一打开，竟然发现我的这篇教研组工作总结被发表在上面。这太出乎我的意料了，我的这篇文章和很多我尊敬的老师的文章放在了一起。

<h2 style="text-align:center">二</h2>

三年级过去，四年级我跟班，还是做班主任、语文教师。当然，通过一年的努力，我得到了学校、同事和家长的认可。尽管如此，我对如何教好语文虽摸到了些门道，但仍处于比较迷茫的阶段。

秋风袭来，校园里落叶纷飞，天气开始转凉。因为平时在学校食堂搭火，我又不注意按时吃饭，吃得又很省简，身体出现了严重营养不良的状况，我只好遵医嘱休假调养一个星期。这期间，很多家长给我买来了营养品。在这一个星期里，我班上的语文课是同年级的老师轮着上的，可是班主任没有人代。按学校计划，这一周举行广播体操比赛，我正担心比赛成绩会垫底，却听到我们班得了年级第一的消息。我的班级管理也得到了同事和校领导的赞许。

为了培养学生良好的习惯和自主管理能力，我在三年级时就对学生进行了一日行为习惯考评。我将孩子们从早上按时起床到自己整理卧室，再到洗漱吃饭、中午回家读书、小憩，到晚上完成作业，再到做好第二天学习用品的准备、按时就寝，一共列了20条，做成考评表，印出来，分为家长评、自评。每周周一晨会时间进行总结。我这样做不是因为我多么懂得教育学生。这个班的大多数学生是独生子女，他们身上有很多问题，如不守时、做事拖拉、家长包办等，还有其中家长反映最多的挑食等问题，如果不加以引导，会给我的教育教学带来很大的影响。现在想来，这样做是很有效果的。虽然不可能个个家长重视，但是大部分家长还是很配合、很支持的。我也知道，有些孩子的考评根本不是家长评的，但这不要紧，全是自评，也有好处，至少他每周都对照了这20条，对照久了，就会知道，就会内化，就会受到暗示。再加上每周一的强化、激励，不怕他们不照着做。每个孩子都是要求进步的，都希望自己优秀。我的语文教学也从班级管理中受益。

进入四年级，我还是在读和写上用力。读，我增加了写读书笔记。要求很简单，就是每天读完书后，记下书名、读的页数、内容大意、优美词句、自己的感想。一开始孩子们写得不好，甚至有不写的，我没有强迫他们一定要达到要求。一星期要写三篇，第二天我就收上来看，好的评上星，再到班上评讲、展示。这样一来，很多孩子就逐渐学会了怎么写。后来，我重点评讲"我的感想"。因为我发现这部分很多孩子写的很少。一段时间后，这部分孩子们也会写了。他们知道要写自己读这几页书的真实想法，甚至可以提出自己的看法。有十几个孩子每次感想很多，能写整页，有几个孩子甚至写了两三页。那时孩子们可读的书少，从读书笔记来看，主要是读一些优秀作文选。家庭条件比较好的孩子，有读名著的，也有读《上下五千年》的。写这一块，我借鉴同事的做法，改写个人日记为小组写循环日记，每周每人写一篇，周一交来，我评讲展示后再发下去。这样写，小组内和组与组之间可以开展竞赛，组内每个人也可以互相学习、相互启发，是个不错的做法。这里要说明的是，我改学生作文和读书笔记很快，一般半个小时就改好了。我不是精批细改，我只看一遍，把写得好的词句圈出来，然后到班上讲评、展示，偶尔写一些评语、改一些错别字。

四年级第一学期下半学期，学校要求各年级开展一次作文竞赛，年级交叉评比。每班选6名学生参加，每个年级评6个一等奖、8个二等奖、10个三等奖。现场命题作文。我在班上选了6名学生参加。评比结果出来了，6名学生中有4名获得了一等奖。其他两名学生得什么奖，我记不清了。看到学校张贴出的成绩榜，孩子们欢呼着跑来告诉我。我现在只记得一个得奖孩子的名字了，她叫陈硕宜。

三

四年级很快就要过去了。1989年秋季开学，我们的新教学楼也建起来了，我们搬进了新教学楼。我被安排教"注音识字提前读写"实验班。可能是因为我在南京市晓庄师范学校实习时接触过这项实验。实验班语文教学就是一本教材，而且一册有60篇课文，备课量大，还没有任何参考资料，而普通班呢，教材只有32篇课文，参考书、复习资料、单元测试卷、期中期末试卷全都有。此外，教实验班语文，就是单干，没有人商量研究，很多像写教学计划、总结之类的常规工作也没有人分担；当时县教研室还指望实验小学能带动全县把这项实验搞起来。我当时也没有想这么多，既然不带毕业班，就服从安排，也不知道实验班一学期要教比普通班多一倍的课文。好在教实验班学校没有让我做班主任。

这个实验班，我接的时候已经三年级了。前面两年换了两位语文教师，到了三年级，语文、数学老师全换了。我们做这个实验的时候已是这项实验的推广阶段了。为了把实验工作做好，我开始重温这项实验的各项要求，努力把握实验的精神。学生识字太少，而且同音字经常混淆，写起作文来错别字很多，不少学生字写得歪歪扭扭。为了解决这些问题，除了抓好日常的教学外，我给全班每个学生订阅了《小学生拼音报》。每期报纸到后，我都带着他们读，带着他们参加报纸上举办的各种竞赛。为了提高学生的写字质量，我让他们参加全县的书法竞赛。经过一段时间的努力，学生进步很快，到了三年级下学期快结束时，全班有超过三分之二的学生在县级以上作文、书法、读报等竞赛中获奖，有些学生还在省、全国的作文竞赛中获奖。学生们高兴，家长也高兴，我也高兴。

我想，教好语文就是要抓住语文的东西。日常学课文、做作业是一日三餐，各种竞赛就是打牙祭，就是时不时地给学生加点好吃的，注入点学习激情，秀一秀肌肉。

1992年，学生参加升学考试，我的班有17个考了县中。其中，时炜同学以语文92.5分的高分位居全县单科第一、总分第一（按照我考前的想法，应该会考得更好）。我们实验班的语文平均成绩79点几，而第二名的成绩只有71点几。我心中的一块石头落了地。肯定和奖励是：我仍教毕业班。这一教就是连续5年。直到1997年，全县招生制度改革，取消小升初考试，小学升初中就近入学。

四

送走了这届毕业生，我对"注音识字提前读写"实验进行了反思，也对整个语文教学进行了反思。"怎样教好语文？"这个问题再一次成为我思考的中心。我把我的思考结合我这几年实践，以"探索省时高效的语文训练新体系"为题写了出来。

探索省时高效的语文训练新体系

语文教学要加强双基训练已经高呼了几十年，但至今仍然停留在高耗、低效的水平上，这是与社会发展的需要极不相称的。那么如何探索省时、高效的语文训练新体系呢？本文试将我校1993年以来落实新大纲，探索省时、高效的语文训练新体系的具体做法介绍如下。

一、探索语文训练的目标体系

语文训练的目标《九年制义务教育全日制小学语文教学大纲（试用修订版）》（以下简称《大纲》）已经做了明确规定。使语文训练省时高效，我们的做法是：以《大纲》为依据，结合教学实际，对教学目的和教学要求的部分内容有针对性地进行调整。

（1）将"教学生学会汉语拼音，帮助识字、阅读和学习普通话"改为"教学生学会汉语拼音，能用汉语拼音进行阅读和起步作文，帮助识字和学习普通话"。

（2）将阅读项里"有一定的速度"明确为"初步学会速读"。

（3）在作文项里增加学习写快速作文的要求。

这样做的目的是强调读写这条小学语文教学的主线，使其真正贯穿小学

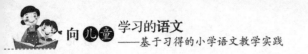
语文训练的始终。听、说、读、写始终是小学语文教学的四条腿。在实际操作中，由于强调了低年级语文教学以枯燥的识字为主，使读写在低年级名存实亡，因此，为了强调低年级的读写任务，我们特做上述变动。

二、构建语文训练的内容体系

我们认为：语文训练内容的安排首先要遵循学生身心发展的规律，有利于学生健康的学习心理的形成和智能的充分发展，其次就是考虑内容如何安排才能省时、高效。现就我校对语文训练内容安排与《大纲》不同的地方做简要说明：

（1）改低年级以识字教学为主为以阅读和作文为主。在低年级学生认识了一些字并掌握了汉语拼音这一工具后，即让学生开始阅读和作文。阅读主要以生动、有趣、精美的注音双行短文为主，着重培养学生的朗读、背诵和复述能力，增加学生的语言积累。作文训练以写"放胆文"为主，要求"开篇成文，搭好架子"。

（2）中年级继续进行阅读教学，并按写人、记事、状物、绘景、应用五类文体重组单元，加强读写结合，着重进行段的训练，开始进行默读训练。同时，增加识字数量和时间，将小学阶段要掌握的大部分生字都安排在中年级学习。作文训练与阅读对应，进行段的充实，要求达到言之有物、言之有序。

（3）高年级继续按重组单元进行阅读训练，适当加大阅读量，以培养学生的速读能力和鉴赏能力，作文训练进入学习表达技巧和快速作文阶段。

这样安排的理由有三条：①这样安排训练内容遵循了小学生心理发展规律。刚从幼儿园进入一年级学习的学生一下子就进入了反复的枯燥的生字学习，忽视了学生的年龄特点。②这样的安排节省了教学时间，有利于提高教学效率。将识字安排在中年级，巧妙地利用了低年级无意识字的成果，让学生有两年的时间运用拼音读写，避免高年级拼音回生。③这样的安排有利于培养学生的语文能力。在中年级集中识字，进行重组单元的教学，和拼音、汉字对应的双行编排体例，有利于学生语文能力的形成，尤其有利于培养学生的语文自学能力。

三、改进语文训练的方法体系

省时、高效关键在于"如何进行训练"，即采用什么方法进行语文训练。

我们认为：一切能够实现语文训练省时、高效之目标的训练方法都应吸收进来。例如，"注·提"实验的拼音教学方法、快速作文的训练方法、集中识字方法，都应成为我们研究省时、高效的语文训练方法的参考。

就目前的语文教学来看，我们认为，只有树立大语文教学观，真正将语文教学转到素质教育轨道上来，以课堂为主阵地，全方位、立体化地进行语文训练，才能获得好的训练效果。

全方位是指训练方法应有利于学生多渠道地获得学习信息，具体来说应达到以下要求：

（1）应有利于学生最大限度地从教师、教材和同学那里获得学习信息。

（2）应有利于学生凭借多种感官接受学习信息，即学生不仅用脑学、用眼学、用口学，而且用手学、用腿学、用整个身心来学。

（3）不仅应有利于学生从课堂上接收显性的学习信息，而且应有利于学生在教学氛围中、在语文学习的大环境中接收隐性的学习信息。

（4）不仅应有利于学生在语文课堂上受到语文训练，而且应有利于学生在其他学科的教学中也受到语文训练。

立体化是指我们的训练方法不仅要使训练面到位，而且要使训练层也到位。

"训练面到位"有两层意思：一是指双基，即字、词、句、段、篇、语、修、逻、文的知识及听、说、读、写的技能都要进行扎实的训练；二是指优等生、中等生、学困生都受到达标要求以上的训练。

"训练层到位"是指训练的层次要达到应有的深度要求。一般来讲，我们训练了什么不等于学生已经掌握了什么。我们认为，训练一般能使学生达到这样由低到高的几个层次：第一层是记忆层，即处于僵死的储存状态，虽能背得但因不十分理解而容易遗忘；第二层是运用层，即只能将新知识进行模仿式的运用；第三层是避错层，即学生已掌握了运用新知熟练的技能，能自己避免错误的发生。因此，在训练中，应采用各种方法使学生掌握语文内容达到较高层次。

四、优化语文训练的课堂操作体系

根据训练总目标、训练内容安排和训练方法要求，我校在教材的编写、课堂教学等具体操作环节上努力体现新的训练体系的特色。下面就课堂教学介绍

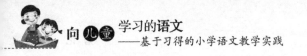
一下我们的操作体系。

1. 明确训练目标，做到一课一得

从学生学习角度来说，从一篇课文或一节课上虽然获得了多方面的知识营养，但其中只有一点是最主要的，即所谓的"一课一得"。这一"得"就是这一节课或一篇课文的具体目标。我们安排集中识字、重组单元的意图也在于强化一课一得，目的是实现"课得相连"，使知识和能力的"链节"连成"链条"，最终达成语文教学的总目标。

2. 优化训练内容，做到耗时最少

优化训练内容是在不违背本课时教学目标要求和语言自身规律的前提下，对一课时或一篇课文的教学内容进行重组，以便使学生在最短的时间内获得高清晰度的训练信息。

3. 合理分配40分钟，做到精讲多练

一般来讲，一堂课40分钟，教师点拨、讲解、指导应控制在10～15分钟，学生听说读写的时间在25～30分钟。

精讲即教师不搞满堂问、满堂分析，而是在学生真正卡壳处适当点拨、引导、梳理，讲解的内容紧扣重点、难点。多练一是指练的面要广，不仅优生要练，更要注意训练学困生；二是指练习的形式多样，能全面检查学生掌握知识、能力的情况。

4. 优化教学手段，提高40分钟的利用率

我们主张充分发挥现代传媒对课堂语文训练的积极作用，尽量用电教媒体来代替教师的"一张口"和"一双手"。

5. 优化教学氛围，减少信息流失

优化的课堂教学要求教师衣着朴素大方、整洁，举止文雅，态度亲切，讲究课堂民主。优化的课堂教学要求学生坐得正，书本摆放统一、整齐，举手发言或读书起立时抬头挺胸、自然、声音洪亮，听课时专心，有认真听取他人发言的良好习惯；要求学生思维活跃、敢说、敢问，整个课堂氛围融洽，师生配合默契、轻松愉快。

两年多来，我们的工作取得了较为明显的效果。实验班级与平行班相比，表现出以下特点：

（1）学生普遍表现出比平行班较为浓厚的学习语文的兴趣，尤其喜爱阅读。据调查，实验班学生人均阅读量平均每学期达10万字甚至以上，最多的达20万字甚至以上，人均背诵精美短文102篇，近2万字。

（2）学生表现出比平行班较强的语文能力。首先是语文读书能力强。实验班学生二年级上期末测试，平均每分钟能读156字的注音读物，最高的达252字。其次是语言表达能力较强。实验班学生爱说，在学校及县里举行的说故事比赛中获得了优异的成绩。再次听辨能力强。我们从一年级开始让学生回家听记一条电视或广播新闻，坚持到二年级上学期，学生已能完整听记出50字左右的新闻。学生能听出别人说话时的语音错误。学生阅读量大，语感比较敏锐，所以大都能将别人说话的语病听出来并加以纠正。还有学生的作文能力也较强。由于进行"放胆文"训练，实验班学生目前大都能写出文从字顺的作文来，而且作文基本能说明一个完整的意思，有的学生的作文竟能写到1000字。最少的到二年级末也能写出250字的短文。

（3）识字的数量上也远远超过平行班。经过测查，实验班有的学生已识2300字，最少的学生也识近600字，这种识字量已达到不妨碍其他学科的学习的水平。

（4）学生负担轻。实验班的学生回家的作业除说故事、读故事、听故事、写故事外，就是听广播、看电视，他们感到非常轻松愉快，因为做的都是他们自己愿意做的事。

此外，随着语文素质的提高，学生其他方面的素质也得到了提高。据其他学科老师反映，实验班学生兴趣广泛，思维活跃，认识能力较强，学习习惯也较好。

我们打算继续努力，将第一轮的五年实验搞完，并向自编教材和科学化的方向发展。现在实验班的学生已进入三年级，初步的集中识字的教学实践使我们感到我们的想法是可行的，基本切合实际。我们希望能和广大同人共同探讨、互相学习，直至真正构建起省时、高效的语文训练新体系来。

我在这里贴出二十多年前的这篇文章，因为它反映了我当时对语文教学的认识和实践，也奠定了我此后开展小学语文教学研究和实践的基础。

五

从1993年到1996年，我上了很多公开课，有时面向全县，有时被请到各个乡镇去上。这些课都收到了较好的反响。我记得一次让我上劳动课，教材的内容是"制作铅笔花"。说实在的，我虽然觉得劳动对一个孩子的成长非常重要，但是学校里的劳动课很少有人认真上。也许教育局正是为了改变这种状况才要求我们展示这节劳动课的。制作铅笔花，先要让孩子们削铅笔，然后再把削出的木屑做成花样的图案。这实际是一节综合实践课，涉及自己的事自己做的现场实践，还要通过制作图案培养孩子们的想象力和审美能力。在上这节课的时候，我除了完成了教材要求的上面两个任务，还增加了说话的环节：让孩子们在展示自己制作的铅笔花时，面向全班和听课老师介绍自己的铅笔花，并要求回家后把自己的介绍写下来。学生当场说得很好，赢得听课老师的一片称赞。这样一来，我的这节劳动课融进了说话写话训练。上成这样，是因为我是语文教师，我在备课时想，应该结合语文点什么，于是，说话写话训练就被安排了进去。

六

这段时间我带毕业班，除了经常上公开课，我还遇到了两个非常聪明而又不肯写作文的孩子。这两个孩子一个叫丁毅，一个叫刘玮，都是男孩。为了让孩子们在升学考试时语文成绩不拖后腿，能考上县中，毕业班经常布置这样那样的命题作文，让他们反复练习，甚至有时故意布置诸如"我的小木船"或是"我和小木船"这样的题目，以练习孩子们的审题能力。每次写作文，如果没有字数要求，他们总是写几句就交上来了。为了保护他们的学习兴趣，我同意他们少写作文。这样做并没有影响他们的作文水平，最后，升学考试，两个小家伙也顺利地考上了重点中学，语文也考出了好成绩。

七

　　1994年，学校成立了教科室。后来，老校长让我做教科室副主任。为了推动学校教科研工作，我一面负责指导学校的情境教学推广实验，一面积极学习，了解全国各地的教学实验。

　　这时候，山东"双轨"教学实验进入了我的视野。当时的《小学语文教师》几乎专刊介绍了这项实验。这项实验对我启发很大，为我打开了语文教学的新天地，让我过去对语文教学的一些模糊认识更清晰了。它让我脑洞大开，使我在追寻教得更好的路上，看到了继续前进的方向。

　　1996年是最后一届小升初考试，1997年开始，持续多年的小升初选拔考试终于结束了，改为初中就近入学。这一方面为小学免除了升学压力，另一方面又对小学教育提出了更高的要求。从一切为升学到促进学生全面发展，对教师的教学及学校管理都提出了新要求。此外，作为学校中层干部，既有行政任务，又要教好一个学科，我该如何应对？

　　为了解决这些问题，我申请加入中央教科所张鹏举先生主持的"小学语文自学辅导"这一课题。我要在引导学生自学上做些探索。只有学生会学了，语文教学才能事半功倍。在总课题组的领导下，我首先对自学辅导实验如何突出学生的主体地位进行了探索，就自学辅导实验的课堂教学五环节提出了自己的看法："启"就是明确学习目标和学习方法；"读"就是自读课文；"练"就是强化练习，这里的练习既包括纸笔练习也包括口头练习；"知"就是及时反馈，发现问题及时点拨；"结"就是总结自学收获，这一步一定要从教师总结逐步过渡到引导学生自己进行小结，既要总结学习收获，也要总结学习过程中自学方法、策略的运用情况，并提出自己的改进办法或困惑。参与这项实验，我最大的收获是对小学语文学科如何引导学生自学有了持续的思考和实践，这对我后来的教学产生了较大的影响。

八

　　我儿子上小学了，我鼓励他多读书、写作文。但是孩子刚进入三年级时，写作文遇到了问题，有时愣在那里半天，一个字也写不出，尤其是命题作文。我跟他讲应该怎么写，他听了仍然不会。我只好一句一句告诉他，并跟他讲为什么要这样写。大概有半学期的作文都是我讲一句他写一句这样做出来的。也不知从哪一天起，他似乎顿悟了，写作文不再找我了，自己会写了，还得到了老师的表扬。我想，我的孩子一开始是要扶的，但要求独立应该是每个孩子的天性，他们天生就应该有独立的内在需要。他应该是在我一句一句告诉他的过程中领会了作文应该怎么构思、怎么组织材料等作文方法的。于是，那颗向往独自行走的心，在某一个特定的时候，也许是课堂上，也许是在我某次一句一句教他的过程中，突然找到了前进的方向。我很庆幸，我在孩子不会写作文的时候没有逼他自己写，而是选择一句一句告诉他，并选择了等待，一直等到了他能独立行走带给我的惊喜。

　　我鼓励儿子读书，一有机会我就把他带到新华书店，让他看书。有时下班回来的路上，我在地摊上选几本旧书买回来给他看。四大名著等很多书都是从地摊上买回来的，新的买不起，工资太微薄了。我的孩子看书很快，也可能是没读进去，走马观花，我没有批评，而是选择了沉默和继续提供书，有时也鼓励几句。有一次，他在外公家吃饭，饭桌上，外公偶然讲到岳飞的故事，他居然跟外公争辩起来，说外公讲错了，并拿出《上下五千年》来翻给外公看。以后他就经常在饭桌上跟外公聊历史故事，韩信将兵、刘邦鸿门宴、二王书法……都是他们聊天的内容。外公不时地夸他几句，祖孙俩聊得很开心。学校要处理图书室里的旧书，我看扔了一大堆放在那里，就走过去，想淘几本，找来找去，只淘到一本《世界各国概况》。我捡这本书是觉得它具有资料价值，自己以后写东西也许用得着，就把它拿回家放在书架上。有一天，我突然看见儿子抱着它在看，而且似乎很认真。我想，这么枯燥的书他应该是看不下去的。不料，此后我看见他一有空就抱着看。我很好奇，就拿过来，问了书上一些国家的情况，他基本都答对了。

孩子的这两件事引起了我的思考：一是我们认为孩子应该读什么书和孩子到底喜欢读什么书是不一致的，而我们通常将自己的意志强加给孩子，这也许是很多孩子过早失去读书兴趣的原因；二是每个孩子读书的偏好应该是不同的，如我的孩子喜欢历史方面的，即使现在工作了，他仍然喜欢；三是在孩子读书的过程中跟他一起聊书，会起到促进他读书和思考的作用；四是我们如何才能发现孩子读书的喜好？那就是把他们带到书海里，让他自己去找。

应该说，我在引导孩子语文学习的过程中对语文教学的很多方面又在认识和实践上取得了进步。

九

1999年，在我成长的道路上是一个节点。这一年我在教育局领导的动员下，在同事的关照下，申报了江苏省第七批小学语文特级教师。我从没想过我要成为特级教师，而幸运这么快就降临到我的头上，让我感觉措手不及。我不知道我这样的一名特级教师会不会糟蹋了这份荣耀，但似乎这一切又是那么水到渠成，那么自然。业务考核上课环节很顺利；民意测评，全校老师百分之百同意我申报，创下了江苏省特级教师评选同意率之最。在评选结束退回来的材料上，我看到领导、同事、兄弟学校的同行对我的评价。这些评价中不乏溢美之词，至今读来，我还是感到心虚。我现在只能把这些话当作对我的鞭策。

2000年5月，我拿到了省政府颁发的"江苏省小学语文特级教师"证书。我似乎隐隐感到了这些荣誉的压力。荣誉、光环有时候就是孙悟空头上的紧箍咒，让你的角色定位一下子变了，会给你提出很多更高的要求。我是我们县有史以来第一位小学语文特级教师，此时，我急需调整心态，寻找新的成长平衡点：有时我要站得更高，有时又要放得更低。我知道我要面对方方面面无形的压力。喧哗渐逝，我思考的第一个问题是我如何才能对得起这个称号？我首先得把语文教得更好，其次我得有自己对于语文教学的理解。这样想着，我迈上了更加艰难的追寻之路。

在我们追寻目标的时候，我们会受很多目标以外的事情的影响。这些事情让我们分身乏术，让我们心有旁骛。如果我们全然不顾，刻意追寻，那就会带来很多麻烦。所以，有时候，我们得做出让步和牺牲。此时，我的家庭出现了很多问题，让我不得不为了生计寻找更好的发展环境。这样，我被调进了深圳市福田区园岭小学。于是，孩子转学、家属随迁等一阵忙碌之后，我才重回语文课堂，回到对前面两个问题的思考上。

十

在园岭小学，我接的也是三年级，也从班主任做起。我似乎回到了我刚工作时的样子，似乎画了个大圈，又回到了原点。换了工作环境，我内心里升起了一个强烈的冲动：决不为考试成绩损害学生的语文学习兴趣！这是我对自己过去的语文教学，特别是几年毕业班教学的反思的结果，也是我2001—2002年参加小学语文骨干教师国家级培训获得的新认识。

在广东教育学院（现为广东第二师范学院）参加国家级培训，我认识了施建平、杨金林等十几个省市的小学语文教学名师，听了巢宗琪等新课标研究制定专家的报告，读了李海林、李维鼎等专家的语文教学专著，我对语文教学的方方面面有了系统的盘点。理论方面，我对什么是语文、语文学科的性质等一系列重大问题有了自己的思考；实践方面，我对自己过去的语文教学进行了全面深刻的反思。其中，华南师范大学郭思乐教授的生本教育理念和实验给了我很多启发。如果说小学语文自学辅导实验让我确立了学生主体的教学观，那么郭教授的生本教育就让我在实践层面上对如何以学生为主体有了更多的理解。这也是我产生上述冲动的一个重要原因。因此，在调入深圳园岭小学后，我一头扎进了学生的世界。

我是2002年9月5日走进园岭小学大门的。已开学五天了，分给我的三（10）班还没有班主任和语文教师。学校和学生都在等我到来。这一切都在告诉我：我必须尽快投入工作。我没有向领导抱怨什么，我给自己定下的第一个目标是让三（10）班的孩子们喜欢我，因为他们喜欢我，才能喜欢我教的语文学科。孩子们的问题很多，尽管我此前仅有两年的班主任工作经验，但是眼前的问题一直在引导我怎么做班主任，问题一个一个解决了，班级才能走上正轨。首先是树班风。我给全班提出了三个词（乐观、文明、向上），并把这三个词张贴在黑板边上，告诉孩子们每个词的含义，希望通过这三个词，转变班级的风气。其次是立班规。我把班规隐藏在孩子们在校一日的各项活动中，然后建立起一个自主管理的平台，希望他们每个人都能成为一个守规矩的人。再次是提成绩。接班后的第一次单元测试成绩让我吓了一大跳：全班21个人语文不及格，与平行班平均成绩相差19分之多。这个成绩太让我意外了。之前，我所教过的所有班级，最多有过3个语文不及格。这是改革开放最前沿的深圳吗？面对这样的成绩，家长急，孩子们也自卑，对我而言，更是巨大的挑战。我没有慌乱，也无暇顾及领导和同事的想法。我仍然坚持我的想法：孩子们先喜欢老师，才会喜欢老师所教的学科。

第一学期过去了，孩子们的成绩进步不大，期末考试，全班及格率只有75%，优秀率只有25%，平均分也只有70.04分，而平行班平均分都在90分左右。

新年过后，新学期又开始了。新的学期，我必须把孩子们的成绩提高上去！面对每个单元一统考就与别的班差距很大的现状，我决定退出单元统考，自己出单元卷，我们班自己考。我先把卷子出得浅浅的，课堂上学什么、作业练什么，我就考什么。孩子们的考试成绩一下子"虚高"了，大部分孩子都能考到85分以上。一段时间后，孩子们听课和作业的习惯也变好了，拖拉作业的也少了，学习的自信心也增强了。在此基础上，我加强积累、加强读写。我给他们编了245句经典诵读材料（详见前文），每节语文课前诵读并新学五句，预备铃响，不用老师指挥，由科代表带领全班一起诵读。这样滚雪球，一学期下来，很多句子孩子们都能脱口而出。家长发现孩子们在家跟家长聊天时能脱口说出经典的句子，他们很欣喜，并反馈给我。我要求他们鼓励孩子。

我鼓励孩子们读课外阅读，有几个孩子喜爱读书，语文成绩很好，语文课我同意他们不用听课，读自己带来的书。我每周让他们写一篇读书笔记，每写必改，然后在班上展示写得好的，用这种方式，把他们引导到爱读书的路上。在习作教学上，我提出了让全班每个孩子的习作发表或获奖的奋斗目标。我自己每天坚持在论坛上写，写的都是班级生活中发生的事，然后发给孩子和家长看。我对循环日记做了改进，全班续写"班级生活小说"。很快，金田同学就在《语文学习报》上发表了我们班上的第一篇习作。当《语文学习报》寄来样报和稿费单的时候，我把它们复印好，张贴在教室里。孩子们哇哇地叫着，很是羡慕，第一次知道，写东西还能挣到钱！这件事对孩子们的鼓舞很大，他们习作的积极性更高了。记得到了四年级，一次全国作文竞赛，全班一下子有14名学生获得一、二、三等奖。期末考试到了，这次，我们得用统考卷。孩子们到底学得怎么样？结果下来了，全班及格率94.7%，优秀率75%，平均分89.6分，与平均分最高的平行班只相差6分不到。与此同时，孩子们在年级拔河活动中通过艰难拼搏，获得了冠军，用孩子们的话说就是"创造了希腊神话"；在校田径运动会上，我们也获得了总分第一的成绩；我们的班级板报也获得了全校一等奖。

<h1 style="text-align:center">十一</h1>

紧迫的班级问题基本解决了，我开始思考，试图找到我自己的"标识"性的教学符号。我觉得，作为特级教师，我应该有自己的个性，这种个性首先应该是一种思想，再就是一种实践模型，至少，应该有这样的追求。其实，这个目标我在国培的时候就确立了，只是新的环境有更紧迫的问题要解决，暂时放下了。

我希望在阅读教学上有所突破，找到自己的特色。2003年11月，我提出了自己阅读教学的实践模型，并在全区上了公开课《爬山虎的脚》。在这节课上，我提出了针对精读课文的"充分感知—自主探究—品读内化—拓展延伸"四环节。我至今认为，精读课文的教学仍然绕不开这四步。

2004年3月，我应邀为广东省小学语文骨干教师做培训，为他们上了一节观摩课，教学内容是李白的送别诗，并为他们做了"为学生发展而教"的讲座。这节课，我尝试革新传统的古诗词教学，打破单首诗串讲教学模式，一节课教三首古诗，以读解读，互文见义，收到了较好的教学效果，实录见本书第九章阅读教学部分。

　　直到2008年，我给全区的科组长做培训，教学《一件运动衫》，"习得"这个词才进入我的实践。2011年初，我被调入区里的另一所小学任副校长，分管教科研和教育教学。为了提高这所学校的教学质量（当时，各科教学成绩在全区调研中均在倒数三名以内），我们坚持科研兴教。我申报了区教育科学规划课题"基于习得的小学语文教学理论与实践研究"，以高分通过立项申请。从此，开启了基于习得的小学语文教学的研究和实践之路。八年多来，我们的研究和实践改变了这所学校的语文教学生态。这本书里所呈现出来的就是我们这些年来实践和研究的历程和成果。我们希望以此记下我们的这段时光，并就教于各位同人。

　　在此，我要感谢我的同事，是他们的不懈努力让"基于习得的小学语文教学理论与实践研究"成为真实的行动，并在行动中用不断提高的语文教学成绩为我增强动力；感谢福建的曾扬明校长，是他用他的卓识首次肯定了我们的实践，并为我的课例写点评；感谢福田区、深圳教育科学研究院的专家们，他们慧眼识珠，让我的课题在市、区立项，给了我们继续研究和实践的平台，并将"基于习得的小学语文教学"收入《深圳市特级教师思想录》；感谢深圳大学高天明教授对我们研究和实践给予的关注和支持，并几次为我们提供国外关于语言习得的研究资料；感谢《小学教学》《语文教学通讯》等刊物多次为我们提供研究成果发表的平台。

　　研究无止境，实践路漫长。生命尚存，让我们继续且行且思！